2025

빅데이터 분석기사 실기 파이썬

3~8회 **기출복원문제** 수록

김민지 지음

Big Data Analysis Certificate 유료 동영상 강의

BM (주)도서출판 성안당

도서 A/S 안내

성안당에서 발행하는 모든 도서는 저자와 출판사, 그리고 독자가 함께 만들어 나갑니다.

좋은 책을 펴내기 위해 많은 노력을 기울이고 있습니다. 혹시라도 내용상의 오류나 오탈자 등이 발견되면 "좋은 책은 나라의 보배"로서 우리 모두가 함께 만들어 간다는 마음으로 연락주시기 바랍니다. 수정 보완하여 더 나은 책이 되도록 최선을 다하겠습니다.

성안당은 늘 독자 여러분들의 소중한 의견을 기다리고 있습니다. 좋은 의견을 보내주시는 분께는 성안당 쇼핑몰의 포인트(3,000포인트)를 적립해 드립니다.

잘못 만들어진 책이나 부록 등이 파손된 경우에는 교환해 드립니다.

본서 기획자 e-mail : coh@cyber.co.kr(최옥현)

홈페이지 : http://www.cyber.co.kr

전화 : 031) 950-6300

머리말

코로나 19 팬데믹 이전에도 미래는 늘 예측 불허의 영역이었지만, 앞으로 다가올 미래는 더욱 미지의 영역으로 남아버린 듯합니다. 그럼에도 늘 그랬듯이 우리는 변화에 적응해나가며 생존하고, 다가오는 미래가 분명하지 않음에도 지금 이 순간을 열심히 살아가고 있습니다.

이 힘든 와중에 본 책을 펼치신 독자 여러분께서도 데이터 분석을 통해 지금보다 나은 미래를 준비하고자 하는 마음이 아닐까 싶습니다. 저 또한 현재 비즈니스를 진행하면서 많은 변화를 겪고 있고, 그 변화를 대응하고 대비하는 과정에서 데이터 분석의 가치를 더욱 깨닫으며 최선을 다해 본 책을 집필하였습니다.

진화론 창시자 찰스 다윈은 말했습니다.
"살아남는 종은 가장 강한 종도, 가장 똑똑한 종도 아닌 변화에 가장 잘 적응하는 종이다."

전공대로, 경력대로, 해왔던 대로만 해야 하는 세상은 지나갔습니다.
안전함을 보장해 줄 수 있는 것은 이제 그 무엇도 없습니다.
파도에 휩쓸리기 이전에 그 파도에 두 발을 단단히 딛고 흐름을 탈 줄 아는 것이야말로 미래를 준비하고 나의 가치를 올릴 수 있는 유일한 방법입니다. 그 가치의 중심에는 데이터를 통해 세상을 읽어내는 현명한 눈과 문제를 해결할 수 있는 부지런한 손이 반드시 수반되어야 할 것입니다.

쉽지는 않을 것입니다. 꽤 오랜 시간과 노력이 걸릴 것입니다. 하지만 과정의 기쁨은 확실할 것입니다. 저와 독자 여러분 모두 그 기쁨의 결실을 맺길 간절히 바랍니다.

저자 김민지

유료 동영상 강의 안내

❶ 성안당 e러닝(https://bm.cyber.co.kr) 사이트에 접속하여 회원가입 후 로그인한 후 "빅데이터분석기사"를 입력하고 돋보기 모양의 검색 버튼을 클릭합니다.

https://bm.cyber.co.kr

이론&기출&모의고사 완벽 대비 토목기사 필기 합격보장 프리패스 합격 리워즈 or 수강

모바일 버전 ① 회원 가입 후 로그인 로그인 회원가입

쉬운대비 빠른합격 성안당 e러닝 빅데이터분석기사 ② 입력 ③ 클릭

개설과정 전체 마이페이지 학습도우미 고객지원센터 CLICK 합격수기 G-TELP 도서몰

❷ 빅데이터분석기사 필기, 실기, 필기+실기 동영상강의를 선택하여 학습할 수 있습니다.

패키지 강좌

빅데이터분석기사 강좌명으로 검색한 결과 총 1개의 강좌가 있습니다.

강좌명	수강기간	수강료	자세히보기
2025 [정규반] 빅데이터분석기사 필기+실기(Python)	240일	수강료 : 370,000원(50% 할인) 정 가 : 750,000원	자세히 보기

단과 강좌

빅데이터분석기사 강좌명으로 검색한 결과 총 3개의 강좌가 있습니다.

강좌명	수강기간	수강료	자세히보기
[정규반] 빅데이터분석기사 필기	100일	수강료 : 200,000원(42% 할인) 정 가 : 350,000원	자세히 보기
[속성반] 빅데이터분석기사 필기+실기(R프로그래밍)	180일	수강료 : 270,000원(40% 할인) 정 가 : 450,000원	자세히 보기
[속성반] 빅데이터분석기사 실기(R프로그래밍)	60일	수강료 : 200,000원(20% 할인) 정 가 : 250,000원	자세히 보기

시험안내

1. 빅데이터분석기사란?

- 빅데이터 이해를 기반으로 빅데이터 분석 기획, 빅데이터 수집 · 저장 · 처리, 빅데이터 분석 및 시각화를 수행하는 실무자를 말한다.
- 대용량의 데이터 집합으로부터 유용한 정보를 찾고 결과를 예측하기 위해 목적에 따라 분석기술과 방법론을 기반으로 정형/비정형 대용량 데이터를 구축, 탐색, 분석하고 시각화를 수행하는 업무를 수행한다.

2. 검정 방법 및 합격기준

구분	검정 방법	문제 수	시험시간	합격기준
필기	객관식 (4지선다형)	80문제 (과목당 20문제)	120분	과목당 100점 만점 – 전 과목 40점 이상 – 전 과목 평균 60점 이상
실기	통합형 (필답형, 작업형)		180분	100점 만점에 60점 이상

※ 필기시험 면제 기간은 필기합격자 발표일로부터 2년
(다만, 발표일부터 2년 동안 검정이 2회 미만으로 시행된 경우에는 그다음 회차 필기시험 1회를 면제)

3. 시행처 및 시험접수

회차		원서 접수	시험일	합격(예정)자 발표	응시자격 서류 제출 (합격자 결정)
10회	필기	3.4~3.10	4.5	4.25	4.28~5.8
	실기	5.19~5.23	6.21	7.11	–
11회	필기	8.4~8.8	9.6	9.26	9.29~10.16
	실기	10.27~10.31	11.29	12.19	–

※ 데이터자격검정(www.dataq.or.kr) 사이트에서 시험 접수 및 기타 내용을 확인합니다.

4. 실기 출제기준

실기 과목명	주요 항목	세부 항목	세세 항목
빅데이터 분석 실무	데이터 수집 작업	데이터 수집하기	• 정형, 반정형, 비정형 등 다양한 형태의 데이터를 읽을 수 있다. • 필요시 공개 데이터를 수집할 수 있다.
	데이터 전처리 작업	데이터 정제하기	• 정제가 필요한 결측값, 이상값 등이 무엇인지 파악할 수 있다. • 결측값과 이상값에 대한 처리 기준을 정하고 제거 또는 임의의 값으로 대체할 수 있다.
		데이터 변환하기	• 데이터의 유형을 원하는 형태로 변환할 수 있다. • 데이터의 범위를 표준화 또는 정규화를 통해 일치시킬 수 있다. • 기존 변수를 이용하여 의미 있는 새로운 변수를 생성하거나 변수를 선택할 수 있다.
	데이터 모형 구축 작업	분석 모형 선택하기	• 다양한 분석 모형을 이해할 수 있다. • 주어진 데이터와 분석 목적에 맞는 분석 모형을 선택할 수 있다. • 선정 모형에 필요한 가정 등을 이해할 수 있다.
		분석 모형 구축하기	• 모형 구축에 부합하는 변수를 지정할 수 있다. • 모형 구축에 적합한 형태로 데이터를 조작할 수 있다. • 모형 구축에 적절한 매개변수를 지정할 수 있다.
	데이디 모형 평가 작업	구축된 모형 평가하기	• 최종 모형을 선정하기 위해 필요한 모형 평가 지표들을 잘 사용할 수 있다. • 선택한 평가지표를 이용하여 구축된 여러 모형을 비교하고 선택할 수 있다. • 성능 향상을 위해 구축된 여러 모형을 적절하게 결합할 수 있다.
		분석 결과 활용하기	• 최종 모형 또는 분석 결과를 해석할 수 있다. • 최종 모형 또는 분석 결과를 저장할 수 있다.

목차

PART 01 빅데이터분석기사 실기 작업형 대비

PART 02

빅데이터분석기사 실기 기출복원문제

실습 자료와 강의용 PPT 자료는 아래 블로그에서 제공합니다.

블로그 : https://everydatamaster.tistory.com/

BIGDATA) EVERYONE, EVERYTIME, EVERYWHERE

YouTube

BONUS) 빅데이터, 무료 동영상
누구나 시작할 수 있는 빅데이터 분석, R프로그래밍으로 저자와 함께 시작하세요.

BONUS) YOUTUBE는 어떻게?
재미있게 풀어내는 빅데이터의 이야기, 불확실한 미래에서 스스로 답을 만들어보세요.

BONUS) 빅데이터 자격증 완벽대비
빅데이터 자격증, 무엇을 어떻게 준비해야 할까요? 자신에게 맞는 자격증을 선택해봅시다.

PART 01

빅데이터분석기사 실기 작업형 대비

Big Data Analytics

학습목표

빅데이터분석기사 실기시험은 R이나 Python을 이용하여 문제를 풀어야 하며, 3가지 유형으로 문제가 출제됩니다.

작업형 1유형은 주로 EDA에 해당하는 내용이 출제되는데 기초 통계, 결측치 및 이상치, 정규화 및 표준화 등의 문제가 출제됩니다. 즉 데이터를 요구사항에 맞게 전처리하는 과정이라고 생각하면 됩니다. 타 유형에 비해 간단해 보이지만, 문제에서 요구하는 여러 개의 조건을 꼼꼼히 확인하며 문제를 푸는 연습이 필요합니다.

작업형 2유형은 분석 모형을 구축하는 문제로 데이터 모델링의 전반적인 내용을 이해하고 있는지 확인합니다. 분할된 데이터 세트의 변수들을 적절하게 전처리한 뒤, 데이터의 특성에 맞는 모델을 생성하고 그중 좋은 성능을 도출하는 모형을 제출하는 패턴입니다. 다소 어렵게 다가올 수 있지만 오히려 패턴이 정형화되어 있어 여러 번 반복하면 반드시 잘 풀 수 있는 문제입니다.

작업형 3유형은 통계 검정에 대한 내용이 주로 나옵니다. 각 통계 기법에 해당하는 파라미터 및 p-value 값을 추출하고 그 결과를 기반으로 가설을 채택/기각하는 문제입니다. 기존의 통계 검정에 대한 이론적 내용을 이해하고 있어야 수월하게 풀 수 있습니다.

Section 01 파이썬 데이터 분석-입문

Chapter 1 파이썬 기초

1 파이썬과 구글 코랩

1) 프로그래밍과 파이썬

가. 프로그래밍과 파이썬

① 프로그래밍(Programming)

- 컴퓨터에 명령을 내리고자 코드를 작성하는 일을 코딩(Coding)이라고 한다. 엄밀히 구분하면 프로그래밍은 코딩보다 더 큰 개념이라고 할 수 있다. **코딩은 코드를 작성하는 행위를 일컫지만 프로그래밍은 논리적인 구조화 및 설계 작업을 거쳐 컴퓨터에 명령을 내리는 행위**를 말한다.
- 프로그래밍의 산출물이 프로그램(Program)이며, C, Java, Python과 같이 다양한 프로그래밍 언어가 존재한다. 상황과 조건에 맞게 적절한 프로그래밍 언어를 선택해야 한다.
- 통합개발환경(Integrated Development Environment)은 코딩, 디버그(오류 해결), 컴파일, 배포 등 개발에 관련된 작업을 사용자가 비교적 직관적이고 편리하게 사용할 수 있는 프로그램을 의미한다. 주피터 노트북, 구글 코랩, R스튜디오, VSCode 등이 있다.

② 파이썬(Python)

- 파이썬이란 프로그래밍 언어의 일종으로 네덜란드인 귀도 반 로섬(Guido van Rossum)이 1991년 발표하였다.
- **타 프로그래밍 언어보다 직관적이고 가독성이 높으며 들여쓰기를 이용한 블록 구조를 가지고 있다.**
- 오픈소스 프로그래밍 언어로 다양한 플랫폼에서 사용할 수 있고, 전세계적으로 이용이 증가하고 있다.
- 풍부한 데이터 분석용 라이브러리를 제공하며, 대학을 비롯한 여러 교육 기관, 연구 기관 및 산업계에서 사용하고 있다.

2) 구글 코랩

가. 구글 코랩

① 구글 코랩(Google Colab)

- 구글 코랩은 구글 연구팀에서 개발한 제품으로 **파이썬 설치 없이도 브라우저를 통해 코드를 작성할 수 있다.** 코랩은 특히 머신러닝, 데이터 분석, 교육에 적합하다.
- 구글 계정이 필요하며, 구글 드라이브와 연동해서 사용한다.
- 무료로 사용할 수 있으며 일정 한도의 메모리와 GPU를 제공한다. 데이터 분석 라이브러리가 이미 설치되어 있어 입문자들이 사용하기 적합하다. 본 수험서에서는 구글 코랩을 사용하여 학습하도록 한다.

② 구글 코랩 설치

- 구글 계정에 로그인한 후 검색 포털에 "Google Colab"을 검색한다.

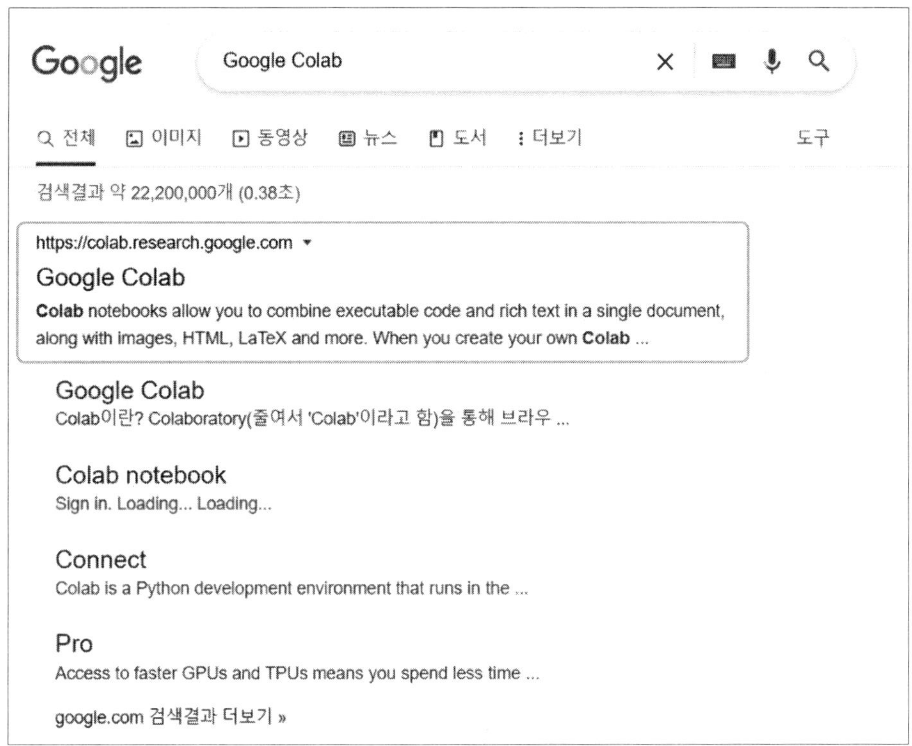

• 구글 코랩 환경에 접속한다. 아래와 같은 시작 페이지를 확인할 수 있다.

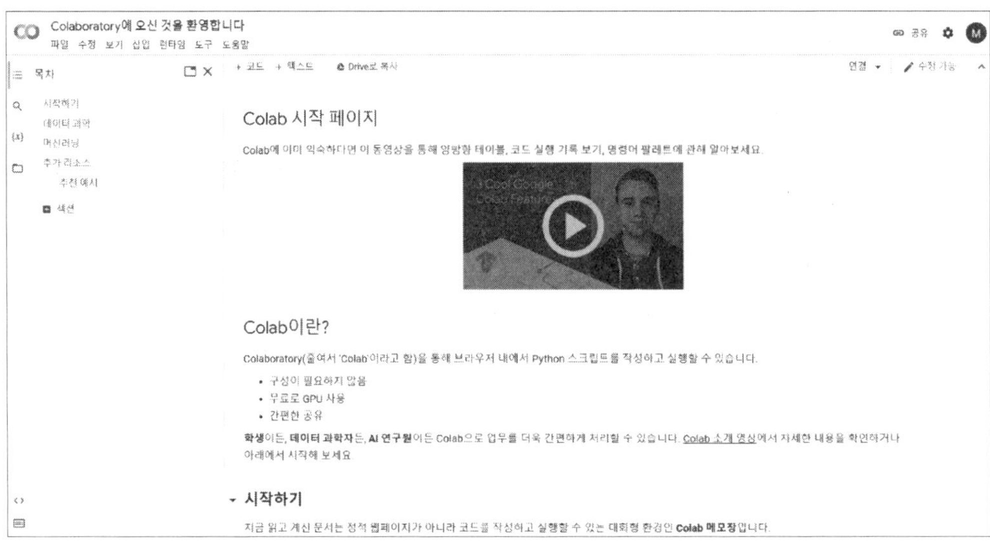

• 코드를 작성하기 위해 **파일 〉 새노트**를 클릭한다.

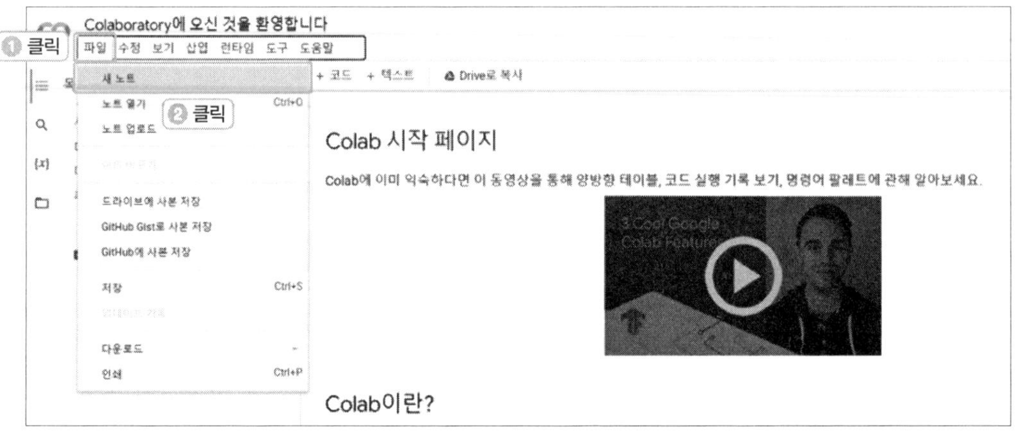

• 재생 버튼이 있는 네모 박스 하나를 셀(Cell)이라고 명명하며, 코드를 작성할 수 있는 코드 셀과 노트처럼 활용할 수 있는 마크다운(Markdown)이 있다.

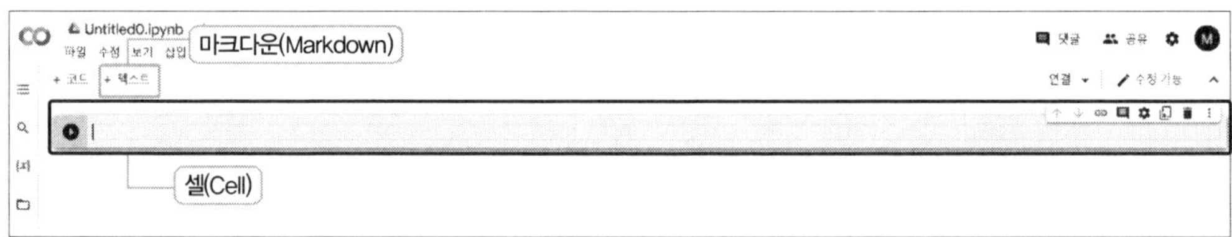

③ 구글 코랩 UI 및 단축키

- 구글 코랩에서 제공하는 다양한 기능과 단축키가 있지만, 입문 시에는 필요한 기능 위주로 익혀 나가는 편이 좋다.
- 코드 셀에 코드를 작성한 후, 재생 버튼을 클릭하거나 Ctrl + Enter 를 누르면 코드가 실행된 후 실행 결과가 출력된다.
- 그 외 기본적인 단축키 및 기능은 다음과 같다.

단축키	설명
Ctrl + Enter	해당 스크립트 수행
Shift + Enter	해당 스크립트 수행 후 다음 행 이동
Alt + Enter	+ 다음 행 셀 삽입
Ctrl + M + B (A)	아래 행 추가(위 행 추가)
Ctrl + M + D	셀 지우기
Ctrl + S	저장
Ctrl + O	파일 불러오기
Ctrl + Z	실행 취소
Ctrl + M + H	단축키 모음

- 구글 드라이브와 코랩을 연동하여 파일을 저장하고 불러오는 방법은 뒤에서 실습하도록 한다. 코드 셀을 추가하여 다음 장에서 시작되는 파이썬을 실습해보도록 한다.

2 파이썬 기초 문법

1) 파이썬 기본 자료형

가. 객체와 변수

① 객체와 변수(Object & Variable)

- 객체는 메모리에 저장된 자료, 즉 데이터를 의미한다.
- 변수는 객체, 즉 데이터를 저장하는 공간으로 변수에 객체를 할당할 때는 **할당 연산자 "="을 사용하여 변수명=객체 형태**로 저장한다.

• 다음과 같이 변수에 객체를 할당한 후 실행시킨다. name 변수에 문자열 객체인 "김민지"가 할당되고 age 변수에 숫자형 객체인 25가 할당된다.

Code

```
name="김민지"
age=25
```

• **print(변수명)을 작성하면 할당된 객체가 출력되어 확인할 수 있다.**

Code

```
print(name)
print(age)
```

```
김민지
25
```

• **del(변수명)을 작성하면 해당 변수가 삭제된다.**

• 삭제된 변수를 print( )를 사용하여 출력하려고 하니 해당 변수가 정의되지 않았다는 에러가 표시된다.

Code

```
del(age)
print(age)
```

```
NameError : name 'age' is not defined
```

② 변수명 생성 규칙

• 파이썬에서 변수명을 지정하기 위해서는 아래와 같은 규칙을 지켜야 한다.

– 문자 또는 _(underbar)로 시작한다. 예 name, _name

– 문자, 숫자, _(underbar)로 변수명을 구성하는 것이 일반적이다. 예 first_name, _name_1

– 공백이나 특수문자는 사용할 수 없다. 예 na me, name^^

– 대소문자를 구분한다. 예 name, Name, NAME

– 직관적인 의미를 포함해서 변수명을 설정한다. 예 이름 → name / 나이 → age

– 예약어는 사용하지 않는다.

 예약어(Reserved Words)란?

예약어는 파이썬에서 이미 사용할 수 있는 단어이자 명령어이다. 컴파일러에 의하여 먼저 예약이 되어있다는 말이며, 사용자가 클래스, 함수, 변수 등의 이름으로 사용할 수 없다는 뜻이다. 키워드(keyword)라고도 한다. 파이썬 3.7 버전에 총 33개의 예약어가 있다.

and	del	global	nonlocal	while
As	elif	if	not	with
assert	else	import	or	Yield
break	Except	in	pass	False
class	finally	is	raise	True
continue	for	lambda	return	
def	from	None	try	

나. 파이썬 기본 자료형

파이썬 기본 자료형으로는 **숫자형, 문자형, 논리형 형식**이 있다. 파이썬은 자료형을 자동으로 할당한다.

① 숫자 자료형(Number Data Type)

- 숫자 형태로 이루어진 자료형으로 정수, 실수, 8진수, 16진수 등이 있다.
- 변수 할당 후 **type(변수명)을 작성하면 자료 유형을 확인할 수 있다.** 정수형은 integer의 약어인 int, 실수형은 float 형태로 반환한다.

Code

```
a=1
type(a)
```

```
int
```

Code

```
b=1.0
type(b)
```

```
float
```

• 숫자형 데이터는 연산이 가능하다. 정수형 데이터와 실수형 데이터를 연산하면 실수형 형태로 반환한다.

Code

```
c=a+b
print(c, type(c))
```

```
2.0 <class 'float'>
```

• **자료형 변환을 통해 정수형으로 변환할 수 있다.**

Code

```
c=int(a+b)
print(c, type(c))
```

```
2.0 <class 'int'>
```

• **산술 연산자와 비교 연산자를 사용할 수 있다.** 산술연산은 덧셈, 뺄셈, 곱셈, 나눗셈의 사칙연산을 계산하는 것을 말하며, 비교연산은 크기를 비교할 때 사용하며 결괏값은 참(1)과 거짓(0)의 논리값을 가진다.

산술 연산자	설명
+	덧셈
−	뺄셈
*	곱셈
**	거듭제곱
/	나눗셈
//	몫
%	나머지

Code

```
a=10
b=4
print(a+b)
print(a-b)
print(a*b)
print(a**b)
print(a/b)
print(a//b)
print(a%b)
```

```
14
6
40
10000
2.5
2
2
```

비교 연산자	설명
<	작다
>	크다
<=	작거나 같다
>=	크거나 같다
==	같다
!=	다르다

Code

```
a=10
b=4
print(a==b)
print(a!=b)
print(a>b)
print(a<b)
```

```
False
True
True
False
```

② 논리 자료형(Bool Data Type)

- **True/False로 나타낼 수 있는 값이며 자료 유형은 bool 형태로 반환한다.**

Code

```
a=True
print(a, type(a))int
```

```
True <class 'bool'>
```

• True는 1, False는 0의 값을 가진다.

Code
```
print(True)
print(False)
print(1==1)
print(type(1==1))
print(int(1==1))
print(float(1>3))
```

```
True
False
True
<class 'bool'>
1
0.0
```

③ 문자 자료형(String Data Type)

• **문자, 단어 등으로 구성된 자료의 집합이며 큰따옴표나 작은따옴표를 사용해 객체를 할당한다. 자료 유형은 str 형태로 반환한다.**

Code
```
name='김민지'
print(name, type(name))
```

```
김민지 <class 'str'>
```

• 문자 자료형도 연산이 가능하다.

Code
```
a="Hi"
b="My name is"
c="Minji."
print(a+b+c)
```

```
Hi My name is Minji.
```

Code

```
a="Hi"
print(a*3)
```

```
HiHiHi
```

- 파이썬에서는 문자열을 처리할 수 있는 다양한 내장함수(메소드)를 제공한다.
- 문자열 변수 이름 뒤에 마침표(.)를 붙인 다음 해당하는 메소드 이름을 적어준다.

함수	설명
len( )	문자열 길이
.count('특정문자')	문자 개수
.find('특정문자')	문자 위치 찾기
.join(문자열)	문자열 삽입
.upper( )	대문자로 변경
.lower( )	소문자로 변경

Code

```
a="Hi, My name is Minji."
print(len(a))
print(a.count('n'))
print(a.find('n'))
print(a.upper())
print(a.lower)())
```

```
21
2
7
HI, MY NAME IS MINJI.
hi, my name is minji.
```

함수	설명
.strip( )	양쪽 공백 제거
.lstrip( )	왼쪽 공백 제거
.rstrip( )	오른쪽 공백 제거

Code

```
a=" Hi, My name is Minji. "
b=a.lstrip()
c=a.rstrip()
d=a.strip()
print(b)
print(c)
print(d)
```

```
Hi, My name is Minji.
Hi, My name is Minji.
Hi, My name is Minji.
```

함수	설명
.replace( )	문자열 치환
.split( )	공백 기준 분리
.split(구분자)	구분자 기준 분리

Code

```
a= "Hi, My name is Minji."
b=a.replace("Minji", "Minju")
c=a.split()
d=a.split(',')
print(b)
print(c)
print(d)
```

```
Hi, My name is Minju.
['Hi,', 'My', 'name', 'is', 'Minji.']
['Hi', 'My name is Minji.']
```

- 문자 자료형은 순서가 있는 연속적인 객체로 인식되기 때문에 인덱스를 이용해서 특정 위치의 문자를 추출할 수 있다. 인덱스는 0부터 시작하며 거꾸로 인덱스를 읽을 때는 −1부터 시작한다.
- 대괄호[ ]를 통해 추출한다.

K	I	M	M	I	N	J	I
0	1	2	3	4	5	6	7
−8	−7	−6	−5	−4	−3	−2	−1

Code

```
name="Kimminji"
print(len(name))
print(name[0])
print(name[-1])
```

```
8
K
I
```

- **슬라이싱은 인덱스를 이용해서 특정 위치의 범위를 추출할 수 있다.**
- 대괄호 [start : end : step]를 통해 추출하는데 **start는 시작 지점, end는 지정 인덱스 바로 직전까지의 값을 추출하며, step은 간격을 의미**한다.
- [:]는 전체를 추출하라는 의미이다.

Code

```
name="Kimminji"
print(name[0:8])
print(name[0::2])
print(name[0: ])
print(name[-3:-1])
print(name[:])
```

```
Kimminji
Kmij
Kimminji
nj
Kimminji
```

2) 파이썬 군집 자료형

가. 파이썬 군집 자료형

파이썬 군집 자료형은 단일 객체가 아닌 여러 형태의 객체를 담을 수 있다. **튜플, 리스트, 딕셔너리, 집합형**이 있다.

① 튜플(Tuple)

- 튜플은 소괄호( )를 사용하여 여러 개의 데이터를 담을 수 있으며 괄호를 생략해서 표현할 수도 있다.
- 각 원소들은 쉼표(,)로 구분한다.
- **데이터를 변경할 수 없다.**

Code

```
a=1, 2, 3, "Minji", True
print(a, type(a))
```

```
(1, 2, 3, 'Minji', True) < class 'tuple' >
```

Code

```
a=(1, 2, 3, "Minji", True)
print(a, type(a))
```

```
(1, 2, 3, 'Minji', True) < class 'tuple' >
```

- 튜플 자료형 내에 또 다른 튜플을 포함할 수 있다.

Code

```
a=()
b=(1, 2,('Minji', 'Minju'))
print(a, len(a))
print(b, len(b)
```

```
() 0
(1, 2,('Minji', 'Minju')) 3
```

• divmod(x,y) 함수는 x를 y로 나눈 값의 몫과 나머지를 튜플 형태로 반환하며, 개별적으로 변수에 할당할 수 있다.

Code

```
tp=divmod(7,3)
print(tp)
a, b=divmod(7,3)
print("몫: ", a, "나머지: ", b)
```

```
(2,1)
몫: 2  나머지: 1
```

• 멤버 연산자 in과 not in은 해당 데이터가 변수에 포함되어 있는지의 유무를 논리형 형태로 반환한다.

Code

```
tp=(1, 3, 5, 7, '김민지')
print('김민지 있나요?',  '김민지' in tp)
print('숫자 3이 없나요?',  3 not in tp)
```

```
김민지 있나요? True
숫자 3이 없나요? False
```

• **튜플 자료형도 인덱싱과 슬라이싱을 통해 원하는 데이터를 추출할 수 있다.**

Code

```
c=(1, 2,('Minji', 'Minju'))
print(c[0])
print(c[:])
print(c[2][0])
```

```
1
(1, 2,('Minji', 'Minju'))
Minji
```

• **튜플의 값은 변경할 수 없으므로 데이터를 추가적으로 삽입할 수 없다.** 데이터를 삽입하는 append 메소드를 입력하면 오류가 발생한다.

Code
```
c=(1, 2,('Minji', 'Minju'))
c.append(3)
```

```
AttributeError : 'tuple' object has no attribute 'append'
```

② **리스트(List)**

• 리스트는 대괄호[ ]를 사용하여 여러 개의 데이터를 담을 수 있으며 괄호를 생략할 수 없다.

• 각 원소들은 쉼표(,)로 구분한다.

• **데이터를 변경할 수 있으므로 데이터의 생성, 변경, 삭제, 정렬 등이 가능하다.**

Code
```
a=[1, 2, 3, "Minji", True]
print(a, type(a))
```

```
[1, 2, 3, 'Minji', True] < class 'list' >
```

• 리스트 내의 데이터도 연산 가능하다.

Code
```
a=[1,2,3]
b=['a', 'b', 'c']
c=a*2+b
d=len(c)
print(c)
print(d)
```

```
[1,2,3,1,2,3, 'a', 'b', 'c']
9
```

- **리스트 자료형도 인덱싱과 슬라이싱을 통해 원하는 데이터를 추출할 수 있다.**

Code

```
a=["Hello", 1, 2, 3, True]
print(a[0])
print(a[-1])
print(a[1:len(a)])
print(a[:])
print(a[0][-1])
```

```
Hello
True
[1,2,3,True]
['Hello', 1, 2, 3, True]
o
```

- **리스트 내 데이터를 삽입하고 삭제할 수 있다.**

Code

```
a=[1,2,3,4,5]
a[0]=0
del a[-1]
print(a)
```

```
[0,2,3,4]
```

- 리스트에 다양한 함수를 적용할 수 있다.
- append() 함수는 리스트의 마지막에 데이터를 추가하며, insert() 함수는 지정 인덱스에 데이터를 추가할 수 있다.

함수	설명
.append(x)	요소 추가
.insert(x,y)	지정 인덱스 요소 삽입

Code

```
a=[1,2,3]
a.append(4)
print(a)
```

```
[1,2,3,4]
```

Code

```
a=[1,2,3]
a.insert(0,0)
print(a)
```

```
[0,1,2,3]
```

- remove( ) 함수는 리스트에서 첫 번째로 등장하는 데이터를 삭제하며, pop( ) 함수는 데이터를 삭제 후 추출한 값을 반환할 수 있다.

함수	설명
.remove(x)	첫 번째 x 삭제
.pop(x)	x 인덱스 값 추출 후 삭제

Code

```
a=[1,2,3]
a.remove(2)
print(a)
```

```
[1,3]
```

Code

```
a=[1,2,3]
b=a.pop(1)
print(a)
print(b)
```

```
[2,3]
1
```

• sort() 함수는 리스트 내 데이터를 정렬하며 기본 값이 오름차순이다.

함수	설명
.sort()	정렬

Code

```
a=[5,4,6,7,2,1]
a.sort()
print(a)
```

```
[1, 2, 4, 5, 6, 7]
```

• 내림차순으로 데이터를 정렬하기 위해서는 reverse=True 값을 지정하면 된다.

Code

```
a=[5,4,6,7,2,1]
a.sort(reverse=True)
print(a)
```

```
[7, 6, 5, 4, 2, 1]
```

• count() 함수는 해당 데이터의 개수를 집계하여 반환하며, index() 함수는 해당 데이터의 인덱스 값을 반환한다.

함수	설명
.count(x)	x값의 개수
.index(x)	x값의 인덱스 반환

Code

```
a=[1, 1, 2, 3, 4, 1, 2]
a.count(1)
```

```
3
```

Code

```
a=[1,2,3,4]
a.index(1)
```

```
0
```

• reverse( ) 함수는 데이터의 순서를 뒤집어 반환하며, extend( ) 함수는 리스트끼리 결합할 수 있다.

함수	설명
.reverse( )	항목 순서 뒤집기
.extend(x)	x리스트와 결합

Code

```
a=[1,2,3,4]
a.reverse()
print(a)
```

```
4, 3, 2, 1
```

Code

```
a=[1,2,3]
b=["김", "민", "지"]
a.extend(b)
```

```
[1, 2, 3,'김', '민', '지', 4, 5, 6]
```

• 군집 자료형도 형 변환이 가능하다. 튜플 형태의 데이터를 변경하고 싶을 때, 리스트로 형 변화 후 데이터를 변경할 수 있다.

Code

```
tp=(1,2,3)
tp.append(4)
```

```
AttributeError : 'tuple' object has no attribute 'append'
```

Code

```
lst=list(tp)
print(type(lst))
```

```
<class 'list'>
```

Code

```
lst.append(4)
lst
```

```
[1,2,3,4]
```

- 리스트 데이터도 다시 튜플로 형 변환을 할 수 있다.

Code

```
tp=tuple(lst)
print(tp, type(tp))
```

```
(1,2,3,4) <class 'tuple'>
```

③ 사전(Dictionary)

- 사전형은 중괄호{ }를 사용하거나 dict( ) 함수를 사용하여 여러 개의 데이터를 담을 수 있으며 괄호를 생략할 수 없다.
- **대응관계를 표현하는 자료형으로 키(key)와 값(value)이 한쌍으로 이루어진 자료형이다.** {Key1 : Value1, Key2 : Value2, ...} 형식으로 데이터를 생성한다.

Code

```
dc={'student_code' : '001', 'name' : '김민지', 'age' : 25, 'birth' : [1,1]}
print(dc, type(dc))
```

```
{'student_code' : '001', 'name' : '김민지', 'age' : 25, 'birth' : [1,1]}
<class 'dict'>
```

- 리스트나 튜플처럼 인덱스를 통해 순차적으로 값에 접근할 수 없고 **키를 통해 해당 데이터에 접근할 수 있다.**
- get() 함수를 통해 데이터를 추출할 수도 있다.

Code

```
dc={'student_code' : '001', 'name' : '김민지', 'age' : 25, 'birth' : [1,1]}
dc [0]
```

```
KeyError : 0
```

Code

```
dc ['student_code']
```

```
'001'
```

Code

```
dc.get('student_code')
```

```
'001'
```

- 존재하지 않는 키에 접근하며 에러가 발생한다. 새로운 키와 값을 다음과 같이 생성할 수 있으며 del() 함수를 통해 삭제할 수도 있다.

Code

```
dc ['address']
```

```
KeyError : 'address'
```

Code

```
dc ['address']='seoul'
dc
```

```
{'student_code' : '001', 'name' : '김민지', 'age'=25, 'birth' : [1,1],
'address' : 'seoul'}
```

Code

```
del dc ['address']
dc
```

```
{'student_code' : '001', 'name' : '김민지', 'age'=25, 'birth' : [1,1]}
```

- **keys( ), values( ), items( ) 함수를 사용하여 순서대로 키 데이터, 값 데이터, 키-값 데이터를 추출할 수 있다.**

Code

```
dc.keys()
```

```
dict_keys(['student_code', 'name', 'age', 'birth'])
```

Code

```
dc.values()
```

```
dict_values(['001', '김민지', 25,[1,1])
```

Code

```
dc.items()
```

```
dict_items([('student_code','001')('name','김민지'),('age',25),('birth', [1,1])])
```

- 멤버 연산자 사용에 주의한다.

Code

```
print('name' in dc)
print('name' in dc.keys())
print('name' in dc.values())
```

```
True
True
False
```

Code

```
print('김민지' in dc)
print('김민지' in dc.keys())
print('김민지' in dc.values())
```

```
False
False
True
```

Code

```
print(('name', '김민지') in dc)
print('('name', '김민지') in dc.items())
print('('name', '김민지') in dc.items())
```

```
False
True
False
```

- 키는 고유한 값만 허용하며 여러 개의 값을 같은 키에 할당하기 위해서는 다음과 같이 할당할 수 있다.

Code

```
dc ['name']='김민주'
dc
```

```
{'student_code' : '001', 'name' : '김민주', 'age'=25, 'birth' : [1,1]}
```

Code

```
dc ['name']='김민주', '김민지'
dc
```

```
{'student_code' : '001', 'name' :('김민주','김민지'), 'age'=25, 'birth' : [1,1]}
```

• dict() 함수를 사용하여 사전형 데이터를 생성할 수 있다.

Code

```
dc=dict(
    김영희=111,
    김철수=222,
    김민지=333
)
print(dc)
```

```
{'김영희' : 111, '김철수' : 222, '김민지' : 333}
```

• update() 함수를 사용하여 사전과 사전을 결합할 수 있다.

Code

```
dc1={'김영희' : 111, '김철수' : 222, '김민지' : 333}
dc2={'나길동' : 444}
dc1.update(dc2)
print(dc1)
```

```
{'김영희' : 111, '김철수' : 222, '김민지' : 333, '나길동' : 444}
```

④ **집합(Set)**

• 집합형은 중괄호{ }를 사용하거나 set() 함수를 사용하여 여러 개의 데이터를 담을 수 있으며 괄호를 생략할 수 없다.

• **중복을 허용하지 않으며 순서가 없는 군집 자료형이다.**

Code

```
a={1,2,3,3,3}
b=set("Kimminji")
print(a, type(a))
print(b, type(b))
```

```
{1, 2, 3} <class 'set'>
{'m', 'K', 'j', 'n', 'i'} <class 'set'>
```

• **순서가 없기 때문에 인덱싱이나 슬라이싱을 적용할 수 없다.** 하지만 형 변환을 통해 인덱스로 데이터에 접근할 수 있다.

Code

```
a={1,2,3,3,3}
a[0]
```

```
TypeError: 'set' object is not subscriptable
```

Code

```
b=list(a)
print(b)
```

```
[1,2,3]
```

Code

```
b [0]
```

```
1
```

• 교집합, 합집합, 차집합 등의 연산을 수행할 수 있다.

함수	설명
&	교집합
.intersection( )	교집합

Code

```
a={1,2,3,4,5}
b={3,4,5,6,7}
c=a&b
d=a.intersection(b)
print(c)
print(d)
```

```
{3, 4, 5}
{3, 4, 5}
```

함수	설명
|	합집합
.union( )	합집합

Code

```
a={1,2,3,4,5}
b={3,4,5,6,7}
c=a|b
d=a.union(b)
print(c)
print(d)
```

```
{1, 2, 3, 4, 5, 6, 7}
{1, 2, 3, 4, 5, 6, 7}
```

함수	설명
–	차집합
.difference( )	차집합

Code

```
a={1,2,3,4,5}
b={3,4,5,6,7}
c=a-b
d=a.difference(b)
print(c)
print(d)
```

```
{1, 2}
{1, 2}
```

- 각 자료형의 특성을 파악하여 적재적소에 사용해야 한다.
  - 리스트(List) : 여러 데이터를 순서대로 관리하고 데이터의 생성, 변경, 삭제가 필요한 경우
  - 튜플(Tuple) : 데이터가 바뀔 일이 없거나, 바뀌면 안되는 경우
  - 사전(Dictionary) : key를 통해 데이터를 효율적으로 관리하고 싶은 경우
  - 집합(Set) : 값의 존재 여부가 중요하고, 중복을 허용하지 않는 경우

	Tuple	List	Dictionary	Set
선언	tp=()	lst=[]	d={key:val}	s={}
순서	○	○	○	×
중복 허용	○	○	×	×
접근	tp[idx]	lst[idx]	d[key]	×
수정	×	○	○(value)	×
추가	×	append() insert() extend()	d[key]=val update()	update()
삭제	×	remove() pop()	pop()	remove() pop(()

3) 파이썬 기초 문법

가. 파이썬 기초 문법

조건문과 반복문을 사용하여 프로그램의 흐름을 제어할 수 있다. **들여쓰기로 문법을 구분하므로 주의한다. 일반적으로 들여쓰기는 공백 4번(Tab 1번)을 권장한다.**

① if 조건문

- **조건문은 주어진 조건에 따라 코드를 실행해야 할 경우 사용한다.**
- 조건문은 분기의 개수에 따라 다음과 같이 구분된다.
  - if : 조건에 따른 분기가 1개일 경우 사용
  - if~else : 조건에 따른 분기가 2개일 경우 사용
  - if~elif~else : 조건에 따른 분기가 3개일 경우 사용

```
if 조건문 1 :
    조건문 1이 참인 경우
elif 조건문 2 :
    조건문 1이 거짓이고, 조건문 2가 참인 경우
else :
    위 조건이 전부 거짓인 경우
```

Code

```
a=False
if a :
  print("사실입니다.")
else :
  print("사실이 아닙니다.")
```

```
사실이 아닙니다.
```

- 논리 연산자와 조건문을 함께 활용할 수 있다.

Code

```
x=1
y=3
if x > y:
   print("x가 y보다 크다.")
 else:
   print("x가 y보다 작거나 같다.")
```

```
x가 y보다 작거나 같다.
```

- 멤버 연산자와 조건문을 함께 활용할 수 있다.

Code

```
x="안녕"
y=[1,2,3,"안녕", True]
if x  in  y:
   print("데이터가 리스트에 포함되어 있습니다.")
 else:
   print("데이터가 리스트에 포함되어 있지 않습니다.")
```

```
데이터가 리스트에 포함되어 있습니다.
```

• 다양한 함수를 활용하여 조건문을 함께 활용할 수 있다. input() 함수는 사용자의 입력 값을 받을 수 있는 함수이다.

Code

```
a=[1,2,3,4,5]
if len(a)==0 :
    print("빈 리스트 입니다.")
else:
    print("현재 리스트에", a, "데이터가 있습니다.")
```

```
현재 리스트에 [1, 2, 3, 4, 5] 데이터가 있습니다.
```

Code

```
number=int(input("정수를 입력하세요 : "))
if number>0 :
    print("양수입니다.")
elif number<0 :
    print("음수입니다.")
else:
    print("0입니다.")
```

```
정수를 입력하세요 : 30
양수입니다.
```

② while 반복문

• while 반복문은 주어진 조건이 만족하는 경우 동일한 작업을 여러 번 수행할 때 사용하는 문법이다.

• 조건이 참인 경우 무한 반복되며, break와 continue를 사용해서 조건에 맞게 반복문을 빠져나올 수 있다.

```
while 조건문 :
    조건이 참인 경우
```

Code

```
a=0
while a<5:
  print(a)
  a=a+1
 print("종료")
```

```
0
1
2
3
4
종료
```

• 위 예시에서 a=a+1을 a+=1로 축약하여 작성할 수 있다. **할당 연산자의 축약 표현은 자주 사용되므로 잘 알아 두도록 한다.**

기존 표현	축약 표현	의미
a=a+x	a+=x	변수 a와 x의 덧셈
a=a−x	a−=x	변수 a와 x의 뺄셈
a=a*x	a*=x	변수 a와 x의 곱셈
a=a**x	a**=x	변수 a와 x의 거듭제곱

Code

```
a=0
while a<5:
  print(a)
  a+=1
 print("종료")
```

```
0
1
2
3
4
종료
```

• input() 함수와 반복문을 함께 활용할 수 있다.

Code

```
number=int(input("정수를 입력하세요:(0을 누르면 종료)"))
while number != 0:
    print(number)
    number =int(input("정수를 입력하세요:(0을 누르면 종료)"))
else:
    print("종료")
```

```
정수를 입력하세요:(0을 누르면 종료) 1
 1
정수를 입력하세요:(0을 누르면 종료) 0
종료
```

• 문자열 포맷과 인덱스를 반복문과 함께 활용할 수 있다.

• 문자열 포맷은 문자열 안의 특정한 값을 바꿔야 하는 경우 사용하는 기법으로 값의 변화가 있는 부뷰에 자료형에 맞는 문자열 포맷 코드를 넣고, 실제 값은 문자열 뒤 % 기호 다음에 작성하면 값이 대입되는 구조를 가지고 있다.

포맷 코드	설명
%s	문자열(string)
%c	단일문자(character)
%d	정수(integer)
%f	실수(float)

Code

```
a=0
b=["파란공", "노란공", "빨간공"]
while a<len(b):
  print("주머니에서 %s를 꺼냈다." %b[a])
  a+=1
print("종료")
```

```
주머니에서 파란공를 꺼냈다.
주머니에서 노란공를 꺼냈다.
주머니에서 빨간공를 꺼냈다.
종료
```

- **break는 해당 조건에 만족하면 해당 조건문과 그 밖의 반복문 자체를 탈출한다.**

Code

```
a=10
while a>0:
  print(a)
  a-=1
  if a==8:
     break
print("종료")
```

```
10
9
종료
```

- **continue는 해당 조건에 만족하면 해당 조건문을 탈출하여 아래 명령문은 실행하지 않고 다음 반복문 실행 절차를 수행한다.**

Code

```
a=0
while a<10:
  a+=1
  if a%2==1:
     continue
  print(a)
```

```
2
4
6
8
10
```

③ for 반복문

- for 반복문은 일반적으로 정해진 범위 내에 동일한 작업을 여러 번 수행할 때 사용하는 문법이다.

> **for 변수 in 범위 :**
> **변수 값이 할당되는 동안 수행할 구문**

Code

```
for a in [1,2,3,4,5]:
     print(a)
```

```
1
2
3
4
5
```

Code

```
for a in "hello":
   print(a)
```

```
h
e
l
l
o
```

- 연산과 for 반복문을 함께 활용할 수 있다.

Code

```
a =[(1,2),(3,4),(5,6)]
for(first, last) in a:
   print(first+last)
```

```
3
7
11
```

• 다양한 함수와 for 반복문을 함께 활용할 수 있다.

• range(start, end, step) 함수는 start부터 end에 해당하는 수의 바로 직전까지 해당하는 정수를 생성한다. step은 간격을 의미한다.

Code

```
for i in range(1,5):
   print(i)
```

```
1
2
3
4
```

Code

```
for i in range(1, 10, 2):
     print(i)
```

```
1
3
5
7
9
```

• for 반복문은 중첩하여 사용할 수 있다.

Code

```
for i in range(2,10):
  for j in range(1,10):
    print(i*j, end='')
  print(' ')
```

```
24681012141618
369121518212427
4812162024283236
51015202530354045
61218243036424854
71421283542495663
81624324048566472
91827364554637281
```

• 사전형 데이터와 for 반복문을 함께 활용할 수 있다.

Code

```
dict={'001':'김민지', '002':'김민주', '003':'나길동'}
for i in dict:
    print(i)
```

```
001
002
003
```

Code

```
dict={'001':'김민지', '002':'김민주', '003':'나길동'}
for i in dict.keys():
    print(i)
```

```
001
002
003
```

Code

```
dict={'001':'김민지', '002':'김민주', '003':'나길동'}
for i in dict.values():
    print(i)
```

```
김민지
김민주
나길동
```

Code

```
dict={'001':'김민지', '002':'김민주', '003':'나길동'}
for i in dict.items():
    print(i)
```

```
('001', '김민지')
('002', '김민주')
('003', '나길동')
```

• for문은 축약해서 나타낼 수 있다.

Code

```
lst=list(range(5))
for i in lst :
   print(i)
```

```
0
1
2
3
4
```

Code

```
[i for i in lst]
```

```
[0, 1, 2, 3, 4]
```

Code

```
i=3
if i<5:
  print(0)
```

```
0
```

```
i=3
if i<5 : print(0)
```

```
0
```

Code

```
i=3
print(0 if i<5 else 1)
```

```
0
```

```
i=7
print(0 if i<5 else 1)
```

```
1
```

Code

```
i=3
if i<5:
  print(0)
elif i<10:
  print(1)
else:
  print(2)
```

```
0
```

```
i=3
print(0 if i<5 else 1 if i<10 else 2 )
```

```
0
```

Code

```
for i in range(1,10):
  if i%2 == 0:
    print(i)
```

```
2
4
6
8
```

```
[i for i in range(1,10) if i%2==0]
```

```
2
4
6
8
```

④ 사용자정의 함수

- def( ) 함수를 사용하여 사용자가 원하는 함수를 정의할 수 있다.
- 함수명을 지정하고 입력받을 매개변수 값을 변수로 정의한다.

Code

```
def add(x,y):
     return(x+y)
x=1
y=2
add(x,y)
```

```
3
```

Chapter 2 데이터 분석 필수 라이브러리

1 데이터 분석 필수 라이브러리

1) 데이터 분석 라이브러리

가. 데이터 분석 라이브러리

① 데이터 분석 라이브러리의 의미와 종류

- **함수(Function)나 클래스(Class)는 특정 작업을 수행하기 위해 작성된 코드의 집합이며, 이를 모아 놓은 파일을 일반적으로 모듈(Module)이라고 명명한다. 또한 이런 모듈은 묶어서 하나로 제공하는 것을 라이브러리(Library) 또는 패키지(Package)라고 한다.**
- 파이썬에서는 데이터 분석에 유용하게 사용할 수 있는 다양한 라이브러리를 제공한다.

범주	라이브러리명	설명
선형대수/배열	넘파이(numpy)	행렬, 다차원 배열을 쉽게 처리할 수 있도록 지원
데이터 핸들링	판다스(pandas)	시리즈, 데이터프레임을 이용한 대규모 데이터 핸들링을 지원
통계	싸이파이(scipy)	통계 패키지
시각화	맷플롯립(matplotlib)	다양한 시각화 기능 제공
	씨본(seaborn)	맷플롯립 기반의 다양한 시각화 기능 제공
머신러닝	사이킷런(Scikit-Learn)	머신러닝 패키지
딥러닝	텐서플로우(tensorflow)	구글에서 개발하였으며 심볼릭 수학 패키지이자, 인공 신경망을 구현하기 위한 패키지
	파이토치(pytorch)	페이스북에서 개발한 머신러닝 및 딥러닝 패키지
	케라스(keras)	오픈소스 신경망 라이브러리

② 라이브러리 설치 및 로드

- **특정 라이브러리를 사용하기 위해서는 설치 및 로드 과정이 필요하다.** 구글 코랩은 유용하게 사용되는 모듈과 라이브러리가 기본적으로 설치되어 있으며, 필요한 경우 별도 설치가 가능하다.
- 구글 코랩에 이미 설치되어 있는 라이브러리와 설치 버전을 확인할 수 있다.

Code

```
!pip list
Package                    Version
--------------------- ----------------------
absl- py                    1.3.0
aeppl                      0.0.33
aesara                     2.7.9
aiohttp                    3.8.3
aiosignal                  1.3.1
alabaster                  0.7.12
albumentations             1.2.1
altair                     4.2.0
appdirs                    1.4.4
arviz                      0.12.1
```

- 필요한 라이브러리가 설치되지 않았다면 직접 설치할 수 있다.
- !pip install 라이브러리명으로 설치할 수 있다.

Code

```
!pip install pandas
```

- 설치된 라이브러리를 사용하기 위해서는 매번 라이브러리를 import하여 코랩 환경에 불러와야 한다. import 명령어를 사용하며, as는 해당 라이브러리를 축약해서 표현하겠다는 의미이다.
- input pandas as pd는 pandas를 호출할 때 pandas가 아닌 pd로 줄여서 사용하겠다고 선언하는 것이다.

Code

```
import pandas as pd
import numpy as np
import matplotlib.pyplot as plt
```

- 라이브러리 전체를 불러오지 않고, **라이브러리 중 특정 모듈과 클래스를 불러오기 위해 from ~import 명령어를 사용하기도 한다.** from sklearn.linear_model import LinearRegression()은 sklearn.linear_model 모듈의 LinearRegression 클래스를 불러온다는 의미이다.

Code

```
from sklearn.linear_model import LinearRegression
from sklearn.model_selection import train_test_split
```

2) Pandas

가. Pandas

판다스는 데이터 분석을 위해 가장 많이 사용되는 패키지이며, 행과 열로 구성된 데이터프레임 형식의 데이터를 다루는 데 효과적이다.

① 판다스 객체(Pandas Object)

- 판다스의 객체인 **시리즈(Series)와 데이터프레임(Data Frame)**은 다양한 자료형의 데이터를 담을 수 있으며, 손쉽게 데이터의 결합과 분리가 가능하다.
- 변수가 1개일 경우 시리즈, 변수가 2개 이상일 경우 데이터프레임을 사용한다.

	English
0	80
1	75
2	90
3	100

	Math
0	90
1	100
2	75
3	85

[Series]

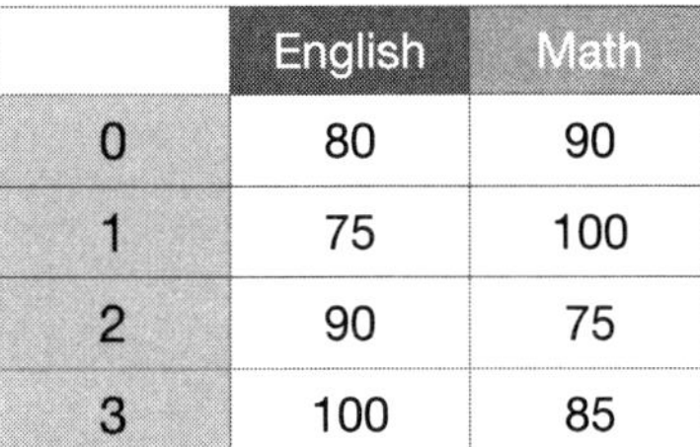

	English	Math
0	80	90
1	75	100
2	90	75
3	100	85

[Dataframe]

② 시리즈(Series)

- **시리즈는 1차원 배열 형태의 구조이며 인덱스를 가지고 있다.**
- 파이썬의 리스트나 넘파이의 1차원 배열을 이용하여 시리즈를 생성할 수 있으며 판다스의 Series( ) 함수를 사용하며, 대문자에 주의한다.
- 인덱스는 0부터 시작한다.

Code

```
import pandas as pd
data=pd.Series([1,2,3,4])
data
```

```
0    1
1    2
2    3
3    4
dtype: int64
```

• 시리즈 생성 시, 사용자가 명시적으로 인덱스를 지정할 수 있다. index 옵션을 사용한다.

Code

```
data=pd.Series([1,2,3,4], index=['a', 'b', 'c', 'd'])
data
```

```
a    1
b    2
c    3
d    4
dtype: int64
```


• values, index 메소드를 통해 시리즈의 값과 인덱스를 확인할 수 있다.

Code

```
data.values
```

```
array([1, 2, 3, 4])
```

```
Index(['a', 'b', 'c', 'd'], dtype='object')
```

```
data.index
```

• 사용자가 지정한 명시적 인덱스(문자열 인덱스)와 기본으로 설정되는 묵시적 인덱스(숫자 인덱스)를 통해 데이터에 접근할 수 있다. **명시적 인덱스는 문자열 형태이므로 따옴표를 통해 작성하고, 묵시적 인덱스는 해당 데이터의 숫자 인덱스를 작성하면 된다.**

Code

```
data['a']
```

```
1
```

```
data[0]
```

```
1
```

```
data[-1]
```

```
4
```

- **슬라이싱 적용 시, 묵시적 인덱스는 범위의 끝이 포함되지 않으나, 명시적 인덱스는 범위의 끝이 포함되는 것에 유의한다.**

Code

```
data['a':'c']
```

```
a    1
b    2
c    3
dtype: int64
```

```
data[0:2]
```

```
a    1
b    2
dtype: int64
```

- **시리즈와 데이터프레임에서는 loc(location)과 iloc(integer location) 메소드를 통해 특정 행과 열의 데이터에 접근할 수 있다.**
- loc은 사람이 지정한 라벨 값으로 데이터에 접근하며 쉼표(,)를 기준으로 앞에는 행에 대한 정보, 뒤에는 열에 대한 정보를 작성한다. 새로운 데이터 생성 후 예시를 통해 살펴본다.

Code

```
data=pd.Series(['a', 'b', 'c', 'd'], index=[1,3,5,7])
data
```

```
1    a
3    b
5    c
7    d
dtype: object
```

• 예시 데이터는 시리즈 형태이므로 행에 대한 정보만을 가지고 데이터에 접근한다.

Code
```
data.loc[1]
```

```
'a'
```

```
data.loc[1:3]
```

```
1    a
3    b
dtype: object
```

• iloc은 자동으로 지정되는 숫자형 인덱스를 통해 데이터에 접근하며 쉼표(,)를 기준으로 앞에는 행에 대한 정보, 뒤에는 열에 대한 정보를 작성한다. 예시 데이터는 시리즈 형태이므로 행에 대한 정보만을 가지고 데이터에 접근한다.

Code
```
data.iloc[1]
```

```
'b'
```

```
data.iloc[1:3]
```

```
3    b
5    c
dtype: object
```

③ 데이터프레임(Dataframe)

• **데이터프레임은 행과 열을 가진 2차원 행렬 형태의 구조이며, 인덱스를 가지고 있다.**
• 파이썬의 리스트나 사전형을 이용하여 데이터프레임을 생성할 수 있으며 판다스의 DataFrame( ) 함수를 사용하며, 대문자에 주의한다.
• 인덱스는 0부터 시작한다. (170쪽 참고)

• 데이터프레임 실습을 위해 사전형 데이터를 생성한다.

Code

```
data={
    '이름' : ['김민지', '장채빈', '조예나', '차지수', '채수린', '하은지'],
    '국어' : [90, 95, 100, 85, 80, 85],
    '영어' : [100, 80, 75, None, 60, 85],
    '수학' : [80, 100, 70, 75, 100, 90],
    'SW' : ['Python', None , 'C', '', 'Java', 'PYTHON']
}

df=pd.DataFrame(data)
df
```

	이름	국어	영어	수학	SW
0	김민지	90	100.0	80	Python
1	장채빈	95	80.0	100	None
2	조예나	100	75.0	70	C
3	차지수	85	NaN	75	
4	채수린	80	60.0	100	Java
5	하은지	85	85.0	90	PYTHON

• **대괄호를 통해 특정 컬럼에 접근할 수 있다.**

Code

```
df['이름']
```

```
0    김민지
1    장채빈
2    조예나
3    차지수
4    채수린
5    하은지
Name: 이름, dtype: object
```

- 두 개 이상의 컬럼에 접근하기 위해서는 2차원 데이터프레임 형태에 접근해야 하므로 대괄호를 2개 사용하여 2차원으로 값을 추출한다.

Code

```
df[['이름', '영어']]
```

	이름	영어
0	김민지	100
1	장채빈	80
2	조예나	75
3	차지수	80
4	채수린	60
5	하은지	85

- 또는 데이터프레임 생성 시, columns 옵션을 사용하여 원하는 컬럼으로만 데이터프레임을 구성할 수 있다.

Code

```
df=pd.DataFrame(data, columns=['이름', '영어', '수학'])
df
```

	이름	영어	수학
0	김민지	100	80
1	장채빈	80	100
2	조예나	75	70
3	차지수	80	75
4	채수린	60	100
5	하은지	85	90

④ 데이터프레임 활용

- 판다스에서 제공하는 다양한 함수들을 통해 데이터를 살펴본다.
- 새로운 사전형 데이터를 생성하고 데이터프레임으로 변환한다. 이때, index 옵션을 통해 명시적 인덱스를 지정한다.

Code

```
data={
    '이름' : ['김민지', '장채빈', '조예나', '차지수', '채수린', '하은지'],
    '국어' : [90, 95, 100, 85, 80, 85],
    '영어' : [100, 80, 75, 95, 60, 85],
    '수학' : [80, 100, 70, 75, 100, 90],
    '컴퓨터' : ['Python', None , 'C', '', 'Java', 'PYTHON']
}
df=pd.DataFrame(data, index=['1', '2', '3', '4', '5', '6'])
df
```

	이름	국어	영어	수학	컴퓨터
1	김민지	90	100	80	Python
2	장채빈	95	80	100	None
3	조예나	100	75	70	C
4	차지수	85	95	75	
5	채수린	80	60	100	Java
6	하은지	85	85	90	PYTHON

- index 속성을 통해 index 정보를 확인한다. dtype은 data type을 의미하며, 판다스에서 object는 문자열 데이터를 의미한다.

 판다스의 자료형

자료형	파이썬 자료형	판다스 자료형
정수형 데이터	int	int64
실수형 데이터	float	float64
문자열 데이터	string	object
시간 데이터	–	datetime64

Code

```
df.index
```

```
Index(['1', '2', '3', '4', '5', '6'], dtype='object')
```

- index.name 속성을 통해 index의 이름을 설정할 수 있다.

Code

```
df.index.name="학번"
df
```

	이름	국어	영어	수학	컴퓨터
학번					
1	김민지	90	100	80	Python
2	장채빈	95	80	100	None
3	조예나	100	75	70	C
4	차지수	85	95	75	
5	채수린	80	60	100	Java
6	하은지	85	85	90	PYTHON

```
df.index
```

```
Index(['1', '2', '3', '4', '5', '6'], dtype='object', name='학번')
```

- columns, values 속성을 통해 각 컬럼과 값에 접근할 수 있다.

Code

```
df.columns
```

```
Index(['이름', '국어', '영어', '수학', '컴퓨터'], dtype='object')
```

```
df.values
```

```
array([['김민지', 90, 100, 80, 'Python'],
       ['장채빈', 95, 80, 100, None],
       ['조예나', 100, 75, 70, 'C'],
       ['차지수', 85, 95, 75, ''],
       ['채수린', 80, 60, 100, 'Java'],
       ['하은지', 85, 85, 90, 'PYTHON']], dtype=object
```

- **shape 속성은 행과 열의 개수를 튜플 형태로 반환한다.**

Code

```
df.shape
```

```
(6,5)
```

- **describe( ) 함수는 데이터의 기술 통계 값을 요약해서 반환한다.**
- 기술통계 값을 구하는 함수는 반드시 알아두어야 한다.

기술 통계 값	설명
count	데이터의 개수
mean	산술평균
std	표준편차
min	최솟값
25%	1사분위수
50%	2사분위수(중앙값)
75%	3사분위수
max	최댓값

Code

```
df.describe()
```

	국어	영어	수학
count	6.000000	6.00000	6.000000
mean	89.166667	82.50000	85.833333
std	7.359801	14.40486	12.812754
min	80.000000	60.00000	70.000000
25%	85.000000	76.25000	76.250000
50%	87.500000	82.50000	85.000000
75%	93.750000	92.50000	97.500000
max	100.000000	100.00000	100.000000

- 기본적으로 연산 가능한 숫자 데이터를 갖는 열에만 적용되지만, include='all' 옵션을 추가하면 문자열 데이터에도 적용할 수 있다. 문자열 데이터에서 연산할 수 없는 다른 값은 결측치(NaN)로 표시된다.

기술 통계 값	설명
count	데이터의 개수
unique	고윳값 개수
top	상위값
freq	상위값의 빈도수

Code

```
df.describe(include='all')
```

	이름	국어	영어	수학	컴퓨터
count	6	6.000000	6.00000	6.000000	5
unique	6	NaN	NaN	NaN	5
top	김민지	NaN	NaN	NaN	Python
freq	1	NaN	NaN	NaN	1
mean	NaN	89.166667	82.50000	85.833333	NaN
std	NaN	7.359801	14.40486	12.812754	NaN
min	NaN	80.000000	60.00000	70.000000	NaN
25%	NaN	85.000000	76.25000	76.250000	NaN
50%	NaN	87.500000	82.50000	85.000000	NaN
75%	NaN	93.750000	92.50000	97.500000	NaN
max	NaN	100.000000	100.00000	100.000000	NaN

• info( ) 함수는 데이터프레임에 관한 기본 정보를 출력한다. 행과 열에 대한 정보와 각 컬럼의 개수, 데이터 타입 등을 확인할 수 있다.

Code

```
df.info()
```

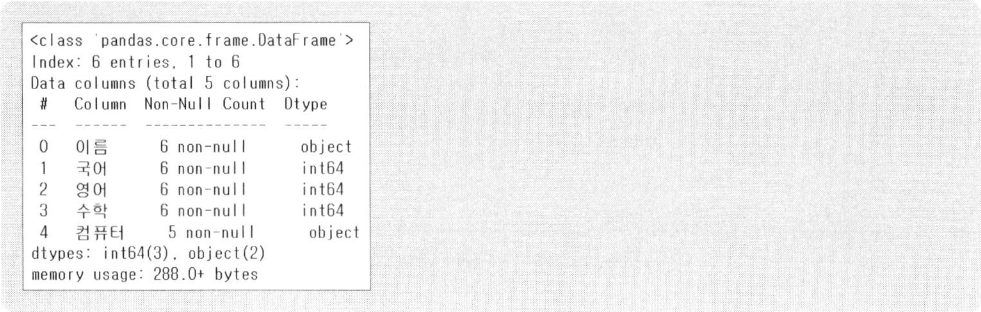

```
<class 'pandas.core.frame.DataFrame'>
Index: 6 entries, 1 to 6
Data columns (total 5 columns):
 #   Column  Non-Null Count  Dtype
---  ------  --------------  -----
 0   이름      6 non-null      object
 1   국어      6 non-null      int64
 2   영어      6 non-null      int64
 3   수학      6 non-null      int64
 4   컴퓨터     5 non-null      object
dtypes: int64(3), object(2)
memory usage: 288.0+ bytes
```

• 데이터프레임의 크기가 큰 경우 데이터의 일부분만 확인하고자 할 때는 head( ) 함수 또는 tail( ) 함수를 사용한다. 기본값이 5개이므로 head( ) 함수는 앞에서부터 5개의 행, tail( ) 함수는 뒤에서부터 5개의 행을 반환한다. 괄호 안에 특정 숫자를 기입하면 그 숫자만큼 확인할 수도 있다.

Code

```
df.head()
```

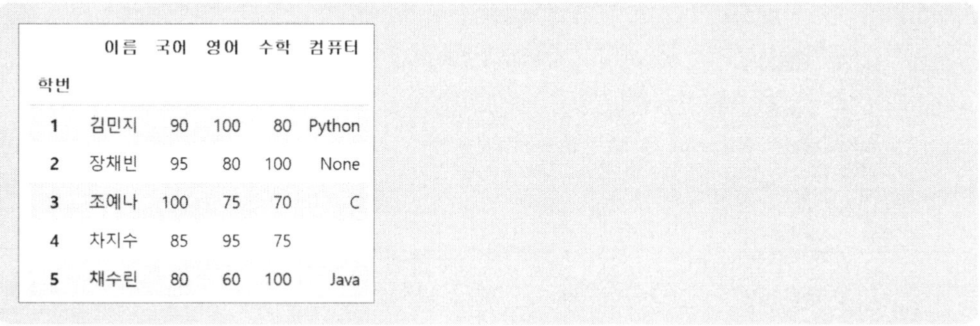

학번	이름	국어	영어	수학	컴퓨터
1	김민지	90	100	80	Python
2	장채빈	95	80	100	None
3	조예나	100	75	70	C
4	차지수	85	95	75	
5	채수린	80	60	100	Java

Code

```
df.head(3)
```

학번	이름	국어	영어	수학	컴퓨터
1	김민지	90	100	80	Python
2	장채빈	95	80	100	None
3	조예나	100	75	70	C

Code

```
df.tail()
```

학번	이름	국어	영어	수학	컴퓨터
2	장채빈	95	80	100	None
3	조예나	100	75	70	C
4	차지수	85	95	75	
5	채수린	80	60	100	Java
6	하은지	85	85	90	PYTHON

Code

```
df.tail(3)
```

학번	이름	국어	영어	수학	컴퓨터
4	차지수	85	95	75	
5	채수린	80	60	100	Java
6	하은지	85	85	90	PYTHON

- 데이터프레임에서 필요한 데이터에 접근하는 방식은 다양하다. 우선 대괄호를 사용하여 특정 컬럼에 접근하거나, 컬럼의 인덱스를 통해 접근할 수 있다.

Code

```
df['국어']
```

```
학번
1     90
2     95
3    100
4     85
5     80
6     85
Name: 국어, dtype: int64
```

Code

```
df[df.columns[1]]
```

```
학번
1     90
2     95
3    100
4     85
5     80
6     85
Name: 국어, dtype: int64
```

• 단일 컬럼이지만 대괄호를 두 번 적용하면 2차원의 데이터프레임으로 반환한다.

Code

```
df[['국어']]
```

	국어
학번	
1	90
2	95
3	100
4	85
5	80
6	85

• 컬럼 단위로 함수를 적용할 수 있다. describe() 함수는 기초 통계량 값을 확인할 수 있는 함수이며, mean()은 평균값, nlargest()는 가장 큰 수부터 지정한 개수만큼 반환하는 함수이다.

Code

```
df['국어'].describe()
```

```
count      6.000000
mean      89.166667
std        7.359801
min       80.000000
25%       85.000000
50%       87.500000
75%       93.750000
max      100.000000
Name: 국어, dtype: float64
```

```
df['국어'].mean()
```

```
89.16666666666667
```

```
df['국어'].nlargest(3)
```

```
학번
3    100
2     95
1     90
Name: 국어, dtype: int64
```

- **특정 컬럼에서 인덱싱 또는 슬라이싱을 통해 원하는 데이터를 추출할 수 있다.**

Code

```
df['이름'][0:5]
```

```
학번
1    김민지
2    장채빈
3    조예나
4    차지수
5    채수린
Name: 이름, dtype: object
```

- **시리즈 예시처럼 데이터프레임에서도 loc(location)과 iloc(integer location) 메소드를 통해 특정 행과 열의 데이터에 접근할 수 있다.**
- loc은 사람이 지정한 라벨 값으로 데이터에 접근하며 쉼표(,)를 기준으로 앞에는 행에 대한 정보, 뒤에는 열에 대한 정보를 작성한다. 쉼표가 없는 경우 행에 대해서만 처리한다.

Code

```
df.loc['1']
```

```
이름        김민지
국어         90
영어        100
수학         80
컴퓨터     Python
Name: 1, dtype: object
```

```
df.loc['1', '이름']
```

```
'김민지'
```

```
df.loc[['1', '2'], ['이름', '컴퓨터']]
```

학번	이름	컴퓨터
1	김민지	Python
2	장채빈	None

```
df.loc['1': '6', '이름': '컴퓨터']
```

학번	이름	국어	영어	수학	컴퓨터
1	김민지	90	100	80	Python
2	장채빈	95	80	100	None
3	조예나	100	75	70	C
4	차지수	85	95	75	
5	채수린	80	60	100	Java
6	하은지	85	85	90	PYTHON

• iloc은 자동으로 지정되는 숫자형 인덱스를 통해 데이터에 접근하며 쉼표(,)를 기준으로 앞에는 행에 대한 정보, 뒤에는 열에 대한 정보를 작성한다.

Code

```
df.iloc[0]
```

```
이름        김민지
국어          90
영어         100
수학          80
컴퓨터     Python
Name: 1, dtype: object
```

• 콜론(:) 기호는 시작점과 끝점을 나타내며, [:]로 작성 시 전체를 추출할 때 사용할 수 있다.

Code

```
df.iloc[:]
```

	이름	국어	영어	수학	컴퓨터
학번					
1	김민지	90	100	80	Python
2	장채빈	95	80	100	None
3	조예나	100	75	70	C
4	차지수	85	95	75	
5	채수린	80	60	100	Java
6	하은지	85	85	90	PYTHON

• loc, iloc 메소드 모두 쉼표(,)를 기준으로 행과 열이 구분되기 때문에 이 점에 유의하여 사용하도록 한다.

Code

```
df.iloc[0:3]
```

	이름	국어	영어	수학	컴퓨터
학번					
1	김민지	90	100	80	Python
2	장채빈	95	80	100	None
3	조예나	100	75	70	C

```
df.iloc[0, 3]
```

```
80
```

⑤ 파일 저장 및 열기

- **구글 코랩에서 작성한 데이터 파일을 구글 드라이브에 저장하거나, 구글 드라이브에 저장된 외부 파일을 불러오기 위해서는 구글 드라이브와 구글 코랩이 연동이 되어 있어야 한다**(단, 구글 코랩과 드라이브는 동일한 계정을 사용해야 한다).
- 코랩의 초기 환경 위치는 /content이다.
- 왼쪽 그림의 드라이브 모양의 폴더 아이콘을 누른 후 실행창의 'Google Drive에 연결' 버튼을 누르면 코랩과 드라이브가 연동(마운트)된다.

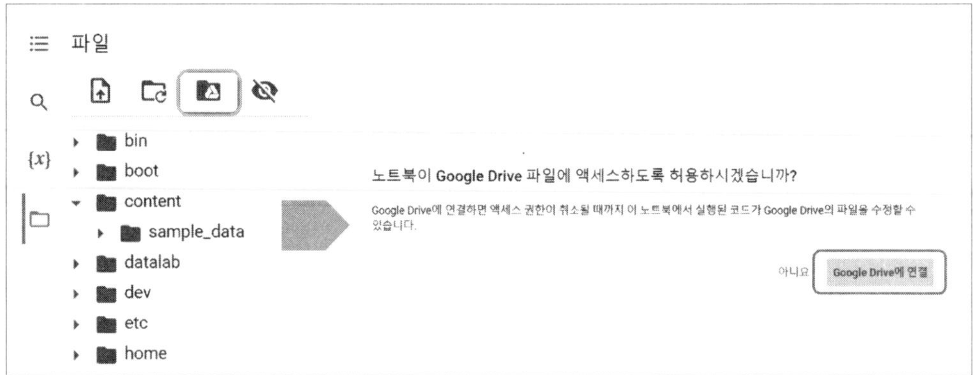

- 연동 후 /content/drive/MyDrive/Colab Notebook과 같이 폴더가 생성된다.

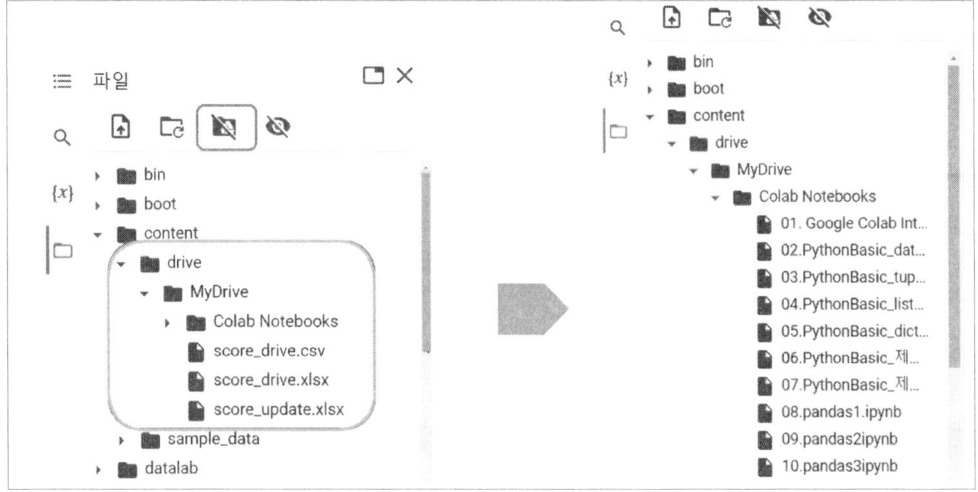

- MyDrive가 개인의 구글 드라이브이며, 구글 코랩에서 작성한 파이썬 소스코드는 구글드라이브의 [Colab Notebooks] 폴더에 저장된다.
- csv, txt, excel 형태로 데이터를 저장하기 위해서 to_csv(), to_excel()과 함수를 사용하여 저장할 수 있으며, 경로를 지정하지 않으면 /content 위치에 저장되므로 파일 생성 후 개인의 구글 드라이브에 옮겨 놓는다.

TIP csv(comma- separated values) 파일은 데이터를 쉼표(,)로 구분한 텍스트 파일이다.

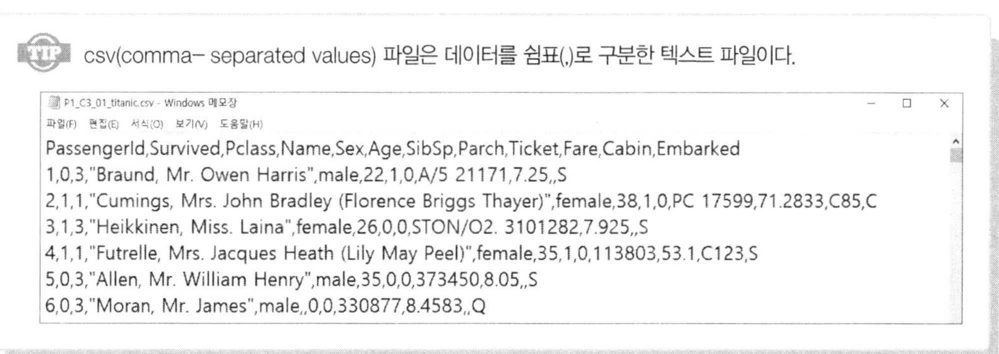


```
PassengerId,Survived,Pclass,Name,Sex,Age,SibSp,Parch,Ticket,Fare,Cabin,Embarked
1,0,3,"Braund, Mr. Owen Harris",male,22,1,0,A/5 21171,7.25,,S
2,1,1,"Cumings, Mrs. John Bradley (Florence Briggs Thayer)",female,38,1,0,PC 17599,71.2833,C85,C
3,1,3,"Heikkinen, Miss. Laina",female,26,0,0,STON/O2. 3101282,7.925,,S
4,1,1,"Futrelle, Mrs. Jacques Heath (Lily May Peel)",female,35,1,0,113803,53.1,C123,S
5,0,3,"Allen, Mr. William Henry",male,35,0,0,373450,8.05,,S
6,0,3,"Moran, Mr. James",male,,0,0,330877,8.4583,,Q
```

- 데이터 생성 후 to_csv() 함수를 통해 csv 파일을 생성한다. 저장할 파일명과 인코딩을 설정한다. 저장 후 /content 위치에 파일이 생성되며 더블 클릭을 통해 저장된 파일 내용을 확인할 수 있다.

Code

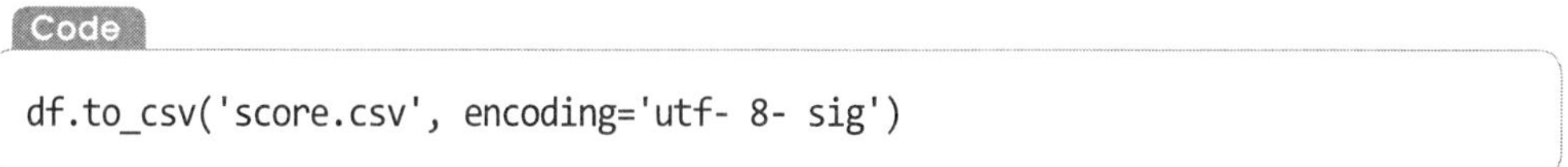

```
df.to_csv('score.csv', encoding='utf- 8- sig')
```

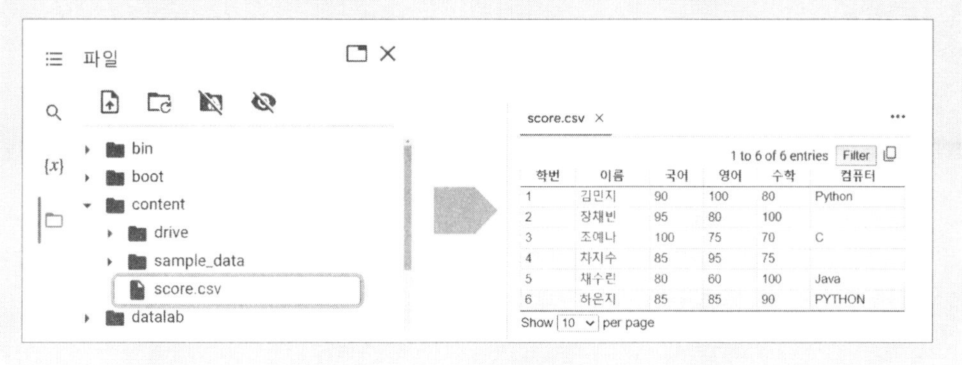

학번	이름	국어	영어	수학	컴퓨터
1	김민지	90	100	80	Python
2	장채빈	95	80	100	
3	조예나	100	75	70	C
4	차지수	85	95	75	
5	채수린	80	60	100	Java
6	하은지	85	85	90	PYTHON

• 텍스트 파일과 엑셀 파일도 생성한다. 텍스트 파일은 to_csv() 함수에 sep='\t' 옵션을 설정하고, 엑셀 파일은 to_excel() 함수를 이용한다.

Code

```
df.to_csv('score.txt', sep='\t')
df.to_excel('score.xlsx')
```

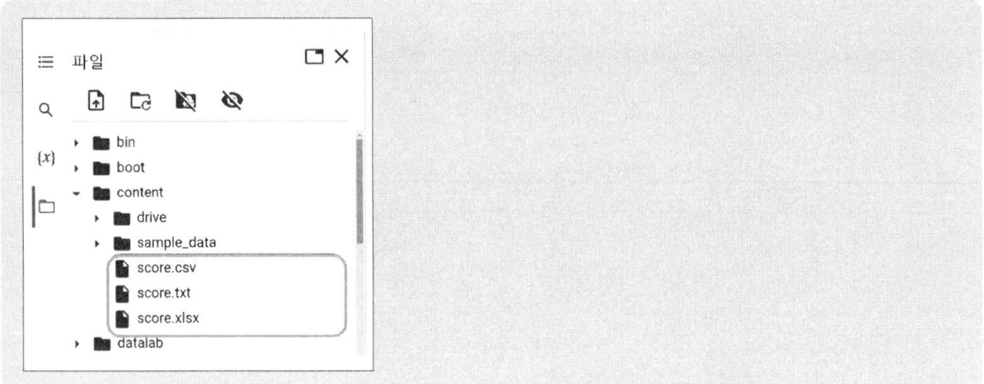

• 저장된 csv 파일을 불러오기 위해서는 판다스에서 제공하는 read_csv(), read_excel() 함수를 사용한다.

Code

```
df=pd.read_csv('score.csv')
df
```

	학번	이름	국어	영어	수학	컴퓨터
0	1	김민지	90	100	80	Python
1	2	장채빈	95	80	100	NaN
2	3	조예나	100	75	70	C
3	4	차지수	85	95	75	NaN
4	5	채수린	80	60	100	Java
5	6	하은지	85	85	90	PYTHON

• index_col 옵션을 통해 특정 컬럼을 인덱스로 지정하여 파일을 불러올 수 있다.

Code

```
df=pd.read_csv('score.csv', index_col='학번')
df
```

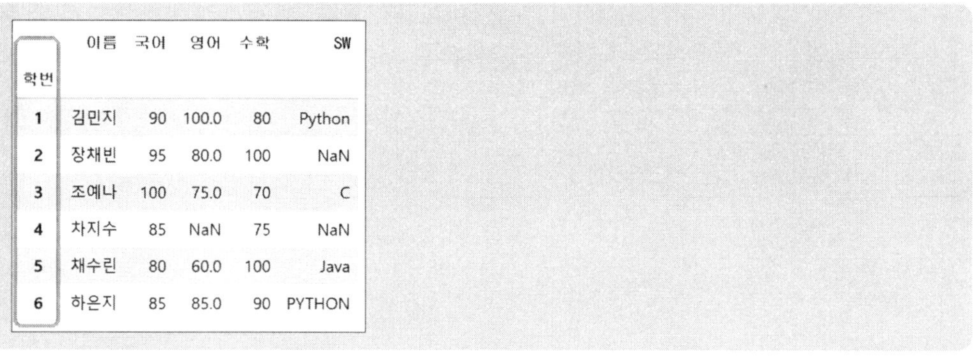

	이름	국어	영어	수학	SW
학번					
1	김민지	90	100.0	80	Python
2	장채빈	95	80.0	100	NaN
3	조예나	100	75.0	70	C
4	차지수	85	NaN	75	NaN
5	채수린	80	60.0	100	Java
6	하은지	85	85.0	90	PYTHON

• nrows 옵션을 통해 원하는 행의 개수만큼 불러올 수도 있다.

Code

```
df=pd.read_csv('score.csv', index_col='학번', nrows=4)
df
```

	이름	국어	영어	수학	컴퓨터
학번					
1	김민지	90	100	80	Python
2	장채빈	95	80	100	NaN
3	조예나	100	75	70	C
4	차지수	85	95	75	NaN

• 텍스트 파일을 불러오기 위해서는 read_csv() 함수를 사용하되, sep='\t' 옵션을 통해 불러올 수 있다.

Code

```
df=pd.read_csv('score.txt', sep='\t', index_col='학번')
df
```

	이름	국어	영어	수학	컴퓨터
학번					
1	김민지	90	100	80	Python
2	장채빈	95	80	100	NaN
3	조예나	100	75	70	C
4	차지수	85	95	75	NaN
5	채수린	80	60	100	Java
6	하은지	85	85	90	PYTHON

• 엑셀 파일을 불러오기 위해서는 read_excel() 함수를 사용한다.

Code

```
df=pd.read_excel('score.xlsx', index_col='학번')
df
```

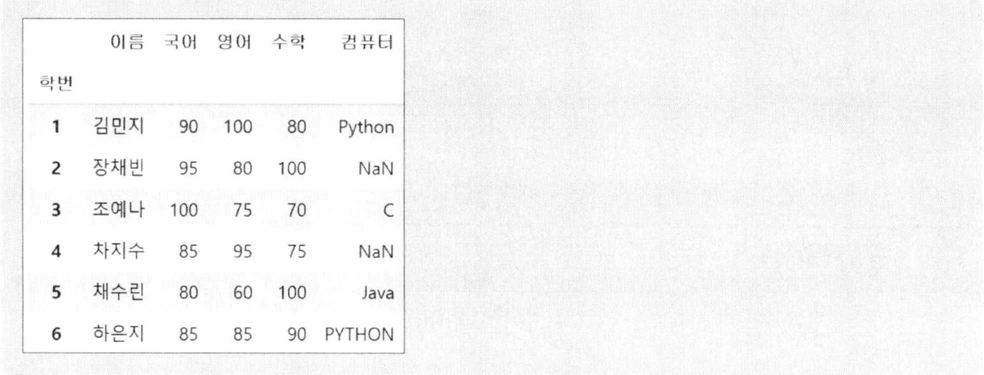

학번	이름	국어	영어	수학	컴퓨터
1	김민지	90	100	80	Python
2	장채빈	95	80	100	NaN
3	조예나	100	75	70	C
4	차지수	85	95	75	NaN
5	채수린	80	60	100	Java
6	하은지	85	85	90	PYTHON

• 외부 파일을 코랩에서 열기 위해서는 별도로 파일 경로를 지정해야 한다. 해당 파일의 마우스 오른쪽 버튼을 눌러 경로를 복사한 후 붙여 넣는다.

Code

```
df=pd.read_excel('/content/drive/MyDrive/score_drive.xlsx', nrows=4, index_
col='학번')
df
```

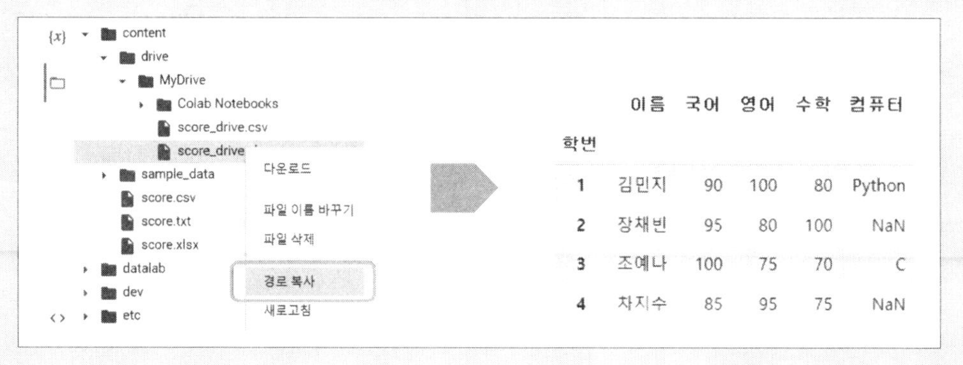

학번	이름	국어	영어	수학	컴퓨터
1	김민지	90	100	80	Python
2	장채빈	95	80	100	NaN
3	조예나	100	75	70	C
4	차지수	85	95	75	NaN

```
df=pd.read_csv('/content/drive/MyDrive/score_drive.csv')
df
```

	학번	이름	국어	영어	수학	컴퓨터
0	1	김민지	90	100	80	Python
1	2	장채빈	95	80	100	NaN
2	3	조예나	100	75	70	C
3	4	차지수	85	95	75	NaN
4	5	채수린	80	60	100	Java
5	6	하은지	85	85	90	Python

⑥ 판다스 기초 문법 - 컬럼 생성, 삭제, 조회

- 기본적인 판다스 문법을 통해서 컬럼 생성, 삭제, 데이터 조회 등을 수행한다.
- /content 위치에 저장된 'score.csv' 파일을 불러온다. 단, 학번을 인덱스로 지정한다.

Code

```
df=pd.read_csv('score.csv', index_col='학번')
df
```

	이름	국어	영어	수학	컴퓨터
학번					
1	김민지	90	100	80	Python
2	장채빈	95	80	100	NaN
3	조예나	100	75	70	C
4	차지수	85	95	75	NaN
5	채수린	80	60	100	Java
6	하은지	85	85	90	PYTHON

- /content 위치에 저장된 'score.csv' 파일을 불러온다. 단, 학번을 인덱스로 지정한다.
- 새로운 컬럼을 생성하기 위해서 데이터프레임['컬럼명']을 통해 해당 데이터를 할당한다. '라틴어'라는 새로운 과목을 설정하고 해당 데이터를 행의 개수에 맞게 할당한다.

Code

```
df['라틴어']=[32, 17, 24, 80, 8, 30]
df
```

	이름	국어	영어	수학	컴퓨터	라틴어
학번						
1	김민지	90	100	80	Python	32
2	장채빈	95	80	100	NaN	17
3	조예나	100	75	70	C	24
4	차지수	85	95	75	NaN	80
5	채수린	80	60	100	Java	8
6	하은지	85	85	90	PYTHON	30

• 새로운 컬럼을 생성 시, 빈 공백으로 데이터를 할당하거나 특정 숫자로 채워 넣을 수 있다.

Code

```
df['사회']=" "
df
```

	이름	국어	영어	수학	컴퓨터	라틴어	사회
학번							
1	김민지	90	100	80	Python	32	
2	장채빈	95	80	100	NaN	17	
3	조예나	100	75	70	C	24	
4	차지수	85	95	75	NaN	80	
5	채수린	80	60	100	Java	8	
6	하은지	85	85	90	PYTHON	30	

```
df['사회']=0
df
```

	이름	국어	영어	수학	컴퓨터	라틴어	사회
학번							
1	김민지	90	100	80	Python	32	0
2	장채빈	95	80	100	NaN	17	0
3	조예나	100	75	70	C	24	0
4	차지수	85	95	75	NaN	80	0
5	채수린	80	60	100	Java	8	0
6	하은지	85	85	90	PYTHON	30	0

• del 데이터프레임['컬럼명']을 통해 컬럼을 삭제할 수 있다.

Code

```
del df['사회']
df
```

	이름	국어	영어	수학	컴퓨터	라틴어
학번						
1	김민지	90	100	80	Python	32
2	장채빈	95	80	100	NaN	17
3	조예나	100	75	70	C	24
4	차지수	85	95	75	NaN	80
5	채수린	80	60	100	Java	8
6	하은지	85	85	90	PYTHON	30

• 특정 조건을 만족하는 데이터를 조회하기 위해서 연산자나 메소드를 사용할 수 있다.

• 영어 점수가 60점을 초과하는지 아닌지 유무에 대해 간단한 논리 연산을 통해 확인할 수 있다.

Code

```
df['영어']>60
```

```
학번
1     True
2     True
3     True
4     True
5    False
6     True
Name: 영어, dtype: bool
```

• 데이터프레임[조건] 형태로 추출 시, 조건에 해당하는 값만 데이터프레임 형태로 확인할 수 있다.

Code

```
df[df['영어']>60]
```

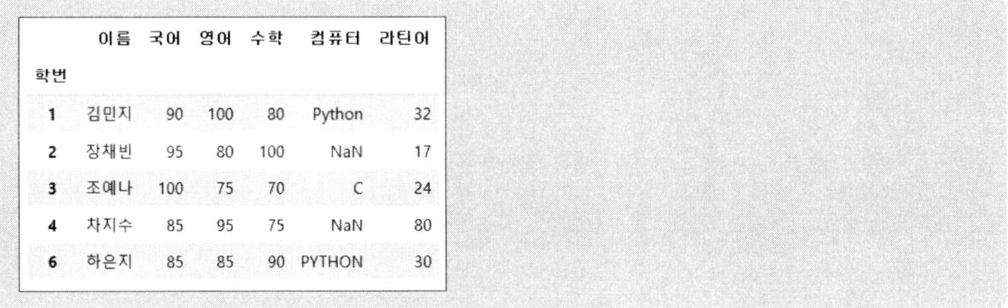

학번	이름	국어	영어	수학	컴퓨터	라틴어
1	김민지	90	100	80	Python	32
2	장채빈	95	80	100	NaN	17
3	조예나	100	75	70	C	24
4	차지수	85	95	75	NaN	80
6	하은지	85	85	90	PYTHON	30

• loc[행, 열] 메소드를 통해 조건에 해당하는 값을 확인할 수 있다. 영어 점수가 60점을 초과하는 학생들의 수학 점수를 다음과 같이 확인할 수 있다.

Code

```
df.loc[df['영어']>60, '수학']
```

```
학번
1     80
2    100
3     70
4     75
6     90
Name: 수학, dtype: int64
```

• 영어 점수가 60점을 초과하는 학생들의 수학 점수뿐만 아니라 수학, 국어, 라틴어 점수와 같이 여러 개의 변수를 함께 확인할 수 있다.

Code

```
df.loc[df['영어']>60, ['수학', '국어', '라틴어']]
```

학번	수학	국어	라틴어
1	80	90	32
2	100	95	17
3	70	100	24
4	75	85	80
6	90	85	30

• and 연산을 통해 두 개 이상의 조건에 해당하는 값을 확인할 수 있다.

Code

```
df.loc[(df['영어']>80) &(df['수학']>80)]
```

	이름	국어	영어	수학	컴퓨터	라틴어
학번						
6	하은지	85	85	90	PYTHON	30

```
df.loc[(df['영어']>80) &(df['수학']>80), '라틴어']
```

```
학번
6    30
Name: 라틴어, dtype: int64
```

• or 연산을 통해 두 개 이상의 조건에 해당하는 값을 확인할 수 있다.

Code

```
df.loc[(df['영어']>80) |(df['수학']>80)]
```

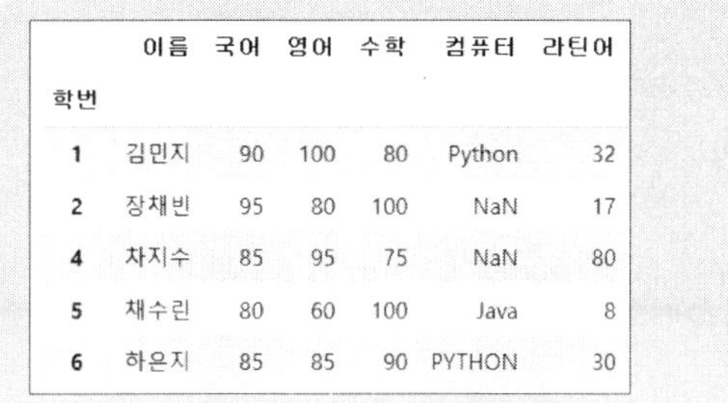

	이름	국어	영어	수학	컴퓨터	라틴어
학번						
1	김민지	90	100	80	Python	32
2	장채빈	95	80	100	NaN	17
4	차지수	85	95	75	NaN	80
5	채수린	80	60	100	Java	8
6	하은지	85	85	90	PYTHON	30

⑦ 판다스 기초 문법 – 기초 함수 활용 및 데이터 처리

• 실습을 위해 새로운 데이터를 불러온 후, 라틴어와 취미 컬럼을 추가한다.

Code

```
df=pd.read_excel('/content/drive/MyDrive/score_drive.xlsx', index_col='학번')
df['라틴어']=[14, 23, 32, 8, 19, 90]
df['취미']=['유튜브 제작', '러닝', '러닝', '유튜브 시청', 'SNS', '요가']
df
```

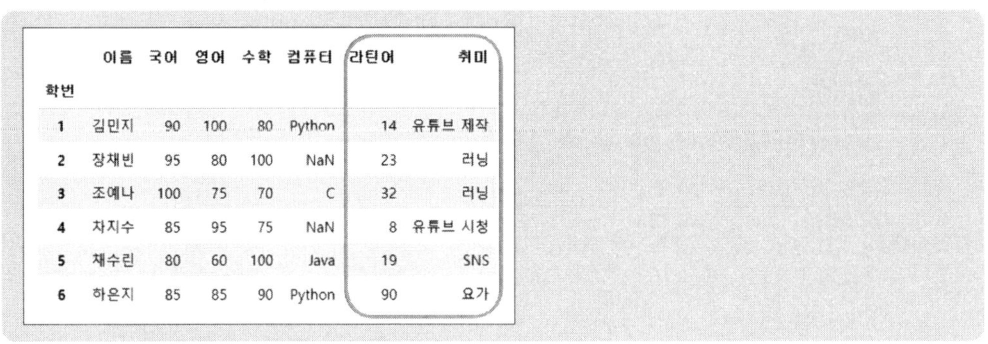

학번	이름	국어	영어	수학	컴퓨터	라틴어	취미
1	김민지	90	100	80	Python	14	유튜브 제작
2	장채빈	95	80	100	NaN	23	러닝
3	조예나	100	75	70	C	32	러닝
4	차지수	85	95	75	NaN	8	유튜브 시청
5	채수린	80	60	100	Java	19	SNS
6	하은지	85	85	90	Python	90	요가

- replace() 함수를 사용하여 특정 단어를 대체할 수 있다. 러닝과 요가를 운동이라는 단어로 대체해 본다.

Code

```
df['취미'].replace({'러닝':'운동', '요가': '운동'})
```

```
학번
1      유튜브 제작
2            운동
3            운동
4      유튜브 시청
5            SNS
6            운동
Name: 취미, dtype: object
```

- 데이터 변경 후, 다시 데이터프레임을 확인하면 원본 데이터가 변경되지 않은 것을 확인할 수 있다. **inplace=True 옵션값을 적용하면 원본 데이터가 변경된다.**

Code

```
df
```

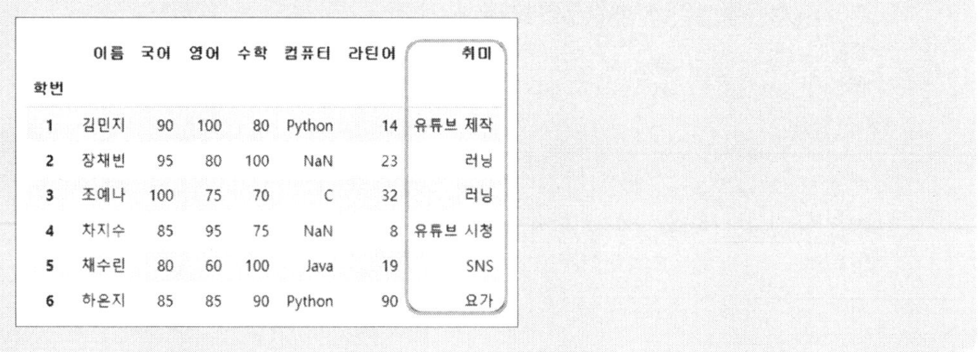

학번	이름	국어	영어	수학	컴퓨터	라틴어	취미
1	김민지	90	100	80	Python	14	유튜브 제작
2	장채빈	95	80	100	NaN	23	러닝
3	조예나	100	75	70	C	32	러닝
4	차지수	85	95	75	NaN	8	유튜브 시청
5	채수린	80	60	100	Java	19	SNS
6	하은지	85	85	90	Python	90	요가

• 러닝과 요가를 운동으로, 유튜브 제작과 유튜브 시청을 sns로 대체한다. inplace=True 옵션값을 주어 원본 데이터 자체를 변경하고 결과를 확인한다.

Code

```
df['취미'].replace({'러닝':'운동', '요가': '운동'}, inplace=True)
df['취미'].replace({'유튜브 제작' : 'sns', '유튜브 시청':'sns'}, inplace=True)
df
```

	이름	국어	영어	수학	컴퓨터	라틴어	취미
학번							
1	김민지	100	80	80	Python	14	sns
2	장채빈	95	80	100	NaN	23	운동
3	조예나	100	75	70	C	32	운동
4	차지수	85	95	75	NaN	8	SNS
5	채수린	80	60	100	Java	19	SNS
6	하은지	85	85	90	Python	90	운동

• 특정 문자를 소문자로 치환하거나, 대문자로 치환할 때 str.lower(), str.upper() 함수를 사용할 수 있다.

Code

```
df['취미']=df['취미'].str.lower()
df
```

	이름	국어	영어	수학	컴퓨터	라틴어	취미
학번							
1	김민지	90	100	80	Python	14	sns
2	장채빈	95	80	100	NaN	23	운동
3	조예나	100	75	70	C	32	운동
4	차지수	85	95	75	NaN	8	sns
5	채수린	80	60	100	Java	19	sns
6	하은지	85	85	90	Python	90	운동

```
df['취미']=df['취미'].str.upper()
df
```

학번	이름	국어	영어	수학	컴퓨터	라틴어	취미
1	김민지	90	100	80	Python	14	SNS
2	장채빈	95	80	100	NaN	23	운동
3	조예나	100	75	70	C	32	운동
4	차지수	85	95	75	NaN	8	SNS
5	채수린	80	60	100	Java	19	SNS
6	하은지	85	85	90	Python	90	운동

• 변수끼리 결합하여 파생변수를 생성하거나, 특정 변수 추가 후 조건에 맞게 데이터 값을 변경할 수 있다.

• 국어, 영어, 수학 점수를 합한 총합 변수를 생성한다. 연산자를 통해 각 변수를 결합할 수 있다.

Code

```
df['총합']=df['국어']+df['영어']+df['수학']
df
```

학번	이름	국어	영어	수학	컴퓨터	라틴어	취미	총합
1	김민지	90	100	80	Python	14	SNS	270
2	장채빈	95	80	100	NaN	23	운동	275
3	조예나	100	75	70	C	32	운동	245
4	차지수	85	95	75	NaN	8	SNS	255
5	채수린	80	60	100	Java	19	SNS	240
6	하은지	85	85	90	Python	90	운동	260

• 기본 Fail 값을 가지는 결과 변수를 추가로 생성한다. 그 후 총합 점수가 250인 학생들만 결괏값을 Pass로 변경한다.

Code

```
df['결과']='Fail'
df.loc[df['총합']>250, '결과']='Pass'
df
```

	이름	국어	영어	수학	컴퓨터	라틴어	취미	총합	결과
학번									
1	김민지	100	80	80	Python	14	SNS	270.0	Pass
2	장채빈	95	80	100	NaN	23	운동	275.0	Pass
3	조예나	100	75	70	C	32	운동	245.0	Fail
4	차지수	85	95	75	NaN	8	SNS	255.0	Pass
5	채수린	80	60	100	Java	19	SNS	240.0	Fail
6	하은지	85	85	90	Python	90	운동	260.0	Pass

• drop() 함수를 통해 특정 컬럼과 행을 삭제할 수 있다. 원본 데이터 변경 시 inplace=True 옵션 값을 지정한다.

Code

```
df.drop(columns=['결과'], inplace=True)
df
```

	이름	국어	영어	수학	컴퓨터	라틴어	취미	총합
학번								
1	김민지	100	80	80	Python	14	SNS	270.0
2	장채빈	95	80	100	NaN	23	운동	275.0
3	조예나	100	75	70	C	32	운동	245.0
4	차지수	85	95	75	NaN	8	SNS	255.0
5	채수린	80	60	100	Java	19	SNS	240.0
6	하은지	85	85	90	Python	90	운동	260.0
7	최동환	100	80	90	Java	100	운동	270.0

```
df.drop(index=1)
```

	이름	국어	영어	수학	컴퓨터	라틴어	취미	총합
학번								
2	장채빈	95	80	100	NaN	23	운동	275.0
3	조예나	100	75	70	C	32	운동	245.0
4	차지수	85	95	75	NaN	8	SNS	255.0
5	채수린	80	60	100	Java	19	SNS	240.0
6	하은지	85	85	90	Python	90	운동	260.0
7	최동환	100	80	90	Java	100	운동	270.0

- 특정 조건을 만족하는 데이터만 추출하여 변수에 담은 후, 메소드를 통해 원하는 값을 확인할 수 있다.
- 국어 점수가 85점 미만인 학생들을 따로 변수에 담은 후, 해당 인덱스를 확인해 본다.

Code

```
filt=df['국어']<85
df[filt]
```

	이름	국어	영어	수학	컴퓨터	라틴어	취미	총합
학번								
5	채수린	80	60	100	Java	19	SNS	240

```
df[filt].index
```

```
Int64Index([5], dtype='int64', name='학번')
```

- loc 메소드를 통해 특정 행을 추가할 수 있다.

Code

```
df.loc[7]=['최동환', 100, 80, 90, 'Java', 100, '운동', 270.0]
df
```

	이름	국어	영어	수학	컴퓨터	라틴어	취미	총합
학번								
1	김민지	90	100	80	Python	14	SNS	270.0
2	장채빈	95	80	100	NaN	23	운동	275.0
3	조예나	100	75	70	C	32	운동	245.0
4	차지수	85	95	75	NaN	8	SNS	255.0
5	채수린	80	60	100	Java	19	SNS	240.0
6	하은지	85	85	90	Python	90	운동	260.0
7	최동환	100	80	90	Java	100	운동	270.0

- loc 메소드를 통해 특정 행과 열에 위치한 데이터를 변경할 수 있다.

Code

```
df.loc[1, '국어']=100
df
```

학번	이름	국어	영어	수학	컴퓨터	라틴어	취미	총합
1	김민지	100	100	80	Python	14	SNS	270.0
2	장채빈	95	80	100	NaN	23	운동	275.0
3	조예나	100	75	70	C	32	운동	245.0
4	차지수	85	95	75	NaN	8	SNS	255.0
5	채수린	80	60	100	Java	19	SNS	240.0
6	하은지	85	85	90	Python	90	운동	260.0
7	최동환	100	80	90	Java	100	운동	270.0

```
df.loc[1, ['국어', '영어']]=[100, 80]
df
```

학번	이름	국어	영어	수학	컴퓨터	라틴어	취미	총합
1	김민지	100	80	80	Python	14	SNS	270.0
2	장채빈	95	80	100	NaN	23	운동	275.0
3	조예나	100	75	70	C	32	운동	245.0
4	차지수	85	95	75	NaN	8	SNS	255.0
5	채수린	80	60	100	Java	19	SNS	240.0
6	하은지	85	85	90	Python	90	운동	260.0
7	최동환	100	80	90	Java	100	운동	270.0

- sort_values() 함수를 통해 데이터를 정렬할 수 있다. 오름차순이 기본 값이며 ascending=False 옵션 값 지정 시 내림차순으로 정렬된다.

Code

```
df.sort_values('국어')
```

학번	이름	국어	영어	수학	컴퓨터	라틴어	취미	총합
5	채수린	80	60	100	Java	19	SNS	240.0
4	차지수	85	95	75	NaN	8	SNS	255.0
6	하은지	85	85	90	Python	90	운동	260.0
2	장채빈	95	80	100	NaN	23	운동	275.0
1	김민지	100	80	80	Python	14	SNS	270.0
3	조예나	100	75	70	C	32	운동	245.0
7	최동환	100	80	90	Java	100	운동	270.0

```
df.sort_values('국어', ascending=False)
```

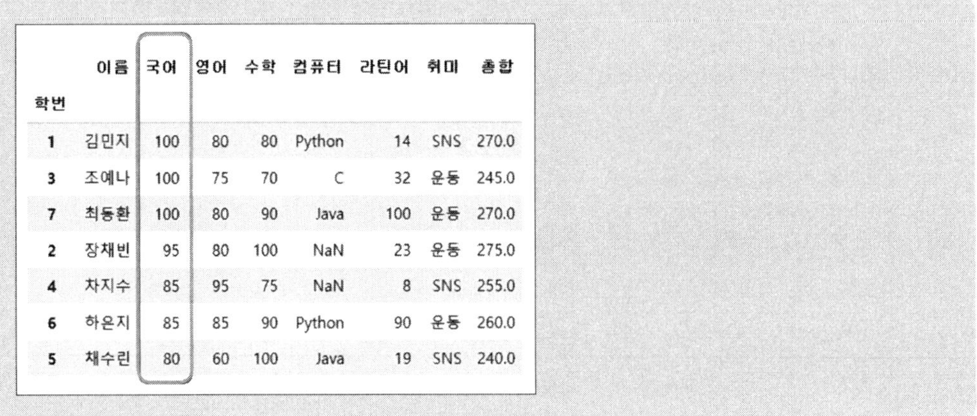

학번	이름	국어	영어	수학	컴퓨터	라틴어	취미	총합
1	김민지	100	80	80	Python	14	SNS	270.0
3	조예나	100	75	70	C	32	운동	245.0
7	최동환	100	80	90	Java	100	운동	270.0
2	장채빈	95	80	100	NaN	23	운동	275.0
4	차지수	85	95	75	NaN	8	SNS	255.0
6	하은지	85	85	90	Python	90	운동	260.0
5	채수린	80	60	100	Java	19	SNS	240.0

• sort_values() 함수 이용 시, 두 개의 변수를 함께 정렬할 수 있다. 먼저 오는 데이터가 기준이 되며 해당 데이터에 동일한 값이 있을 시, 그 다음에 오는 데이터가 해당 기준으로 정렬된다.

Code

```
df.sort_values(['수학', '영어'])
```

학번	이름	국어	영어	수학	컴퓨터	라틴어	취미	총합
3	조예나	100	75	70	C	32	운동	245.0
4	차지수	85	95	75	NaN	8	SNS	255.0
1	김민지	100	80	80	Python	14	SNS	270.0
7	최동환	100	80	90	Java	100	운동	270.0
6	하은지	85	85	90	Python	90	운동	260.0
5	채수린	80	60	100	Java	19	SNS	240.0
2	장채빈	95	80	100	NaN	23	운동	275.0

```
df.sort_values(['수학', '영어'], ascending=False)
```

학번	이름	국어	영어	수학	컴퓨터	라틴어	취미	총합
2	장채빈	95	80	100	NaN	23	운동	275.0
5	채수린	80	60	100	Java	19	SNS	240.0
6	하은지	85	85	90	Python	90	운동	260.0
7	최동환	100	80	90	Java	100	운동	270.0
1	김민지	100	80	80	Python	14	SNS	270.0
4	차지수	85	95	75	NaN	8	SNS	255.0
3	조예나	100	75	70	C	32	운동	245.0

• sort_index() 함수 이용 시, 인덱스를 기준으로 정렬할 수 있다.

Code

```
df.sort_index()
```

학번	이름	국어	영어	수학	컴퓨터	라틴어	취미	총합
1	김민지	100	80	80	Python	14	SNS	270.0
2	장채빈	95	80	100	NaN	23	운동	275.0
3	조예나	100	75	70	C	32	운동	245.0
4	차지수	85	95	75	NaN	8	SNS	255.0
5	채수린	80	60	100	Java	19	SNS	240.0
6	하은지	85	85	90	Python	90	운동	260.0
7	최동환	100	80	90	Java	100	운동	270.0

⑧ 판다스 기초 문법 - 데이터 요약, 구간화, 함수 적용

• 실습을 위해 새로운 데이터를 불러온다.

Code

```
df=pd.read_excel('/content/drive/MyDrive/score_update.xlsx', index_col='학번')
df
```

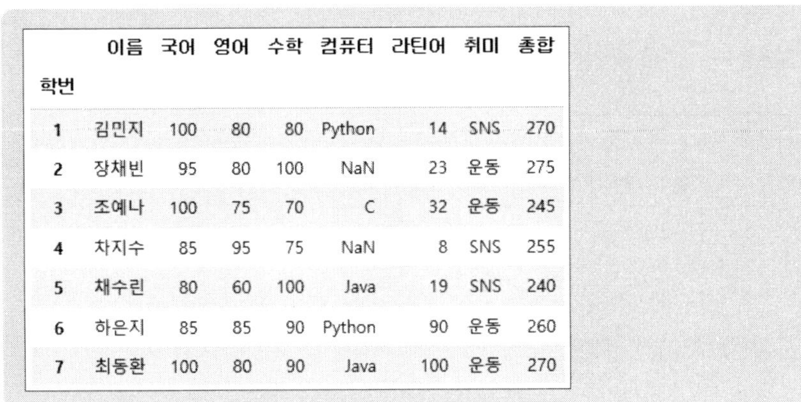

	이름	국어	영어	수학	컴퓨터	라틴어	취미	총합
학번								
1	김민지	100	80	80	Python	14	SNS	270
2	장채빈	95	80	100	NaN	23	운동	275
3	조예나	100	75	70	C	32	운동	245
4	차지수	85	95	75	NaN	8	SNS	255
5	채수린	80	60	100	Java	19	SNS	240
6	하은지	85	85	90	Python	90	운동	260
7	최동환	100	80	90	Java	100	운동	270

- groupby() 메소드를 통해 데이터를 특정 기준으로 그룹화 할 수 있다. 그룹화 한 후 그룹별 다양한 함수를 적용할 수 있다.
- 취미 변수 내 데이터를 sns와 운동 두 개의 그룹으로 생성한 후, 평균과 데이터의 사이즈를 계산하는 함수를 적용하면 각 그룹별 결괏값을 반환한다.

Code

```
df.groupby('취미')
```

```
<pandas.core.groupby.generic.DataFrameGroupBy object at 0x7f6b72417650>
```

```
df.groupby('취미').mean()
```

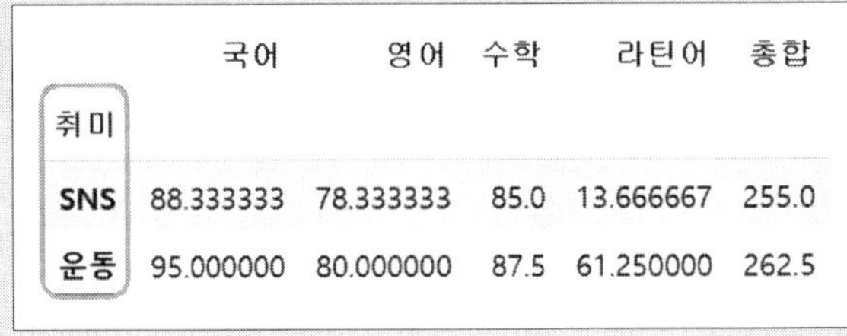

	국어	영어	수학	라틴어	총합
취미					
SNS	88.333333	78.333333	85.0	13.666667	255.0
운동	95.000000	80.000000	87.5	61.250000	262.5

```
df.groupby('취미').size()
```

```
취미
SNS     3
운동    4
dtype: int64
```

• get_group() 함수를 통해서 특정 그룹 값만 확인할 수 있다.

Code

```
df.groupby('취미').get_group('운동')
```

	이름	국어	영어	수학	컴퓨터	라틴어	취미	총합
학번								
2	장채빈	95	80	100	NaN	23	운동	275
3	조예나	100	75	70	C	32	운동	245
6	하은지	85	85	90	Python	90	운동	260
7	최동환	100	80	90	Java	100	운동	270

• 그룹별 특정 컬럼의 값만 확인할 수도 있다.

Code

```
df.groupby('취미')['국어'].mean()
```

```
취미
SNS     88.333333
운동     95.000000
Name: 국어, dtype: float64
```

```
df.groupby('취미')[['국어', '영어', '수학']].mean()
```

	국어	영어	수학
취미			
SNS	88.333333	78.333333	85.0
운동	95.000000	80.000000	87.5

• 두 개 이상의 변수에서 동시에 그룹화를 적용할 수도 있다.

• 학년이라는 새로운 변수를 추가하고, 취미와 학년별 그룹화를 통해 다양한 함숫값을 적용해 본다.

Code

```
df['학년']=[1, 2, 1, 2, 1, 2, 1]
df
```

	이름	국어	영어	수학	컴퓨터	라틴어	취미	총합	학년
학번									
1	김민지	100	80	80	Python	14	SNS	270	1
2	장채빈	95	80	100	NaN	23	운동	275	2
3	조예나	100	75	70	C	32	운동	245	1
4	차지수	85	95	75	NaN	8	SNS	255	2
5	채수린	80	60	100	Java	19	SNS	240	1
6	하은지	85	85	90	Python	90	운동	260	2
7	최동환	100	80	90	Java	100	운동	270	1

```
df.groupby(['취미', '학년'])[['국어']].mean()
```

		국어
취미	학년	
SNS	**1**	90.0
	2	85.0
운동	**1**	100.0
	2	90.0

```
df.groupby('학년').mean().sort_values('국어')
```

	국어	영어	수학	라틴어	총합
학년					
2	88.333333	86.666667	88.333333	40.333333	263.333333
1	95.000000	73.750000	85.000000	41.250000	256.250000

```
df.groupby('학년').mean().sort_values('국어', ascending=False)
```

	국어	영어	수학	라틴어	총합
학년					
1	95.000000	73.750000	85.000000	41.250000	256.250000
2	88.333333	86.666667	88.333333	40.333333	263.333333

- 수치형 데이터를 이산형 또는 범주형으로 변환하는 것을 구간화(Binning)라고 한다. 판다스에서 제공하는 cut() 함수와 qcut() 함수는 배열과 시리즈 객체를 구간화하며 반환한다.
- cut() 함수는 bins 옵션 값을 기준으로 해당 값에 맞게 구간화를 적용한다.
- 수치형 변수인 국어 점수를 3개의 구간으로 범주화하면 자동으로 3개의 구간으로 나누어지고 각 데이터가 어느 구간에 속하는지 반환한다.

Code

```
pd.cut(df['국어'], bins=3)
```

```
학번
1   (93.333, 100.0]
2   (93.333, 100.0]
3   (93.333, 100.0]
4   (79.98, 86.667]
5   (79.98, 86.667]
6   (79.98, 86.667]
7   (93.333, 100.0]
Name: 국어, dtype: category
Categories(3, interval[float64, right]):
[(79.98, 86.667]<(86.667, 93.333]<(93.333, 100.0]]
```

- 범주를 직접 지정하여 구간화를 적용할 수 있다.

Code

```
pd.cut(df['국어'], bins=[70, 80, 90, 100])
```

```
학번
1   (90, 100]
2   (90, 100]
3   (90, 100]
4    (80, 90]
5    (70, 80]
6    (80, 90]
7   (90, 100]
Name: 국어, dtype: category
Categories(3, interval[int64, right]): [(70, 80]<(80, 90]<(90, 100]]
```

- qcut() 함수는 분위수를 기준으로 구간화를 적용한다. q 옵션 값에 4를 지정하면 사분위수를 기준으로 구간화한다.
- 수치형 변수인 영어 점수를 4분위수에 맞게 범주화하면 자동으로 4개의 구간으로 나누어지고 각 데이터가 어느 구간에 속하는지 반환한다.

Code

```
pd.qcut(df['영어'], q=4)
```

```
학번
1      (77.5, 80.0]
2      (77.5, 80.0]
3    (59.999, 77.5]
4      (82.5, 95.0]
5    (59.999, 77.5]
6      (82.5, 95.0]
7      (77.5, 80.0]
Name: 영어, dtype: category
Categories(4, interval[float64, right]):
[(59.999, 77.5]<(77.5, 80.0]<(80.0, 82.5]<(82.5, 95.0]]
```

- 사용자가 원하는 함수를 특정 데이터의 행이나 열 별로 적용할 수 있다. 기본 함수인 map() 함수와 apply() 함수는 각 시리즈와 데이터프레임 객체에 함수를 적용한다.
- map() 함수를 통해 취미 변수의 sns를 0, 운동을 1로 치환하는 함수를 적용한다.

Code

```
df['취미'].map({'SNS' :0, '운동': 1})
```

```
학번
1    0
2    1
3    1
4    0
5    0
6    1
7    1
Name: 취미, dtype: int64
```

• 사용자 정의 함수를 통해 직접 생성한 함수를 일괄적으로 적용할 수 있다.

• 특정 점수를 기준으로 상, 중, 하의 값을 반환하는 ranking 함수를 생성한 후 총합 변수에 적용한다.

Code

```
def ranking(x):
  if x>270:
    return("상")
  elif x>260:
    return("중")
  else:
    return("하")

df['총합'].map(ranking)
```

```
학번
1    중
2    상
3    하
4    하
5    하
6    하
7    중
Name: 총합, dtype: object
```

• apply() 함수를 통해 데이터프레임에 일괄적으로 적용할 수 있다. 실습을 위해 넘파이에서 제공하는 sum() 함수를 사용한다. 넘파이 함수를 사용하기 위해 넘파이 라이브러리를 임포트한 후 수학, 영어 변수에 apply()를 통해 해당 함수를 적용한다.

Code

```
import numpy as np
df[['수학', '영어']].apply(np.sum)
```

```
수학    605
영어    555
dtype: int64
```

• apply( ) 함수는 열 기준이 아닌 axis=1 옵션을 통해 행 기준으로 함수를 적용할 수 있다.

Code

```
df[['수학', '영어']].apply(np.sum, axis=1)
```

```
학번
1    160
2    180
3    145
4    170
5    160
6    175
7    170
dtype: int64
```

3) Numpy

가. Numpy

넘파이는 벡터와 행렬을 사용하는 선형대수 계산에 많이 사용되며, 다차원의 배열 자료구조 클래스인 ndarray 클래스를 지원한다.

① 넘파이 객체(Numpy Object)

• **넘파이의 객체인 다차원 배열(ndarray)은 적은 메모리로 많은 데이터를 빠르게 처리할 수 있다.**

② 배열(Array)

• 배열은 같은 타입의 변수들로 구성되며 **차원에 따라 배열의 구조가 달라진다.**

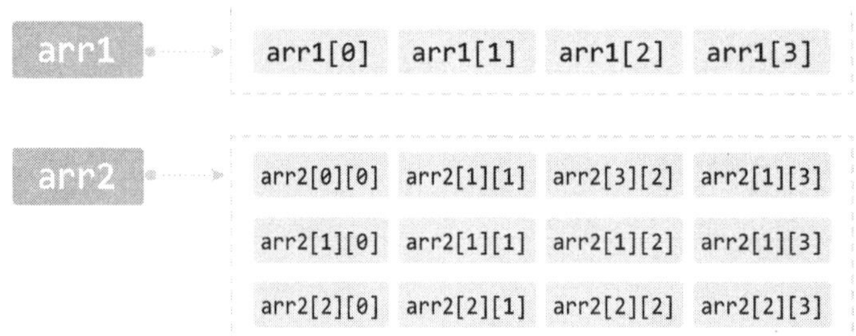

• array( ) 함수에 리스트를 넣으면 ndarray 클래스 객체, 즉 배열로 반환한다.

Code

```
import numpy as np
array1=np.array([1,2,3])
array1
```

```
array([1, 2, 3])
```

• 생성한 1차원 배열의 shape, type, ndim 메소드 값을 확인하면 다음과 같다. ndim 메소드는 차원 수를 반환한다.

Code

```
print(array1.shape)
print(type(array1), array1.ndim)
```

```
(3,)
<class 'numpy.ndarray'> 1
```

• 2차원 배열은 다음과 같이 생성한다. 생성한 후 shape, type, ndim 메소드 값을 확인한다.

Code

```
array2=np.array([[1,2,3],[4,5,6]])
array2
```

```
array([[1, 2, 3],
       [4, 5, 6]])
```

```
print(array2.shape)
print(type(array2), array2.ndim)
```

```
(2, 3)
<class 'numpy.ndarray'> 2
```

• 같은 2차원 배열을 다음과 같이 생성한다. 생성한 후 shape, type, ndim 메소드 값을 확인한다.

Code

```
array3=np.array([[1,2,3]])
print(array3, array3.shape)
print(type(array3), array3.ndim)
```

```
[[1 2 3]](1, 3)
<class 'numpy.ndarray'> 2
```

③ 넘파이 기본 함수

• **넘파이에서는 기초 통계 값을 구할 수 있는 다양한 함수를 제공한다.** 1차원 배열을 생성 후 각 기초 통계 값을 계산한다.

• 순서대로 평균, 분산, 표준편차, 최댓값, 최솟값, 중앙값, 1사분위수, 3사분위수이다.

Code

```
x=np.array([18,   5,  10,  23,  19,  - 8,  10,   0,   0,   5,   2,  15,
   8,   2,   5,   4,  15,  -1,   4,  - 7, - 24,   7,   9,  - 6,  23, -13])
print(np.mean(x))
print(np.var(x))
print(np.std(x))
print(np.max(x))
print(np.min(x))
print(np.median(x))
print(np.percentile(x, 25))
print(np.percentile(x, 75))
```

```
4.8076923076923075
115.23224852071006
10.734628476137871
23
-24
5.0
0.0
10.0
```

- 넘파이에서는 특정 크기와 차원을 가진 배열을 연속되거나 일정한 규칙을 가진 숫자로 생성해야 할 필요가 있을 수 있다. arange() 함수는 연속되거나 일정한 규칙을 가진 숫자를 생성한다.
- arange(start, end, step)에서 end에 해당하는 숫자 직전까지 데이터를 생성한다.

Code

```
a=np.arange(10)
print(a)
print(type(a))
```

```
[0 1 2 3 4 5 6 7 8 9]
<class 'numpy.ndarray'>
```

```
b=np.arange(1, 20, 3)
print(b)
print(type(b))
```

```
[ 1  4  7 10 13 16 19]
<class 'numpy.ndarray'>
```

- 넘파이에서는 다양한 행렬을 손쉽게 생성할 수 있다.
- zeros((행, 열)) 함수는 모든 원소가 0인 행렬, 즉 영행렬을 생성하는 함수이다.

Code

```
zero_mx=np.zeros((2,3))
print(zero_mx)
```

```
[[0. 0. 0.]
 [0. 0. 0.]]
```

- ones((행, 열)) 함수는 모든 원소가 1인 행렬을 생성하는 함수이다.

Code

```
one_mx=np.ones((3,2))
print(one_mx)
```

```
[[1. 1.]
 [1. 1.]
 [1. 1.]]
```

• full((행, 열), 특정 수) 함수는 특정 수를 원소로 갖는 행렬을 생성하는 함수이다. 다음은 2를 원소로 갖는 3행 4열의 행렬을 생성하는 코드이다.

Code

```
full_mx=np.full((3,4),2)
print(full_mx)
```

```
[[2 2 2 2]
 [2 2 2 2]
 [2 2 2 2]]
```

• random((행, 열)) 함수는 랜덤의 수를 원소로 갖는 행렬을 생성하는 함수이다.

Code

```
random_mx=np.random.random((3,4))
print(random_mx)
```

```
[[0.88316885 0.48410806 0.70504372 0.18691435]
 [0.12770637 0.92950153 0.42416876 0.98736165]
 [0.40426011 0.68050417 0.86329615 0.37804252]]
```

• **reshape( ) 함수는 배열의 차원을 재구조화하는 함수이다.** 다음 그림과 같이 2행 3열의 데이터를 3행 2열로 재구조화 할 수 있다.

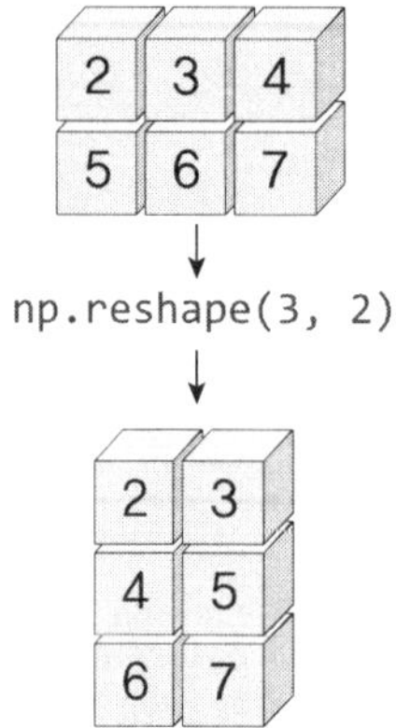

- 1차원 배열인 array1을, reshape() 함수를 통해 3행 4열의 2차원 배열로 재구조화 할 수 있다. 이때 데이터를 할당하는 기준은 가로이다.

Code

```
array1=np.arange(12)
print('array1:\n', array1)
```

```
array1:
 [ 0  1  2  3  4  5  6  7  8  9 10 11]
```

```
array2=array1.reshape(3,4)
print('array2:\n', array2)
```

```
array2:
 [[ 0  1  2  3]
 [ 4  5  6  7]
 [ 8  9 10 11]]
```

- order='F' 옵션을 지정하면 데이터를 할당하는 기준이 세로가 된다.

Code

```
array3=array1.reshape(3,4,order='F')
print('array3:\n', array3)
```

```
array3:
 [[ 0  3  6  9]
 [ 1  4  7 10]
 [ 2  5  8 11]]
```

- **reshape() 함수의 −1 인자는 변경된 배열의 차원을 자동으로 추정한다.**
- 10개의 데이터를 가지고 있는 1차원 배열 array1을 5개의 열을 가지는 2차원 배열로 재구조화 하기 위해서는 행의 개수는 2가 되어야 한다. 이를 직접 상수로 지정하지 않고 −1을 이용하면 값을 자동으로 추정하여 반환한다.

Code

```
array1=np.arange(10)
array2=array1.reshape(- 1, 5)
print(array2)
print('array2 dim : ', array2.ndim)
print('array2 shape : ', array2.shape)
```

```
[[0 1 2 3 4]
 [5 6 7 8 9]]
array2 dim :  2
array2 shape : (2, 5)
```

• 위의 예시에서 반대로 행의 개수를 상수로 지정하면 열의 값은 자동으로 추정된다.

Code

```
array1=np.arange(10)
array2=array1.reshape(5, -1)
print(array2)
print('array2 dim : ', array2.ndim)
print('array2 shape : ', array2.shape))
```

```
[[0 1]
 [2 3]
 [4 5]
 [6 7]
 [8 9]]
array2 dim :  2
array2 shape : (5, 2)
```

• 1차원 배열 인덱싱은 기존의 방법과 동일하다.

Code

```
array1=np.arange(1, 10)
print('array1 : ', array1)
print(array1[2])
print(array1[- 2])
```

```
array1 : [1 2 3 4 5 6 7 8 9]
3
8
```

• 2차원 배열 시, 대괄호 안 쉼표(,)를 기준으로 행과 열 인덱스를 모두 기입한다.

Code

```
array1=np.arange(1, 10)
array2=array1.reshape(3, 3)
print('array2 :\n', array2)
print(array2[0,0])
print(array2[- 1, -1])
print(array2[- 1, - 2])
```

```
array2 :
 [[1 2 3]
 [4 5 6]
 [7 8 9]]
1 9 8
```

• 1차원 배열 슬라이싱은 기존의 방법과 동일하다.

Code

```
array1=np.arange(1, 10)
array2=array1[0:3]
array3=array1[:3]
print(array1)
print(array2)
print(array3)
```

```
[1 2 3 4 5 6 7 8 9]
[1 2 3]
[1 2 3]
```

• 2차원 배열 시, 대괄호 안 쉼표(,)를 기준으로 행과 열 슬라이싱을 모두 기입한다.
• 쉽게 구분하기 위해서 print 함수를 이용하여 구분 줄을 생성하여 표기한다.

Code

```
array1=np.arange(1, 10)
array2=array1.reshape(3, 3)
print('array2 : \n', array2)
print('- '*10)
print(array2[0:2, 0:2])
print('- '*10)
print(array2[:2, 0])
```

```
array2 :
 [[1 2 3]
 [4 5 6]
 [7 8 9]]
-----------
[[1 2]
 [4 5]]
-----------
[1 4]
```

4) Matplotlib

가. Matplotlib

맷플롯립은 데이터를 차트(Chart)나 플롯(Plot)으로 시각화하는 패키지이다. 다양한 그래프를 간단한 코드로 구현할 수 있다. 실기 시험에서 시각화를 구현할 수는 없지만, 데이터 분석과 시각화는 떨어트릴 수 없는 존재이다. 기본적인 그래프 구현 코드 정도는 이해하고 넘어가도록 한다.

① 선 그래프(Line Chart)

• 선 그래프는 가장 기본적인 그래프이지만, 데이터의 추세나 예측 모형을 구현할 때 빈번하게 쓰인다.
• 임의의 x, y 값을 변수에 담고 plot( ) 함수를 통해 선 그래프를 구현한다.

Code

```
import matplotlib.pyplot as plt
x=[1, 2, 3]
y=[2, 4, 8]
plt.plot(x, y)
```

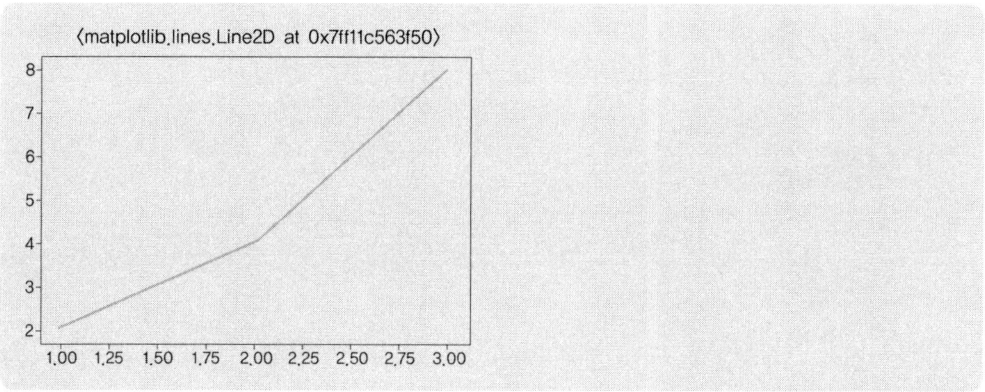

• show()는 그래프 결과만 보여주는 함수이다.

Code

```
plt.plot(x, y)
plt.show()
```

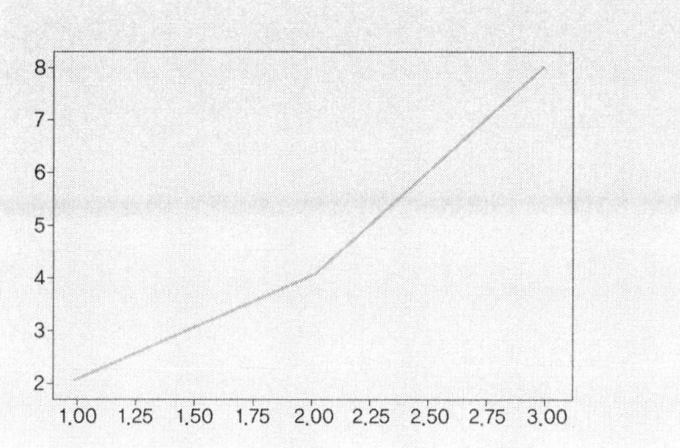

• title()은 그래프의 제목을 설정할 수 있는 함수이고, xlabel(), ylabel()은 각 축의 값을 지정할 수 있다.

Code

```
plt.plot(x, y)
plt.title('Line Graph')
plt.xlabel('X')
plt.ylabel('Y')
plt.show()
```

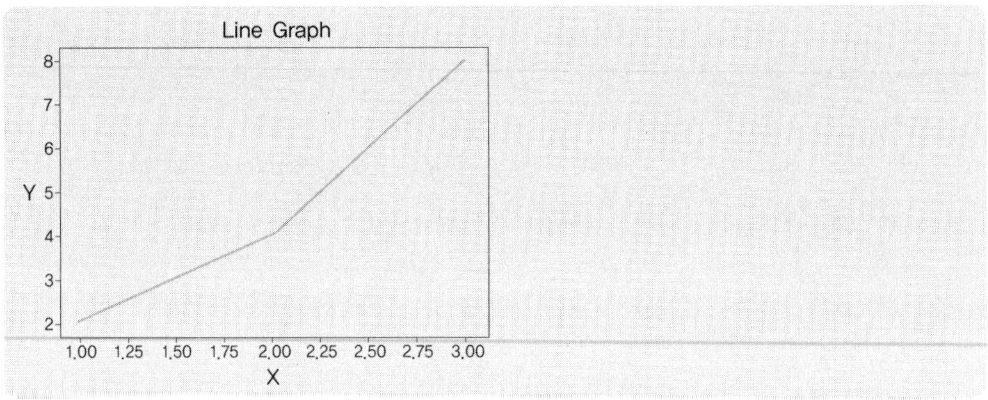

• color 옵션 값을 지정하여 원하는 색으로 표현할 수 있다. 원하는 색의 rgb 코드를 찾아 사용할 수 있다.

Code

```
plt.plot(x, y)
plt.title('Line Graph', color ='blue')
plt.xlabel('X', color='red')
plt.ylabel('Y', color='#00aa00')
plt.show()
```

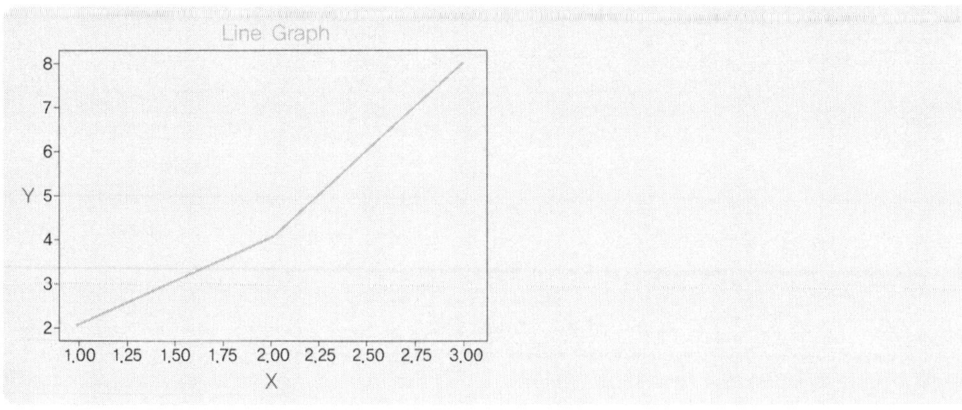

• 그래프 축의 간격을 구분하기 위해 xticks(), yticks() 함수를 사용할 수 있다.

Code

```
plt.plot(x, y)
plt.xticks([1, 2, 3])
plt.yticks([3, 6, 9, 12])
plt.show()
```

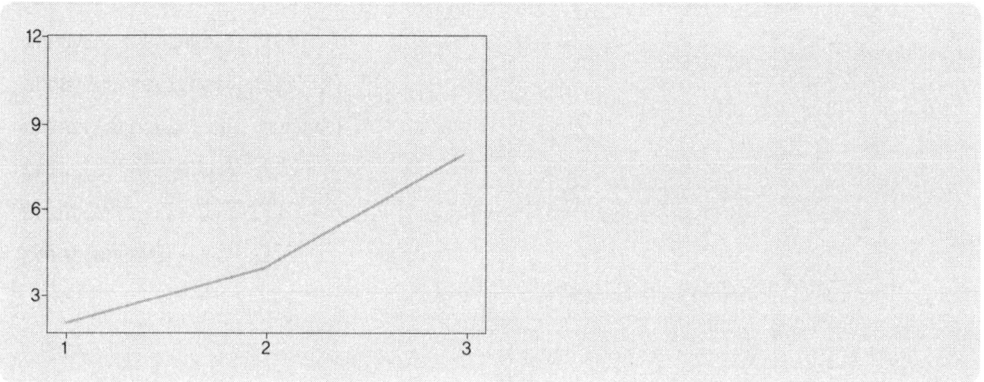

• 범례는 선이나 막대 등 시각화에 표현되는 요소들의 이름을 표시하기 위해 생성하는 박스 형태의 요소이다. legend() 함수를 통해 범례를 생성할 수 있다.

Code

```
plt.plot(x, y, label='legend')
plt.legend()
plt.show()
```

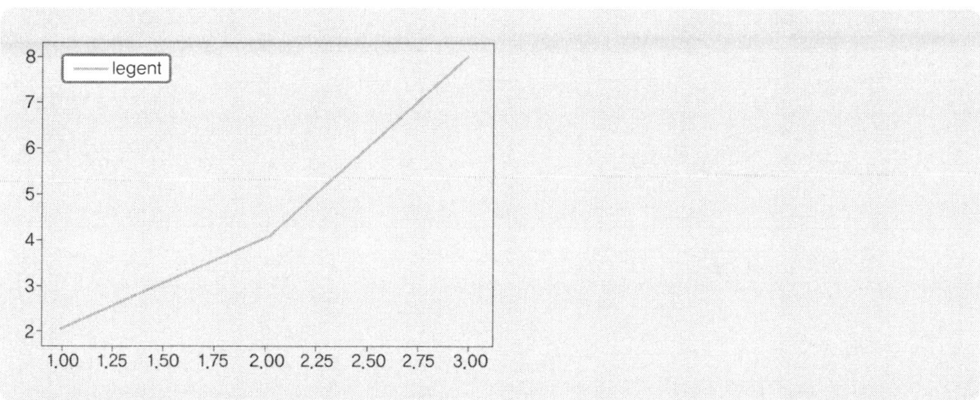

• loc 옵션 값을 통해 위치를 지정할 수 있다.

Code

```
plt.plot(x, y, label='legend')
plt.legend(loc=(0.75, 0.9))
plt.show()
```

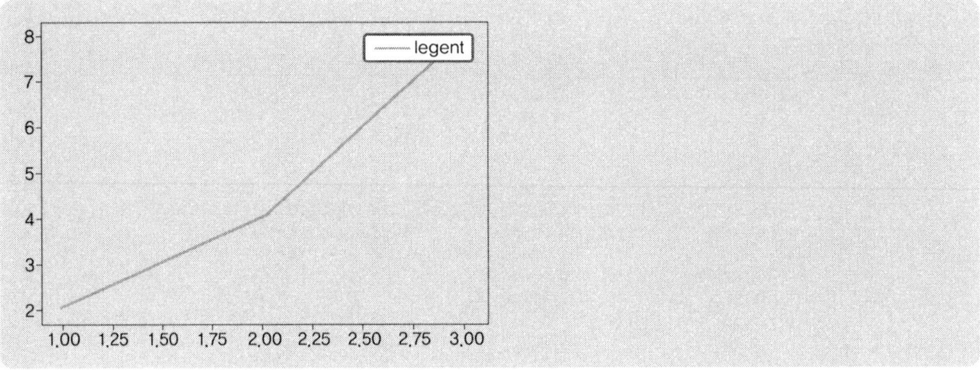

• 좀 더 매력적인 시각화 그래프를 만들기 위해 다양한 옵션을 지정할 수 있다. linewidth는 선의 굵기, linestyle은 선의 모양을 나타낸다. 마커는 데이터의 위치를 나타내는 기호인데 marker, makersize 등의 옵션을 통해 모양과 크기를 설정할 수 있다.
• 더 많은 옵션을 알고 싶다면 맷플롯립의 공식 사이트에서 제공하는 문서를 참고한다.(https://matplotlib.org/)

Code

```
plt.plot(x, y, color='red', linewidth=3, linestyle=':', marker='v',
        markersize=10)
plt.show()
```

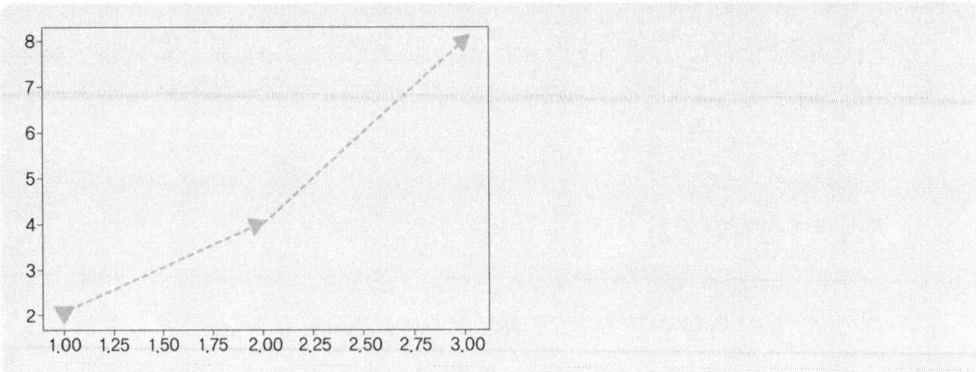

• 다음과 같이 축약해서 표현할 수 있다.

Code

```
plt.plot(x, y, 'bo-')
plt.show()
```

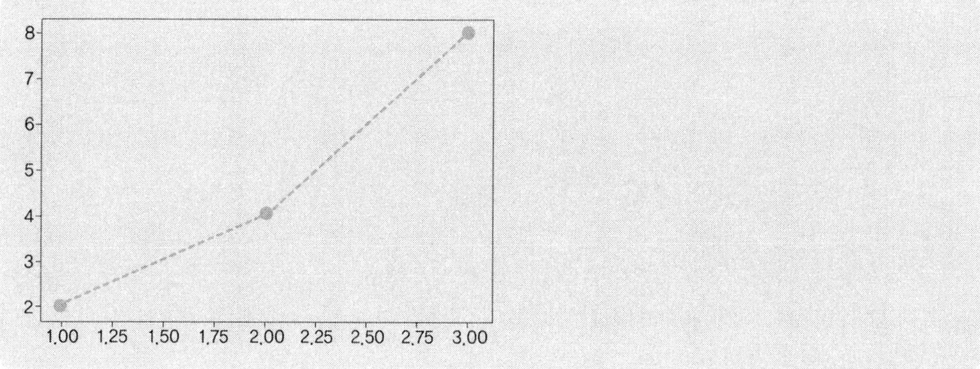


```
plt.plot(x, y, 'go')
plt.show()
```

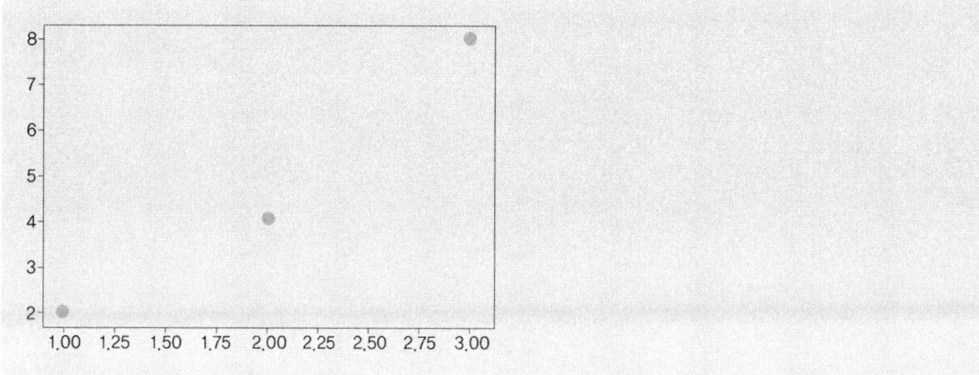

• figure( ) 함수의 figsize 옵션을 통해서 그래프의 크기를 지정할 수 있다.

Code

```
plt.figure(figsize=(10, 5))
plt.plot(x, y)
plt.show()
```

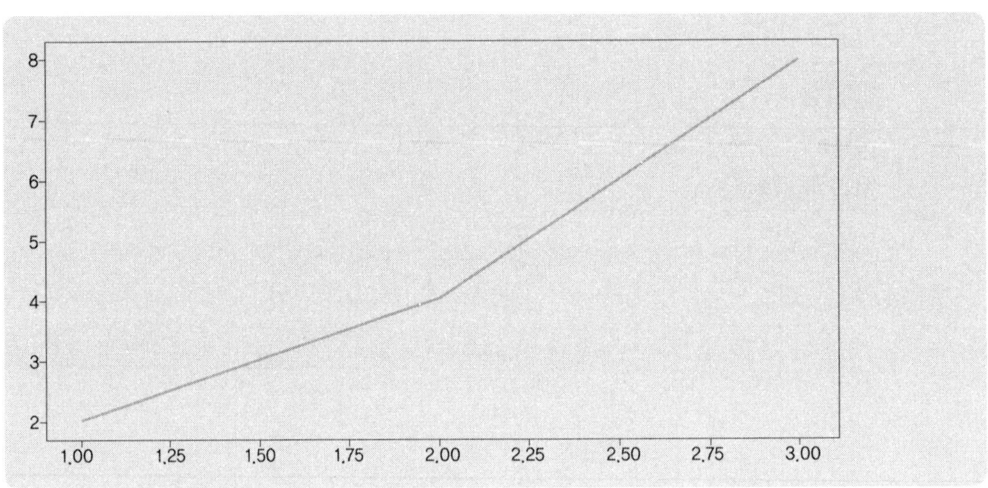

• 생성한 시각화를 외부 파일로 저장하고 싶다면 savefig(파일명) 함수를 이용한다. dpi는 해상도 값을 주는 옵션 값이다.

Code

```
plt.figure(figsize=(5, 10))
plt.plot(x, y)
plt.savefig('graph.png', dpi=100)
```

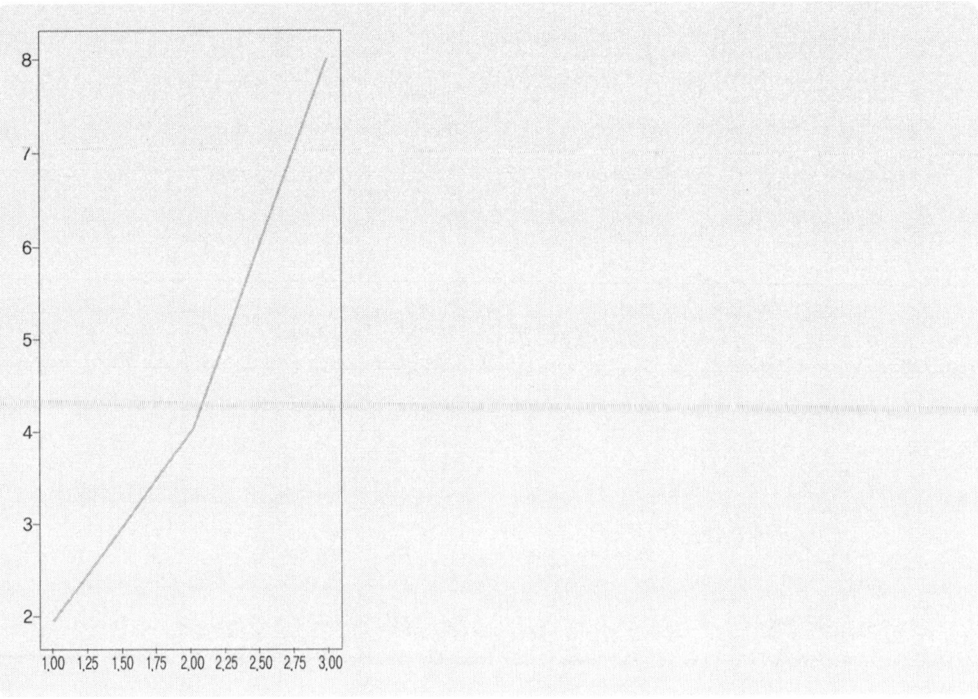

② 막대 그래프(Bar Graph)

- 막대 그래프는 범주형 데이터의 크기 및 분포를 파악할 수 있다.
- 임의의 labels, values 값을 변수에 담고 bar() 함수를 통해 막대 그래프를 구현한다. ylim() 함수는 그래프의 y축 범위를 해당 값의 범위로 제한한다.

Code

```
labels=['A', 'B', 'C']
values=[165, 168, 170]
plt.ylim(160, 180)
plt.bar(labels, values)
plt.show()
```

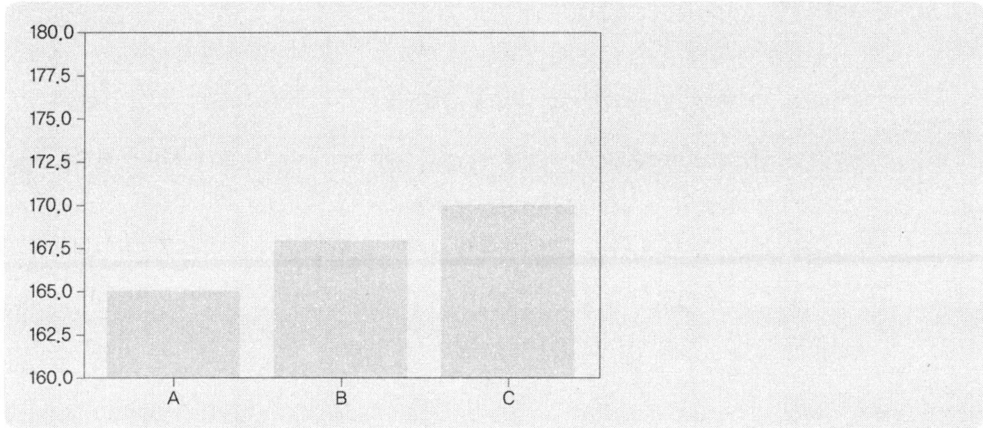

- 막대 그래프도 옵션값을 통해 사용자가 원하는 방식으로 구현할 수 있다. alpha, width는 막대의 투명도와 두께를 지정할 수 있다.

Code

```
labels=['A', 'B', 'C']
values=[165, 168, 170]
colors=['r', 'g', 'b']
plt.ylim(160, 180)
plt.bar(labels, values, color=colors, alpha=0.5, width=0.5)
plt.show()
```

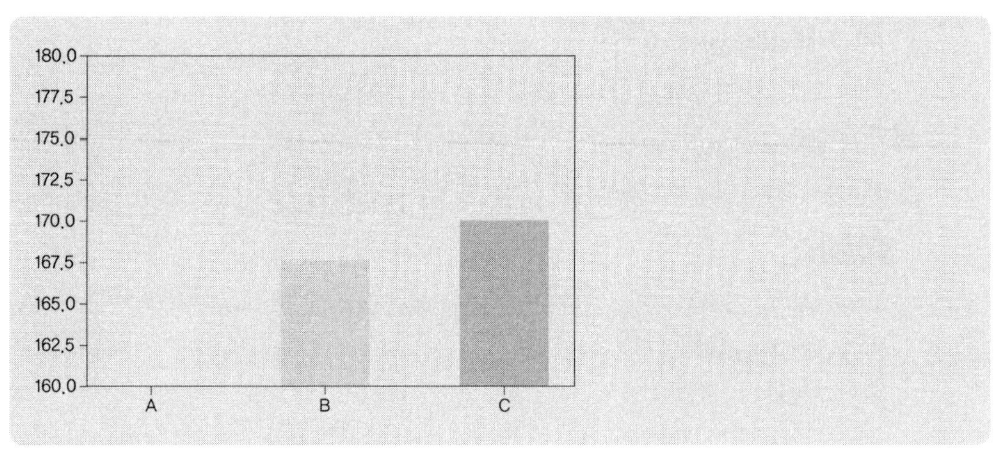

③ 원 그래프(Pie Chart)

- 원 그래프는 전체에 대한 각 부분의 비율을 부채꼴 모양으로 백분율로 나타낸 그래프이다. 전체적인 비율을 한눈에 볼 수 있다는 장점이 있다.
- 임의의 labels, values 값을 변수에 담고 pie() 함수를 통해 원 그래프를 구현한다. autopct 옵션값은 각 값의 출력 형식을 의미하며, strartangle 옵션값은 시작 지점의 각도, counterclock 옵션값은 요소들을 시계 방향 또는 반시계 방향으로 반환할 지의 유무를 나타낸다.
- 아래의 코드는 각 값을 소수점 첫 번째 자리까지 출력하고, 90도에서 시작하며, counterclock =False를 통해 시계 방향으로 반환하는 것을 의미한다.

Code

```
values=[35, 20, 15, 15, 10, 5]
labels=['Python', 'Java', 'Javascript', 'C#', 'C/C++', 'ETC']
plt.pie(values, labels=labels, autopct='%.1f%%',
                      startangle=90, counterclock=False)
plt.show()
```

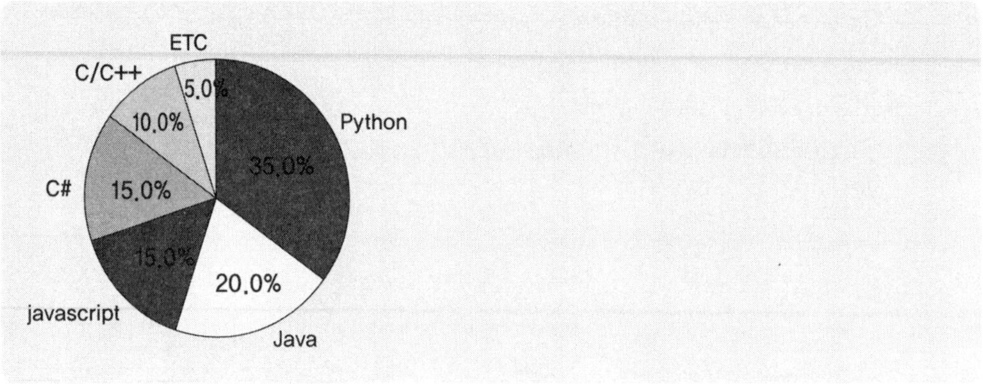

• explode 옵션을 통해 각각의 부채꼴 차트가 중심으로부터 얼마나 떨어지게 표현할 것인지 값을 지정할 수 있다. legend() 함수를 통해 범례도 함께 나타낸다.

Code

```
values=[35, 20, 15, 15, 10, 5]
labels=['Python', 'Java', 'Javascript', 'C#', 'C/C++', 'ETC']
explode=[0.05]*6
plt.pie(values, labels=labels, explode=explode)
plt.legend(loc=(1.2, 0.3))
plt.show()
```

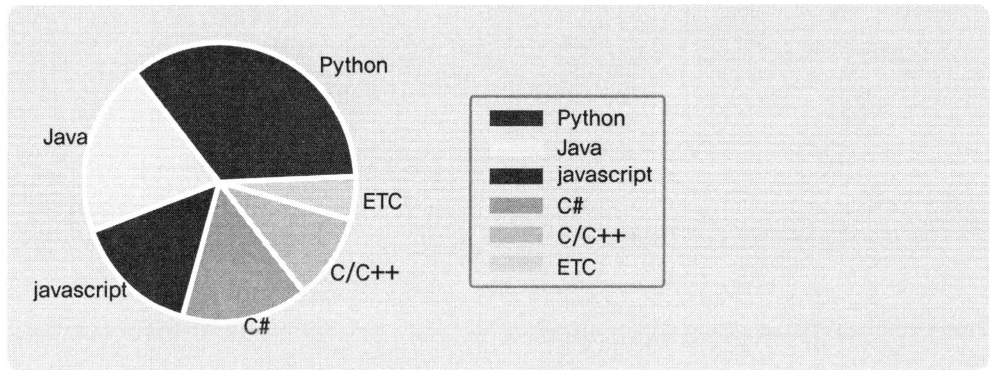

④ 데이터프레임 활용

• 판다스에서 생성한 데이터프레임 형식의 데이터를 바로 시각화 할 수 있다. 이전 실습에서 생성한 'score_update' 데이터를 불러온 후 선 그래프를 구현한다.

Code

```
import pandas as pd
df=pd.read_excel('/content/drive/MyDrive/score_update.xlsx')
df
```

	학번	이름	국어	영어	수학	컴퓨터	라틴어	취미	총합
0	1	김민지	100	80	80	Python	14	SNS	270
1	2	장채빈	95	80	100	NaN	23	운동	275
2	3	조예나	100	75	70	C	32	운동	245
3	4	차지수	85	95	75	NaN	8	SNS	255
4	5	채수린	80	60	100	Java	19	SNS	240
5	6	하은지	85	85	90	Python	90	운동	260
6	7	최동환	100	80	90	Java	100	운동	270

• plot() 함수를 통해 학생들의 국어 점수를 선 그래프로 구현한다. plot() 함수 내에 해당 컬럼을 지정하면 된다.

Code

```
plt.plot(df['학번'], df['국어'])
plt.show()
```

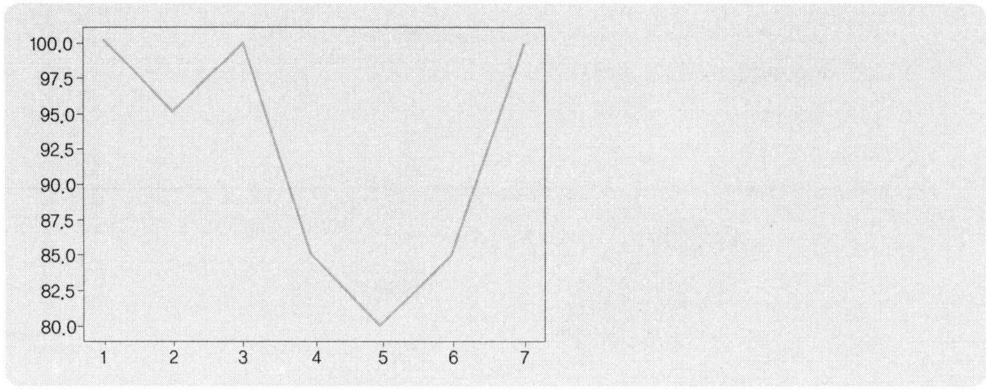

• 같은 선 그래프이지만 국어 점수와 수학 점수를 비교하는 그래프를 그릴 수 있다. 한눈에 학생들의 국어 점수와 수학 점수의 분포와 차이를 파악할 수 있다.

Code

```
plt.plot(df['학번'], df['국어'])
plt.plot(df['학번'], df['수학'])
plt.show()
```

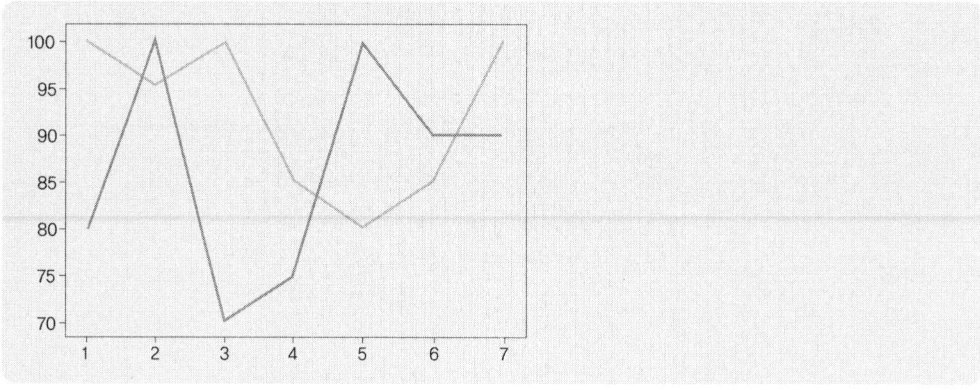

⑤ **산점도(Scatter Plot)**

- 산점도는 두 변수의 상관관계를 보여주는 대표적인 시각화 기법이다.
- scatter() 함수를 통해 간단히 구현할 수 있으며, 위 데이터에서 영어 점수와 수학 점수의 상관관계를 시각화한다.

Code

```
plt.scatter(df['영어'], df['수학'])
plt.xlabel('English')
plt.ylabel('Math')
plt.show()
```

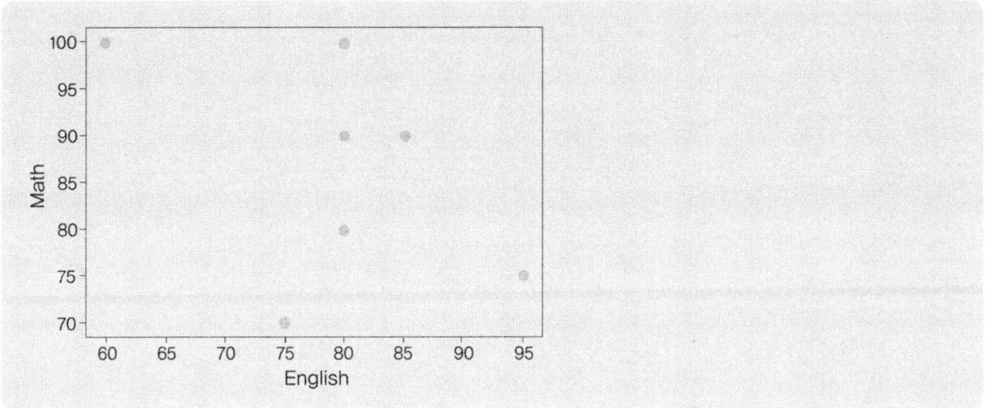

Chapter 3 데이터 전처리

1 데이터 전처리

1) 결측치 및 이상치

가. 결측치

결측치는 측정되지 않은 값으로 NA, Null, NaN으로 표시된다. **결측값이 존재하면 데이터 분석의 신뢰성이 떨어지고 알고리즘이 제대로 동작하지 않기 때문에 적절히 처리해 주어야 한다.**

① 결측치 확인

- 판다스가 제공하는 **isnull(), isna() 함수는 시리즈와 데이터프레임 내 결측값의 여부를 판단한다.**
- **결측인 값은 True, 아닌 값은 False를 반환한다.**
- 이전 실습에서 생성한 데이터를 불러온 뒤, 결측치를 확인한다.

Code

```
import pandas as pd
df=pd.read_excel('/content/drive/MyDrive/score_update.xlsx', index_col='학번')
df
```

학번	이름	국어	영어	수학	컴퓨터	라틴어	취미	총합
1	김민지	100	80	80	Python	14	SNS	270
2	장채빈	95	80	100	NaN	23	운동	275
3	조예나	100	75	70	C	32	운동	245
4	차지수	85	95	75	NaN	8	SNS	255
5	채수린	80	60	100	Java	19	SNS	240
6	하은지	85	85	90	Python	90	운동	260
7	최동환	100	80	90	Java	100	운동	270

```
df.isna()
```

학번	이름	국어	영어	수학	컴퓨터	라틴어	취미	총합
1	False	False	False	False	False	False	False	False
2	False	False	False	False	True	False	False	False
3	False	False	False	False	False	False	False	False
4	False	False	False	False	True	False	False	False
5	False	False	False	False	False	False	False	False
6	False	False	False	False	False	False	False	False
7	False	False	False	False	False	False	False	False

```
df.isnull()
```

학번	이름	국어	영어	수학	컴퓨터	라틴어	취미	총합
1	False	False	False	False	False	False	False	False
2	False	False	False	False	True	False	False	False
3	False	False	False	False	False	False	False	False
4	False	False	False	False	True	False	False	False
5	False	False	False	False	False	False	False	False
6	False	False	False	False	False	False	False	False
7	False	False	False	False	False	False	False	False

- sum() 함수를 통해 열 또는 행 기준으로 결측치의 개수를 확인할 수 있다. 결측치를 1로 인식하고, 정상값은 0으로 인식하여 계산한다.
- 기본값은 열 기준이며, sum(1) 입력 시 행 기준으로 결측치의 합계를 반환한다.

Code

```
df.isnull().sum()
```

```
이름    0
국어    0
영어    0
수학    0
컴퓨터   2
라틴어   0
취미    0
총합    0
dtype: int64
```

```
df.isnull().sum(1)
```

```
학번
1    0
2    1
3    0
4    1
5    0
6    0
7    0
dtype: int64
```

- **결측치를 빠르게 확인할 수 있는 또 다른 좋은 방법은 info( ) 함수이다. 각 컬럼별 Non-Null 개수를 반환하므로 결측치가 포함된 컬럼을 파악하기에 용이하다.**

Code

```
df.info()
```

```
<class 'pandas.core.frame.DataFrame'>
Int64Index: 7 entries, 1 to 7
Data columns(total 8 columns):
 #   Column   Non- Null Count  Dtype
---  -------  ---------------  ------
 0   이름      7 non- null      object
 1   국어      7 non- null      int64
 2   영어      7 non- null      int64
 3   수학      7 non- null      int64
 4   컴퓨터    5 non- null      object
 5   라틴어    7 non- null      int64
 6   취미      7 non- null      object
 7   총합      7 non- null      int64
dtypes: int64(5), object(3)
memory usage: 504.0+bytes
```

② 결측치 삭제

- **결측치를 삭제하고자 할 때, dropna( ) 메소드를 통해 제거할 수 있다.**
- dropna()는 axis, how의 옵션값을 통해 원하는 조건에 맞춰 결측치를 삭제할 수 있다. 원본 데이터를 변경하고자 하는 경우에는 inplace=True 옵션값을 지정한다.
- **axis=index : 행 기준 삭제(기본값), axis=columns : 열 기준 삭제**
- **how=all : 모두 결측치인 경우 삭제, how=any : 결측치가 한 개라도 존재하면 삭제**

Code

```
df.dropna(axis='index', how='all')
```

학번	이름	국어	영어	수학	컴퓨터	라틴어	취미	총합
1	김민지	100	80	80	Python	14	SNS	270
2	장채빈	95	80	100	NaN	23	운동	275
3	조예나	100	75	70	C	32	운동	245
4	차지수	85	95	75	NaN	8	SNS	255
5	채수린	80	60	100	Java	19	SNS	240
6	하은지	85	85	90	Python	90	운동	260
7	최동환	100	80	90	Java	100	운동	270

```
df.dropna(axis='index', how='any')
```

학번	이름	국어	영어	수학	컴퓨터	라틴어	취미	총합
1	김민지	100	80	80	Python	14	SNS	270
3	조예나	100	75	70	C	32	운동	245
5	채수린	80	60	100	Java	19	SNS	240
6	하은지	85	85	90	Python	90	운동	260
7	최동환	100	80	90	Java	100	운동	270

```
df.dropna(axis='columns', how='any')
```

학번	이름	국어	영어	수학	라틴어	취미	총합
1	김민지	100	80	80	14	SNS	270
2	장채빈	95	80	100	23	운동	275
3	조예나	100	75	70	32	운동	245
4	차지수	85	95	75	8	SNS	255
5	채수린	80	60	100	19	SNS	240
6	하은지	85	85	90	90	운동	260
7	최동환	100	80	90	100	운동	270

```
df.dropna(axis='columns', how='all')
```

학번	이름	국어	영어	수학	컴퓨터	라틴어	취미	총합
1	김민지	100	80	80	Python	14	SNS	270
2	장채빈	95	80	100	NaN	23	운동	275
3	조예나	100	75	70	C	32	운동	245
4	차지수	85	95	75	NaN	8	SNS	255
5	채수린	80	60	100	Java	19	SNS	240
6	하은지	85	85	90	Python	90	운동	260
7	최동환	100	80	90	Java	100	운동	270

- how=all 옵션 실습을 위해 넘파이가 제공하는 nan 메소드로 모든 데이터가 결측치인 사회 컬럼을 생성한다.
- 넘파이의 nan 메소드는 모든 데이터를 결측치로 채운다.

Code

```
import numpy as np
df['사회']=np.nan
df
```

학번	이름	국어	영어	수학	컴퓨터	라틴어	취미	총합	사회
1	김민지	100	80	80	Python	14	SNS	270	NaN
2	장채빈	95	80	100	NaN	23	운동	275	NaN
3	조예나	100	75	70	C	32	운동	245	NaN
4	차지수	85	95	75	NaN	8	SNS	255	NaN
5	채수린	80	60	100	Java	19	SNS	240	NaN
6	하은지	85	85	90	Python	90	운동	260	NaN
7	최동환	100	80	90	Java	100	운동	270	NaN

- how=all 옵션을 설정하면 모든 데이터가 결측치인 사회 컬럼만 삭제된다.

Code

```
df.dropna(axis='columns', how='all')
```

학번	이름	국어	영어	수학	컴퓨터	라틴어	취미	총합
1	김민지	100	80	80	Python	14	SNS	270
2	장채빈	95	80	100	NaN	23	운동	275
3	조예나	100	75	70	C	32	운동	245
4	차지수	85	95	75	NaN	8	SNS	255
5	채수린	80	60	100	Java	19	SNS	240
6	하은지	85	85	90	Python	90	운동	260
7	최동환	100	80	90	Java	100	운동	270

③ 결측치 대체

- **결측치를 대체하고자 할 때, fillna( ) 메소드를 통해 원하는 값으로 대체할 수 있다.**
- 일반적으로 데이터를 대표할 수 있는 **평균, 중앙값, 최빈값으로 대체**한다. 회귀값이나 확률을 이용하여 대체할 수도 있다.
- 위 실습 시 원본 데이터를 변경하지 않았으므로 info( ) 함수 실행 결과 여전히 결측치가 존재하는 것을 확인할 수 있다.

Code

```
df.info()
```

```
<class 'pandas.core.frame.DataFrame'>
Int64Index: 7 entries, 1 to 7
Data columns(total 9 columns):
 #   Column   Non- Null Count  Dtype
---  -------  ---------------- ------
 0   이름     7 non- null      object
 1   국어     7 non- null      int64
 2   영어     7 non- null      int64
 3   수학     7 non- null      int64
 4   컴퓨터   5 non- null      object
 5   라틴어   7 non- null      int64
 6   취미     7 non- null      object
 7   총합     7 non- null      int64
 8   사회     0 non- null      float64
dtypes: float64(1), int64(5), object(3)
memory usage: 560.0+bytes
```

• 결측치를 ' ' 공백으로 대체하는 실습을 수행한다. 원본 데이터 변경 후 다시 info() 함수를 통해 결측치가 제대로 처리되었는지 확인한다.

Code

```
df.fillna('', inplace=True)
df.info()
```

```
<class 'pandas.core.frame.DataFrame'>
Int64Index: 7 entries, 1 to 7
Data columns(total 9 columns):
 #   Column  Non- Null Count  Dtype
---  ------- ---------------- ------
 0   이름      7 non- null      object
 1   국어      7 non- null      int64
 2   영어      7 non- null      int64
 3   수학      7 non- null      int64
 4   컴퓨터     7 non- null      object
 5   라틴어     7 non- null      int64
 6   취미      7 non- null      object
 7   총합      7 non- null      int64
 8   사회      7 non- null      object
dtypes: int64(5), object(4)
memory usage: 560.0+bytes
```

• 컴퓨터와 사회 컬럼의 결측치가 제대로 처리되었음을 확인할 수 있다.

④ 결측치 대체 – 타이타닉 데이터 실습

• 유명한 데이터 세트인 타이타닉 데이터를 활용하여 결측치를 최빈값으로 대체하는 실습을 수행한다

• 필요한 라이브러리를 임포트 한 뒤, 제공된 실습 데이터 'P1_C3_01_titanic.csv' 파일을 불러온다.

Code

```
import pandas as pd
import numpy as np
titanic =pd.read_csv
("/content/drive/MyDrive/ColabNotebooks/P1_C3_01_titanic.csv")
```

• info() 함수를 통해 전체 데이터를 살펴보고, 결측치가 존재하는 컬럼을 확인한다. 'Age', 'Cabin', 'Embarked' 컬럼에 결측치가 존재한다.

• 이번 실습은 'Age' 변수의 결측치를 최빈값으로 대체하도록 한다.

Code

```
titanic.info()
```

```
<class 'pandas.core.frame.DataFrame'>
RangeIndex: 891 entries, 0 to 890
Data columns(total 12 columns):
 #   Column       Non- Null Count  Dtype
---  -----------  ---------------  ------
 0   PassengerId  891 non- null    int64
 1   Survived     891 non- null    int64
 2   Pclass       891 non- null    int64
 3   Name         891 non- null    object
 4   Sex          891 non- null    object
 5   Age          714 non- null    float64
 6   SibSp        891 non- null    int64
 7   Parch        891 non- null    int64
 8   Ticket       891 non- null    object
 9   Fare         891 non- null    float64
 10  Cabin        204 non- null    object
 11  Embarked     889 non- null    object
dtypes: float64(2), int64(5), object(5)
memory usage: 83.7+KB
```

• 각 컬럼별 결측치의 개수를 확인한다. 이번 실습은 'Age' 변수의 결측치를 최빈값으로 대체하도록 한다.

Code

```
titanic.isnull().sum()
```

```
PassengerId     0
Survived        0
Pclass          0
```

```
Name          0
Sex           0
Age         177
SibSp         0
Parch         0
Ticket        0
Fare          0
Cabin       687
Embarked      2
dtype: int64
```

• **value_counts() 함수는 해당 컬럼의 값(value)에 대한 모든 발생 횟수를 반환하는 함수이다.** head() 함수를 통해 상위 5개의 행만 확인한다.

Code

```
titanic['Age'].value_counts().head()
```

```
24.0    30
22.0    27
18.0    26
19.0    25
28.0    25
Name: Age, dtype: int64
```

• **idxmax() 함수는 데이터프레임 내 값 가운데 최댓값의 인덱스 위치를 반환한다.**

• value_counts()와 idxmax() 값을 함께 적용하여 최빈값의 인덱스를 확인할 수 있다.

Code

```
titanic['Age'].value_counts().idxmax()
```

```
24.0
```

• most_freq_age 변수에 값을 할당한다.

```
most_freq_age=titanic['Age'].value_counts().idxmax()
```

• fillna( ) 함수를 통해 Age 변수의 결측치를 최빈값으로 대체한 후, 결측치가 제대로 처리되었는지 확인한다.

Code

```
titanic['Age']=titanic['Age'].fillna(most_freq_age)
titanic['Age'].isnull().sum()
```

```
0
```

PART 01

빅데이터분석기사 실기 작업형 대비

나. 이상치

이상치는 데이터가 해당 데이터의 정상 범주에서 벗어난 값을 의미한다. 즉, 변수의 분포상 비정상적으로 극단적인 값이다. 이상치는 결측치와 다르게 그 자체로서 의미를 가질 수 있다. **하지만 이상치를 제대로 처리하지 않으면 데이터의 평균과 분산에 영향을 미쳐 통계 결과의 신뢰성을 저하시키고 왜곡이 발생할 수 있다.**

① 이상치 확인 및 대체

• 이상치를 확인하기 위해서는 주어진 데이터의 정상 범위를 먼저 고려해야 한다. 일반적으로 ESD(Extreme Studentized Deviate test) 및 사분위수를 이용한다.

– ESD(Extreme Studentized Deviate test) : 데이터의 평균으로부터 3표준편차 떨어진 값을 이상치로 인식하는 방법

– 사분위수 이용 : 하한값 Q1−1.5(Q3−Q1), 상한값 Q3+1.5(Q3−Q1)

• seaborn 라이브러리에서 제공하는 'car_crashes' 데이터를 불러온다. 'car_crashes'는 미국에서 발생한 교통사고의 원인과 보험 청구 비용을 집계한 데이터 세트다.

Code

```
from seaborn import load_dataset
import pandas as pd
car_df=load_dataset('car_crashes')
car_df.head()
```

	total	speeding	alcohol	not_distracted	no_previous	ins_premium	ins_losses	abbrev
0	18.8	7.332	5.640	18.048	15.040	784.55	145.08	AL
1	18.1	7.421	4.525	16.290	17.014	1053.48	133.93	AK
2	18.6	6.510	5.208	15.624	17.856	899.47	110.35	AZ
3	22.4	4.032	5.824	21.056	21.280	827.34	142.39	AR
4	12.0	4.200	3.360	10.920	10.680	878.41	165.63	CA

- 'alcohol' 변수의 이상값 범위를 지정한 후 이상값을 중앙값으로 대체한다.
- 이상값 범위는 사분위수를 이용하여 지정한다.
- quantile() 함수를 이용하여 1사분위수와 3사분위수를 구한 후 IQR(Q3−Q1) 값을 구한다.

Code

```
q1=car_df['alcohol'].quantile(0.25)
q3=car_df['alcohol'].quantile(0.75)
print(q1, q3)
```

```
3.894 5.603999999999999
```

```
iqr=q3-q1
print(iqr)
```

```
1.709999999999999
```

- 상한값과 하한값을 계산한다. 소수점 4번째 자리까지 출력하기 위해서 문자열 포맷 형식을 이용한다.

Code

```
btom_cut_off="{:.4f}".format(btom_cut_off)
top_cut_off="{:.4f}".format(top_cut_off)
print("하한값:",btom_cut_off,"상한값:",top_cut_off)
```

```
하한값: 1.3290 상한값: 8.1690
```

- 문자열 포맷 형식을 이용하여 출력하면 데이터의 자료형이 문자형으로 출력되므로 추후 논리 연산 시 형 변환을 수행해야 한다.
- OR(|) 연산을 사용하여 상한값과 하한값을 벗어나는 값을 확인한다. 이상값은 True로 반환한다.

Code

```
top_cut_off
```

```
'8.1690'
```

```
(car_df['alcohol']>=float(top_cut_off))|(car_df['alcohol']<=float(btom_cut_off))
```

```
0     False
1     False
2     False
3     False
:       :
26     True
27    False
28    False
```

- 위 결과에서 26번째 데이터가 이상값에 해당되므로 값을 따로 확인해 본다.

Code

```
car_df['alcohol'][26]
```

```
9.416
```

- index 메소드를 사용하여 이상값에 해당하는 인덱스만 추출하여 변수에 할당한다. 26, 34, 40번째 데이터가 이상값에 해당하는 것을 알 수 있다.

Code

```
outlier_index=car_df[(car_df['alcohol']>=8.1690)|
                     (car_df['alcohol']<=1.3290)].index
outlier_index
```

```
Int64Index([26, 34, 40], dtype='int64')
```

• 중앙값 계산 후, loc 메소드를 활용하여 이상치를 중앙값으로 대체한다.

Code

```
median=car_df['alcohol'].median()
median
```

```
4.554
```

```
car_df.loc[outlier_index,'alcohol']=median
```

• 다시 26번째 데이터의 값을 확인하면 중앙값으로 잘 대체되었음을 확인할 수 있다.

Code

```
car_df['alcohol'][26]
```

```
4.554
```

2) 데이터 인코딩

컴퓨터에서 인코딩이란, 사람이 인지할 수 있는 형태의 데이터를 약속된 규칙에 의해 컴퓨터가 이해할 수 있는 0과 1로 변환화는 과정이다. **데이터 분석 시, 특정 알고리즘은 문자열 값을 입력 값으로 허용하지 않으므로 데이터 인코딩을 수행해야 한다.** 대표적으로 라벨 인코딩과 원-핫 인코딩이 있다.

가. 라벨 인코딩(Label Encoding)

라벨 인코딩은 문자열 데이터를 숫자형 데이터로 변환하는 것이다. 판다스에서 제공하는 map( ) 함수와 사이킷런에서 제공하는 LabelEncoder를 활용한다.

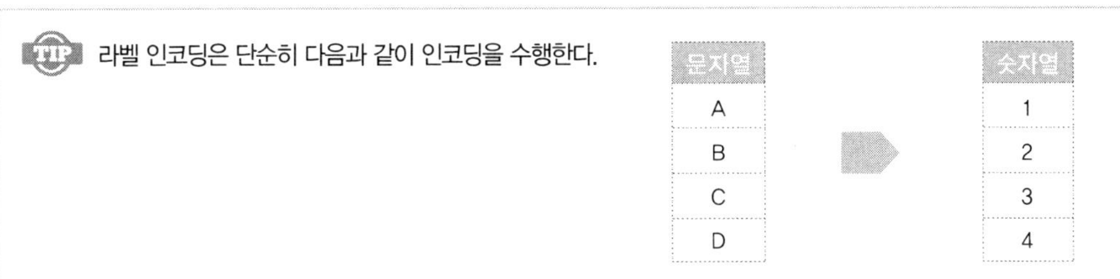

① Pandas - map()

- map() 함수는 시리즈 형태의 변수에 원하는 함수를 적용할 수 있는 함수이다.
- 먼저 Class 변수에 'A', 'B', 'C', 'D', 데이터를 할당한다.

Code

```
import pandas as pd
data={'Class': ['A', 'B', 'C', 'D']}
df=pd.DataFrame(data)
df
```

	Class
0	A
1	B
2	C
3	D

- 'A', 'B', 'C', 'D', 데이터를 1, 2, 3, 4 데이터로 라벨 인코딩을 수행한다.

Code

```
df['Class']=df['Class'].map({'A':1, 'B':2, 'C':3, 'D':4})
df
```

	Class
0	1
1	2
2	3
3	4

② Scikit-Learn - LabelEncoder

- 사이킷런 라이브러리에서 제공하는 LabelEncoder 클래스를 사용하여 라벨 인코딩을 수행할 수 있다.
- LabelEncoder는 sklearn.preprocessing 모듈에 포함되어 있다. 클래스를 임포트한 후, 데이터를 생성한다.

Code

```
from sklearn.preprocessing import LabelEncoder
items=['A', 'B', 'C', 'D']
```

- 사이킷런 클래스 사용 시, 일차적으로 객체를 생성해야 한다. 클래스를 담을 변수에 다음과 같이 클래스 객체를 생성한다.

Code

```
encoder=LabelEncoder()
```

- 객체 생성 후, fit() 함수를 통해 데이터 변환을 위한 기준 정보를 설정한다. 간단하게 말해서, 가지고 있는 데이터를 클래스 내부 구조에 적합 시키는 것을 의미한다.
- 그 후, transform() 함수를 통해 데이터를 변환한다. 'A', 'B', 'C', 'D', 데이터가 1, 2, 3, 4 데이터로 라벨 인코딩 된 것을 확인할 수 있다.

Code

```
encoder.fit(items)
labels=encoder.transform(items)
labels
```

```
array([0, 1, 2, 3])
```

- 인코딩을 수행한 값을 다시 원래의 값으로 디코딩할 수 있다. inverse_transform() 함수에 인코딩된 데이터를 입력한다.

Code

```
origins=encoder.inverse_transform([0, 1, 2, 3])
origins
```

```
array(['A', 'B', 'C', 'D'], dtype='<U1')
```

나. 원-핫 인코딩(One-Hot Encoding)

원-핫 인코딩은 행 형태로 되어 있는 값들을 열 형태로 차원을 변환한 뒤, 각 값에 해당하는 컬럼에만 1을 표시하고 나머지 컬럼에는 0을 표시하는 것이다. 이렇게 생성된 데이터를 더미변수라고도 한다. 판다스에서 제공하는 get_dummise() 함수와 사이킷런에서 제공하는 OneHotEncoder를 활용한다.

TIP 라벨 인코딩은 문자열 데이터를 단순히 숫자열 데이터로 변환한다. 하지만 알고리즘 내에서 명목형 변수를 순서형 변수로 인식하여 더 큰 숫자에 높은 가중치를 부여하는 경우가 있다. 예를 들어 'A', 'B', 'C', 'D', 데이터를 1, 2, 3, 4 데이터로 변환하였을 때 'D' 가 'A'보다 더 높은 가중치를 받을 수 있다. 이러한 문제를 해결하고자 원-핫 인코딩을 수행한다.

Class
A
B
C
D

Class_A	Class_B	Class_C	Class_D
1	0	0	0
0	1	0	0
0	0	1	0
0	0	0	1

① Pandas - get_dummise()

- get_dummies() 함수는 판다스에서 제공하는 원-핫 인코딩 함수이다.
- 먼저 items 변수에 'A', 'B', 'C', 'D', 데이터를 할당한 후 데이터프레임으로 변환한다.

Code

```
import pandas as pd
items=['A', 'B', 'C', 'D']
item_df=pd.DataFrame({'item':items})
item_df
```

	item
0	A
1	B
2	C
3	D

• get_dummies( ) 함수를 통해 원-핫 인코딩을 수행한다.

Code

```
pd.get_dummies(item_df)
```

	item_A	item_B	item_C	item_D
0	1	0	0	0
1	0	1	0	0
2	0	0	1	0
3	0	0	0	1

• 일반적으로 원-핫 인코딩 수행 시, 데이터 간 상관관계를 고려하여 첫 번째 변수를 삭제한다. drop_first=True 옵션값을 지정한다.

Code

```
pd.get_dummies(item_df, drop_first=True)
```

	item_A	item_B	item_C
0	0	0	0
1	1	0	0
2	0	1	0
3	0	0	1

② Scikit-Learn - OneHotEncoder

• 사이킷런 라이브러리에서 제공하는 OneHotEncoder 클래스를 사용하여 원-핫 인코딩을 수행할 수 있다.

• OneHotEncoder는 sklearn.preprocessing 모듈에 포함되어 있다. 클래스를 임포트한 후, 데이터를 생성한다.

• **OneHotEncoder 클래스를 사용하기 위해서는 먼저 숫자로 변환해야 하고, 2차원 레이블로 만들어야 한다. 라벨 인코딩 수행 후, numpy의 reshape( ) 함수를 이용한다.**

Code

```
from sklearn.preprocessing import LabelEncoder
import numpy as np
items=['A', 'B', 'C', 'D']
encoder=LabelEncoder()
encoder.fit(items)
```

```
LabelEncoder()
```

```
labels=encoder.transform(items).reshape(-1,1)
labels
```

```
array([[0],
       [1],
       [2],
       [3]])
```

- OneHotEncoder 객체를 생성한 후 fit()과 transform() 함수를 이용하여 원-핫 인코딩을 수행한다. Sparse=False 옵션은 데이터를 배열 형태로 변환하는 것이다. 기본값은 True이며 행렬로 변환한다.

Code

```
from sklearn.preprocessing import OneHotEncoder
oh_encoder=OneHotEncoder(sparse=False)
oh_encoder.fit(labels)
oh_labels=oh_encoder.transform(labels)
oh_labels
```

```
array([[1., 0., 0., 0.],
       [0., 1., 0., 0.],
       [0., 0., 1., 0.],
       [0., 0., 0., 1.]])
```

3) 데이터 스케일링

데이터 스케일링은 데이터 값의 범위를 조정하는 것을 의미한다. **변수들마다 데이터 값의 범위가 상이하므로 데이터 스케일링을 통해 분포나 범위를 동일하게 조정할 필요가 있다. 대표적으로 표준화와 정규화를 수행한다.** 사이킷런에서 제공하는 StandardScaler와 MinMaxScaler를 활용한다.

가. 표준화(Standardization)

데이터를 평균이 0, 분산이 1인 정규분포로 변환하는 것을 의미한다. 이상치에 민감할 수 있으며, 일반적으로 회귀보다 분류에 유용하다.

① Scikit-Learn - StandardScaler

- 사이킷런 라이브러리에서 제공하는 StandardScaler 클래스를 사용하여 표준화를 수행할 수 있다.
- StandardScaler는 sklearn.preprocessing 모듈에 포함되어 있다. 클래스를 임포트한 후, 데이터를 생성한다.
- 데이터는 사이킷런에서 제공하는 iris 데이터를 사용한다. iris 데이터는 꽃잎(petal)과 꽃받침(sepal)의 길이 및 넓이를 이용하여 붓꽃 세 종류를 분류하는 대표적인 데이터 세트다.

Code

```
from sklearn.datasets import load_iris
import pandas as pd
iris=load_iris()
iris
```

```
{'data': array([[5.1, 3.5, 1.4, 0.2],
        [4.9, 3. , 1.4, 0.2],
        [4.7, 3.2, 1.3, 0.2],
        [4.6, 3.1, 1.5, 0.2],
        [5. , 3.6, 1.4, 0.2],
```

```
 'target': array([0, 0, 0, 0, 0, 0, 0, 0, 0, 0, 0, 0, 0, 0, 0, 0, 0, 0, 0, 0, 0, 0,
        0, 0, 0, 0, 0, 0, 0, 0, 0, 0, 0, 0, 0, 0, 0, 0, 0, 0, 0, 0, 0, 0,
        0, 0, 0, 0, 0, 0, 1, 1, 1, 1, 1, 1, 1, 1, 1, 1, 1, 1, 1, 1, 1, 1,
        1, 1, 1, 1, 1, 1, 1, 1, 1, 1, 1, 1, 1, 1, 1, 1, 1, 1, 1, 1, 1, 1,
        1, 1, 1, 1, 1, 1, 1, 1, 1, 1, 1, 1, 2, 2, 2, 2, 2, 2, 2, 2, 2, 2,
        2, 2, 2, 2, 2, 2, 2, 2, 2, 2, 2, 2, 2, 2, 2, 2, 2, 2, 2, 2, 2, 2,
        2, 2, 2, 2, 2, 2, 2, 2, 2, 2, 2, 2, 2, 2, 2, 2, 2, 2]),
 'frame': None,
 'target_names': array(['setosa', 'versicolor', 'virginica'], dtype='<U10'),
```


• 사이킷런에서 제공하는 데이터 세트의 기본적인 구조는 다음과 같다. iris 데이터의 종속변수는 0 : 'setosa', 1 : 'versicolor', 2 : 'virginica'이다.

구분	설명
data	독립변수 데이터(2차원 배열)
target	종속변수 데이터(1차원 배열)
feature_names	독립변수 변수명
target_names	종속변수 변수명

• iris 데이터의 독립변수를 확인한다.

구분	설명
sepal length(cm)	꽃받침 길이
sepal width(cm)	꽃받침 넓이
petal length(cm)	꽃잎 길이
petal width(cm)	꽃잎 넓이

• feature_names 메소드를 통해 독립변수를 확인할 수 있다.

Code

```
iris.feature_names
```

```
['sepal length(cm)',
 'sepal width(cm)',
 'petal length(cm)',
 'petal width(cm)']
```

• 독립변수 데이터를 데이터프레임으로 변환한 후, 평균과 분산을 확인한다.

Code

```
iris_data=iris.data
iris_df=pd.DataFrame(data=iris_data, columns=iris.feature_names)
print("평균 :\n" , iris_df.mean())
print("분산 :\n" , iris_df.var())
```

```
평균 :
sepal length(cm)    5.843333
sepal width(cm)     3.057333
petal length(cm)    3.758000
petal width(cm)     1.199333
dtype: float64
분산 :
sepal length(cm)    0.685694
sepal width(cm)     0.189979
petal length(cm)    3.116278
petal width(cm)     0.581006
dtype: float64
```

• 독립변수 간 평균과 분산에 편차가 있으므로 평균이 0, 분산이 1에 가까운 데이터로 변환하기 위해 표준화를 수행한다.

• StandardScaler 클래스를 임포트한 후, 객체를 생성한다.

• fit( ), transform( ) 함수로 표준화를 수행한다.

Code

```
from sklearn.preprocessing import StandardScaler
scaler=StandardScaler()
scaler.fit(iris_df)
iris_scaled=scaler.transform(iris_df)
iris_scaled
```

```
array([[0.22222222, 0.625     , 0.06779661, 0.04166667],
       [0.16666667, 0.41666667, 0.06779661, 0.04166667],
       [0.11111111, 0.5       , 0.05084746, 0.04166667],
       [0.08333333, 0.45833333, 0.08474576, 0.04166667],
       [0.19444444, 0.66666667, 0.06779661, 0.04166667],
       [0.30555556, 0.79166667, 0.11864407, 0.125     ],
       [0.08333333, 0.58333333, 0.06779661, 0.08333333],
       [0.19444444, 0.58333333, 0.08474576, 0.04166667],
```

- 표준화된 데이터를 데이터프레임으로 변환 후, 다시 평균과 분산을 확인한다. 평균이 0 분산이 1에 가까운 데이터로 변환된 것을 확인할 수 있다.

Code

```
iris_df_scaled=pd.DataFrame(data=iris_scaled, columns=iris.feature_names)
print('평균:\n', iris_df_scaled.mean())
print('분산:\n', iris_df_scaled.var())
```

```
평균:
sepal length(cm)   -1.690315e- 15
sepal width(cm)    -1.842970e- 15
petal length(cm)   -1.698641e- 15
petal width(cm)    -1.409243e- 15
dtype: float64
분산:
sepal length(cm)    1.006711
sepal width(cm)     1.006711
petal length(cm)    1.006711
petal width(cm)     1.006711
dtype: float64
```

나. 정규화(Normalization)

정규화는 데이터의 범위를 일정하게 조정하는 것을 의미한다. 다양한 정규화 방법이 있지만, 일반적으로 데이터의 범위를 0~1로 변환하는 최소최대정규화를 사용한다.

최소최대정규화 공식은 $(x-x_min)/(x_max-x_min)$이다.

① Scikit-Learn - MinMaxScaler

- 사이킷런 라이브러리에서 제공하는 MinMaxScaler 클래스를 사용하여 정규화를 수행할 수 있다.
- MinMaxScaler는 sklearn.preprocessing 모듈에 포함되어 있다. 클래스를 임포트한 후, 데이터를 생성한다. 데이터는 표준화에서 사용했던 iris 데이터를 사용한다.

Code

```
from sklearn.datasets import load_iris
import pandas as pd
iris=load_iris()
iris_data=iris.data
iris_df=pd.DataFrame(data=iris_data, columns=iris.feature_names)
from sklearn.preprocessing import MinMaxScaler
scaler=MinMaxScaler()
```

- 정규화 수행 전, 각 변수들의 최솟값과 최댓값을 확인한다.

Code

```
print('최솟값 :\n', iris_df.min())
print('최댓값 :\n', iris_df.max())
```

```
최솟값 :
sepal length(cm)    4.3
sepal width(cm)     2.0
petal length(cm)    1.0
petal width(cm)     0.1
dtype: float64
최댓값 :
sepal length(cm)    7.9
sepal width(cm)     4.4
petal length(cm)    6.9
petal width(cm)     2.5
dtype: float64
```

- fit(), transform() 함수로 정규화를 수행한다.

Code

```
scaler.fit(iris_df)
iris_scaled=scaler.transform(iris_df)
```

- 정규화된 데이터를 데이터프레임으로 변환 후, 다시 최솟값과 최댓값을 확인한다. 최솟값이 0, 최댓값이 1에 가까운 데이터로 변환된 것을 확인할 수 있다.

Code

```
iris_df_scaled=pd.DataFrame(data=iris_scaled, columns=iris.feature_names)
print('최솟값 :\n', iris_df_scaled.min())
print('최댓값 :\n', iris_df_scaled.max())
```

```
최솟값 :
sepal length(cm)    0.0
sepal width(cm)     0.0
petal length(cm)    0.0
petal width(cm)     0.0
dtype: float64
최댓값 :
sepal length(cm)    1.0
sepal width(cm)     1.0
petal length(cm)    1.0
petal width(cm)     1.0
dtype: float64
```

4) 데이터 결합 및 축소

가. 데이터 결합

데이터 전처리에서 필요하다면, 행 또는 열을 기준으로 데이터를 결합할 수 있다. 또는 고유한 키를 기준으로 조건에 맞게 데이터를 결합할 수 있는데, **concat() 함수는 주로 단순 결합, merge() 함수는 고유 키 기반 결합을 수행한다.**

 – 열 기준 데이터 결합

id	m_score
1	100
2	95
3	80
4	85
5	70

\+

id	m_score
6	85
7	70
8	95
9	100
10	65

▶

id	m_score	id	m_score
1	100	6	85
2	95	7	70
3	80	8	95
4	85	9	100
5	70	10	65

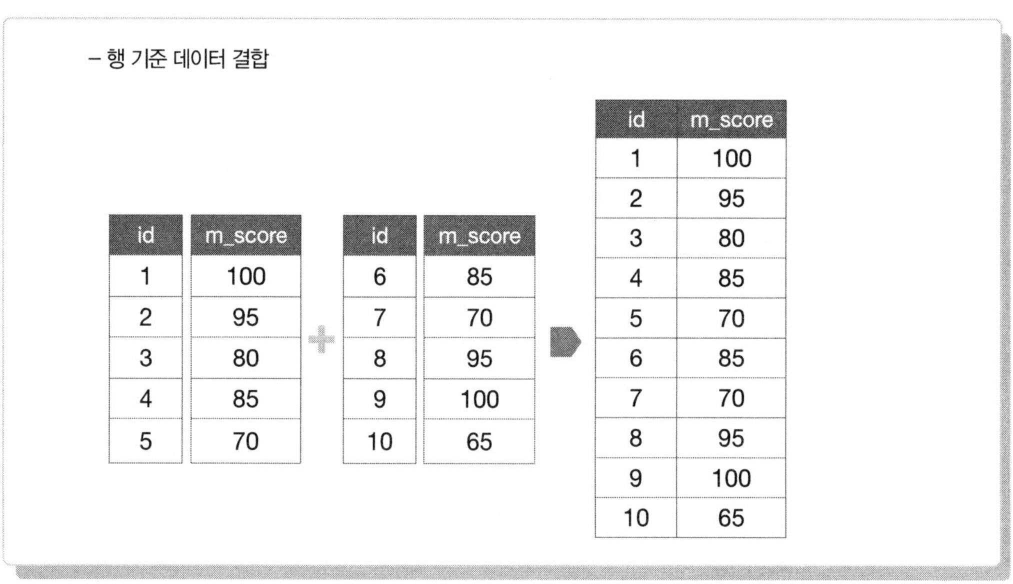

① Pandas - concat()

• 실습을 위해 필요한 라이브러리를 임포트한 뒤, 두 개의 데이터프레임을 생성한다.

Code

```
import pandas as pd
data1={'id' : ['1', '2', '3', '4', '5'],
        'math_score' : ['100', '95', '80', '85', '70']}
df1=pd.DataFrame(data1)
df1
```

	id	math_score
0	1	100
1	2	95
2	3	80
3	4	85
4	5	70

```
data2={'id' : ['6', '7', '8', '9', '10'],
       'math_score' : ['85', '70', '95', '100', '65']}
df2=pd.DataFrame(data2)
df2
```

	id	math_score
0	6	85
1	7	70
2	8	95
3	9	100
4	10	65

- concat() 함수를 사용하여 두 개의 데이터프레임을 결합한다. 기본값은 행 기준이며, 동일한 컬럼명을 기준으로 데이터프레임이 위/아래로 결합된다. 인덱스가 통합되지 않는다.

Code

```
pd.concat([df1, df2])
```

	id	math_score
0	1	100
1	2	95
2	3	80
3	4	85
4	5	70
0	6	85
1	7	70
2	8	95
3	9	100
4	10	65

• axis=1 옵션값을 주면 열을 기준으로 데이터프레임이 옆으로 결합된다.

Code

```
pd.concat([df1, df2], axis=1)
```

	id	math_score	id	math_score
0	1	100	6	85
1	2	95	7	70
2	3	80	8	95
3	4	85	9	100
4	5	70	10	65

② Pandas - merge()

• 두 데이터프레임을 단순히 행 또는 열 기준으로 결합하는 것이 아닌 고유한 키를 기준으로 결합할 수 있다.

• df1.merge(df2, how='inner', on='기준 컬럼')의 형태를 가진다. how 옵션 값에 따라 데이터의 결합 기준이 달라진다. 결합 시 존재하지 않는 값은 결측치로 채워진다.

구분	설명
how='inner'	기준 컬럼이 동일한 데이터만 결합
how='outer'	모든 데이터 결합
how='left'	첫 번째 데이터프레임을 기준으로 결합
how='right'	두 번째 데이터프레임을 기준으로 결합

• 실습을 위해 두 개의 데이터프레임을 생성한다. 두 데이터 모두 기준 컬럼인 'id' 변수를 가지고 있으며 하나는 'math_score', 다른 하나는 'eng_score' 컬럼을 가진다.

Code

```
data1={'id' : ['1', '2', '3', '4', '5'],
       'math_score' : ['100', '95', '80', '85', '70']}
df1=pd.DataFrame(data1)
df1
```

	id	math_score
0	1	100
1	2	95
2	3	80
3	4	85
4	5	70

Code

```
data2={'id' : ['3', '4', '5', '6', '7'],
       'eng_score' : ['100', '95', '80', '85', '70']}
df2=pd.DataFrame(data2)
df2
```

	id	eng_score
0	3	100
1	4	95
2	5	80
3	6	85
4	7	70

• how='inner'인 경우 기준 컬럼이 동일한 데이터만 결합한다.

Code

```
df1.merge(df2, how='inner', on='id')
```

	id	math_score	eng_score
0	3	80	100
1	4	85	95
2	5	70	80

• how='outer'인 경우 모든 데이터를 결합하며 해당 값이 없는 경우에는 결측치로 채워진다.

Code

```
df1.merge(df2, how='outer', on='id')
```

	id	math_score	eng_score
0	1	100	NaN
1	2	95	NaN
2	3	80	100
3	4	85	95
4	5	70	80
5	6	NaN	85
6	7	NaN	70

• how='left'인 경우 첫 번째 데이터 프레임을 기준으로 결합한다. 해당 값이 없는 경우에는 결측치로 채워진다.

Code

```
df1.merge(df2, how='left', on='id')
```

	id	math_score	eng_score
0	1	100	NaN
1	2	95	NaN
2	3	80	100
3	4	85	95
4	5	70	80

• how='right'인 경우 두 번째 데이터 프레임을 기준으로 결합한다. 해당 값이 없는 경우에는 결측치로 채워진다.

Code

```
df1.merge(df2, how='right', on='id')
```

	id	math_score	eng_score
0	3	80	100
1	4	85	95
2	5	70	80
3	6	NaN	85
4	7	NaN	70

나. 데이터 축소

데이터를 축소할 수 있는 방법은 다양하다. 그 중에 많이 사용하는 주성분 분석을 실습한다. 사이킷런에서 제공하는 PCA 클래스를 활용한다.

 주성분 분석(Principal Component Analysis; PCA)은 상관관계가 높은 데이터의 선형 결합을 통해 고차원의 데이터를 저차원의 데이터로 변환하는 방법이다.

① Scikit-Learn - PCA

• 사이킷런 라이브러리에서 제공하는 PCA 클래스를 사용하여 주성분 분석을 수행할 수 있다.

• PCA는 sklearn.decomposition 모듈에 포함되어 있다. 클래스를 임포트한 후 iris 데이터를 활용한다.

Code

```
import pandas as pd
from sklearn.datasets import load_iris
from sklearn.preprocessing import StandardScaler
iris=load_iris()
iris_data=iris.data
iris_df=pd.DataFrame(data=iris_data, columns=iris.feature_names)
```

• PCA는 데이터를 표준화한 후에 수행한다. 앞에서 실습한 StandardScaler 클래스를 활용한다.

Code

```
scaler=StandardScaler()
scaler.fit(iris_df)
iris_scaled=scaler.transform(iris_df)
iris_df_scaled=pd.DataFrame(data=iris_scaled, columns=iris.feature_names)
iris_df_scaled.head()
```

	sepal length (cm)	sepal width (cm)	petal length (cm)	petal width (cm)
0	-0.900681	1.019004	-1.340227	-1.315444
1	-1.143017	-0.131979	-1.340227	-1.315444
2	-1.385353	0.328414	-1.397064	-1.315444
3	-1.506521	0.098217	-1.283389	-1.315444
4	-1.021849	1.249201	-1.340227	-1.315444

• 주성분 분석을 위해 데이터의 종속변수를 'target' 컬럼에 추가한다.

Code

```
iris_df_scaled['target']=iris.target
iris_df_scaled.head()
```

	sepal length (cm)	sepal width (cm)	petal length (cm)	petal width (cm)	target
0	-0.900681	1.019004	-1.340227	-1.315444	0
1	-1.143017	-0.131979	-1.340227	-1.315444	0
2	-1.385353	0.328414	-1.397064	-1.315444	0
3	-1.506521	0.098217	-1.283389	-1.315444	0
4	-1.021849	1.249201	-1.340227	-1.315444	0

- n_components 옵션 값을 2로 지정하여 두 개의 주성분을 가지는 PCA 객체를 생성한다.
- 그 후 fit(), transform() 함수를 사용하여 주성분 분석을 수행한다. 독립변수만 사용하기 위해 iloc 메소드를 사용하여 마지막 컬럼(종속변수)을 제외한다.

Code

```
from sklearn.decomposition import PCA
pca=PCA(n_components=2)
pca.fit(iris_df_scaled.iloc[:,:-1])
df_pca=pca.transform(iris_df_scaled.iloc[:,:-1])
```

- 주성분 분석 결과를 확인하기 위해 결괏값을 데이터프레임으로 변환한다. 컬럼을 'component 0', 'component 1'로 지정한 후 head() 함수를 통해 상위 5개의 행을 확인한다.

Code

```
df_pca=pd.DataFrame(df_pca, columns=['component 0', 'component 1'])
df_pca.head()
```

	component 0	component 1
0	-2.264703	0.480027
1	-2.080961	-0.674134
2	-2.364229	-0.341908
3	-2.299384	-0.597395
4	-2.389842	0.646835

- 각 주성분 기여율을 확인한다. explained_variance_ratio_ 메소드를 사용한다.
- 첫 번째 주성분은 0.7296, 두 번째 주성분은 0.2285 기여율을 가진다.

Code

```
print(pca.explained_variance_ratio_)
```

```
[0.72962445 0.22850762]
```

• 누적 기여율을 확인한다. explained_variance_ratio_.cumsum() 메소드를 사용한다.

• 두 번째 주성분까지 0.9581의 누적 기여율을 가진다. 일반적으로 누적 기여율 85% 이상 지점까지 주성분의 개수로 지정한다.

Code

```
print(pca.explained_variance_ratio_.cumsum())
```

```
[0.72962445 0.95813207]
```

• 주성분 분석의 결과를 시각화하여 확인한다. 실기시험 시, 시각화는 문제에 나오지 않지만 참고용으로 수행한다. 두 개의 주성분으로 3개의 붓꽃을 잘 분류하는 것을 확인할 수 있다.

Code

```
import matplotlib.pyplot as plt
df_pca['target']=iris_df_scaled['target']
df_pca_0=df_pca[df_pca['target']==0]
df_pca_1=df_pca[df_pca['target']==1]
df_pca_2=df_pca[df_pca['target']==2]
plt.scatter(df_pca_0['component 0'], df_pca_0['component 1'], color='orange',
alpha=0.7, label='setosa')
plt.scatter(df_pca_1['component 0'], df_pca_1['component 1'], color='red',
alpha=0.7, label='versicolor')
plt.scatter(df_pca_2['component 0'], df_pca_2['component 1'], color='green',
alpha=0.7, label='virginica')
plt.xlabel('component 0')
plt.ylabel('component 1')
plt.legend()
plt.show()
```

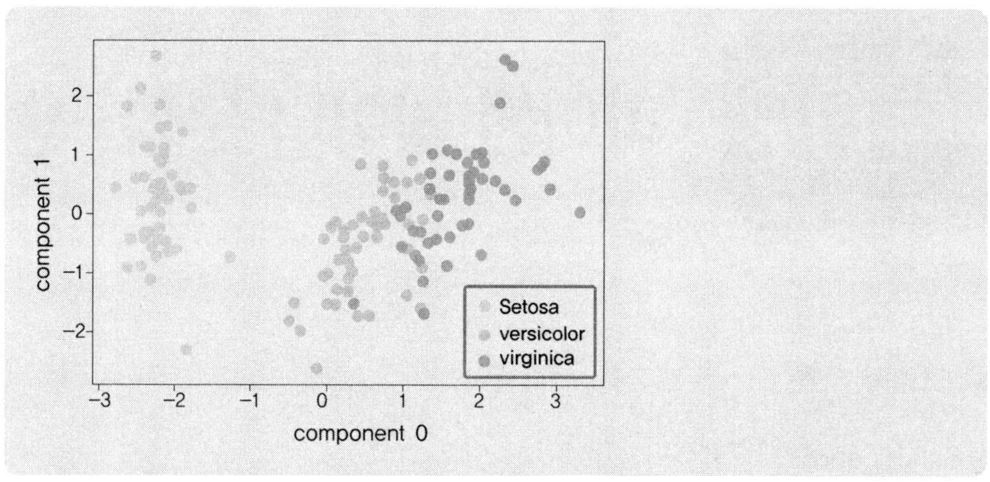
2
1
0
−1
−2
component 1
−3
−2
−1
0
1
2
3
component 0
Setosa
versicolor
virginica

Section 02 파이썬 데이터 분석-중급

1 모델링 기초

1) Scikit Learn

가. Scikit Learn

① 사이킷런 라이브러리(Scikit Learn Library)

- **사이킷런은 머신러닝 분석 시 필요한 데이터 전처리와 모델링의 유용한 함수를 제공하는 라이브러리이다. 많은 종류의 모형을 통일된 형식으로 사용할 수 있다.**
- 사이킷런 공식 홈페이지에 접속하면 자세한 활용 방법을 알 수 있다.

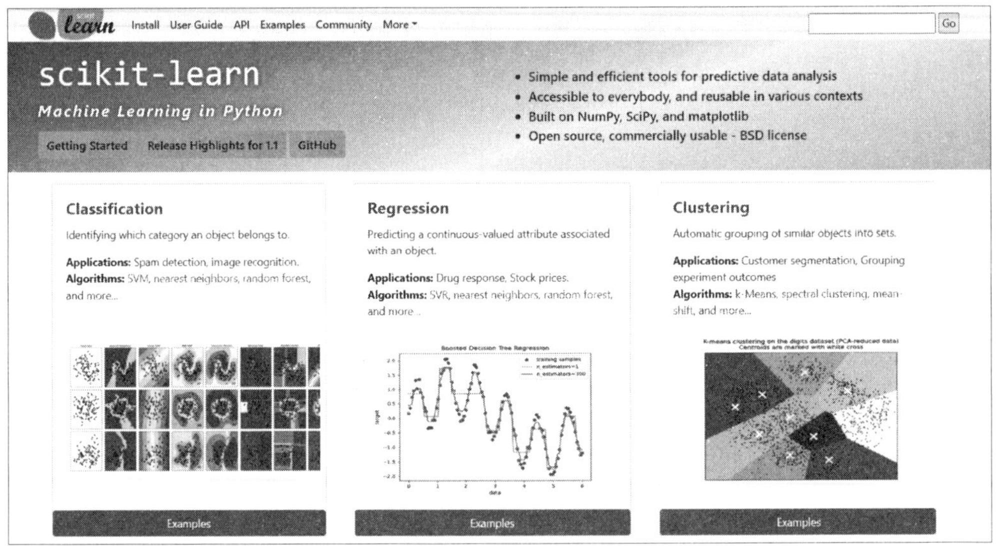

② 사이킷런 모델링 절차

- 사이킷런 패키지에서 제공하는 모듈명은 sklearn으로 시작하는 명명규칙이 있다. **일반적으로 라이브러리를 임포트 할 때, 'from sklearn.서브패키지명 import 클래스명'으로 작성**한다.

Code

```
from sklearn.preprocessing import LabelEncoder
from model_selection import train_test_split
from linear_model import LinearRegression
```

- 사이킷런 라이브러리는 통일된 형식을 제공하기 때문에 통일된 절차를 이해하면 다양한 모형을 자유자재로 사용할 수 있다.
  1. 필요한 클래스 임포트
  2. **클래스 객체 생성**
  3. **fit( ) 함수를 통해 데이터를 모델에 적합하여 학습**
  4. **transform( ), predict( ), predict_proba( ) 함수 등을 통해 데이터 변형 및 모델 예측**
  5. **모델 평가**

③ 사이킷런 클래스

- 다음은 사이킷런에서 제공하는 주요 모듈을 요약한 것이다.

분류	모듈	설명
예제 데이터	sklearn.datasets	예제 데이터 세트 제공
데이터 가공	sklearn.preprocessing	데이터 전처리(인코딩, 스케일링 등)
	sklearn.feature_selection	변수 선택
	sklearn.feature_extraction	변수 추출
	sklearn.decompositon	차원 축소
데이터 분할 매개변수 최적화	sklearn.model_selection	데이터 분할 초매개변수 최적화
머신러닝	sklearn.linear_model	회귀분석 알고리즘
	sklearn.tree	트리기반 알고리즘
	sklearn.svm	서포트벡터머신 알고리즘
	sklearn.naive_bayes	나이브 베이즈 알고리즘
	sklearn.neighbors	최근접 이웃 알고리즘
	sklearn.ensemble	앙상블 알고리즘
	sklearn.cluster	군집분석 알고리즘
모델 평가	sklearn.metrics	모델 평가(회귀, 분류, 군집)

• 다음은 자주 사용하는 머신러닝 모형별 모듈(서브 패키지)과 분류/회귀에 따른 클래스를 요약한 것이다.

모형	서브 패키지	이진 분류	다지 분류	회귀
선형 모델	Linear_model	LogisticRegression		LinearRegression
서포트벡터머신	svm	SVC	LinearSVC	SVR/LinearSVR
나이브베이즈	naive_bayes	BernoulliNB	MultinomialNB	GaussianNB
의사결정나무	tree	DecisionTreeClassifier		DecisionTreeRegressor
인공신경망	neural_network	MLPClassifier		MLPRegressor
K-최근접이웃	neighbors	KNeighborsClassifier		KNeighborsRegressor
배깅	Ensemble	BaggingClassifier		BaggingRegressor
랜덤 포레스트		RandomForestClassifier		ForestRegressor
AdaBoost		AdaBoostClassifier		AdaBoostRegressor
GradientBoosting		GradientBoostingClassifier		GradientBoostingRegressor

2) 데이터 분할

가. 데이터 분할

① 홀드아웃 교차 검증

• 홀드아웃 교차 검증은 전체 데이터를 일정한 비율로 학습 데이터, 검증 데이터, 평가 데이터로 분할하는 것이다. 일반적으로 학습 데이터는(검증 데이터 포함) 60~80%, 평가 데이터는 20~40%로 구성한다.

• 검증 데이터는 생략할 수 있으나 학습 데이터와 평가 데이터는 반드시 필요하다.

방법	설명
훈련 데이터 (Training Data)	• 모형을 학습할 때 사용하는 데이터
검증 데이터 (Validation Data)	• 훈련 데이터로 만든 모형이 잘 예측하는지 성능을 평가하기 위한 데이터 • 데이터 세트가 적으면 검증 데이터는 따로 사용하지 않음.
평가 데이터 (Test Data)	• 검증 데이터로 최종 모델을 선정하고 최종 성능을 테스트 하기 위해 사용

Original Set

Training		Testing
Training	Validation	Testing

- **데이터 분할 시, model_selection 모듈의 train_test_split( ) 클래스를 사용한다.** 각 파라미터에 대한 설명을 참고한다.

[sklearn.model_selection.train_test_split( )]

파라미터	설명
arrays	분할할 데이터(리스트, 배열, 데이터 프레임 등)
test_size	평가 데이터 비율(0.0~1.0, default=0.25)
random_state	난수 고정
stratify	층화 추출(목표 레이블 비율에 맞게 데이터 분할, default=None)

- 실습은 사이킷런에서 제공하는 iris 데이터를 사용한다. shape 메소드를 사용하여 분할 전 독립변수의 구조를 파악한다. 150행에 4개의 열을 가지고 있다.

Code

```
from sklearn.datasets import load_iris
iris=load_iris()
iris.data.shape
```

```
(150, 4)
```

- train_test_split( ) 클래스는 독립변수와 종속변수를 각 4개의 데이터로 분할하여 반환한다. 훈련 데이터의 독립변수, 평가 데이터의 독립변수, 훈련 데이터의 종속변수, 평가 데이터의 종속변수로 분할한다. 일반적으로 독립변수는 대문자 X, 종속변수는 소문자 y로 표시한다.
- test_size는 평가 데이터의 크기이며 기본값은 0.25이다.
- random_state는 매번 데이터 분할 결과가 달라지는 것을 방지하기 위해 난수를 고정하기 위한 것이다.
- stratify를 사용하는 이유는, 분류인 경우 종속변수 데이터의 비율을 한 쪽에만 쏠려서 학습하지 않도록 층화 추출을 하기 위함이다. 본 실습에서는 사용하지 않는다.

Code

```
from sklearn.model_selection import train_test_split
X_train, X_test, y_train, y_test=train_test_split(iris.data, iris.target,
test_size=0.3, random_state=1234)
```

• 분할된 데이터의 구조를 파악한다. 학습 데이터 70%, 평가 데이터 30%의 비율로 분할된 것을 확인할 수 있다.

Code

```
print(X_train.shape, X_test.shape, y_train.shape, y_test.shape)
```

```
(105, 4)(45, 4)(105,)(45,)
```

• 각 데이터의 값을 확인한다.

Code

```
X_train[:5]
```

```
array([[4.9, 3.1, 1.5, 0.1],
       [5.8, 2.8, 5.1, 2.4],
       [6.7, 3. , 5.2, 2.3],
       [7.7, 3. , 6.1, 2.3],
       [6.7, 3.1, 5.6, 2.4]])
```

```
X_test[:5]
```

```
array([[6.1, 3. , 4.6, 1.4],
       [6.1, 2.9, 4.7, 1.4],
       [6.3, 2.9, 5.6, 1.8],
       [4.6, 3.4, 1.4, 0.3],
       [5.2, 2.7, 3.9, 1.4]])
```

```
y_train[:5]
```

```
array([0, 2, 2, 2, 2])
```

```
y_test[:5]
```

```
array([1, 1, 2, 0, 1])
```

② K-Fold 교차 검증

- K-Fold 교차 검증은 K개의 집합으로 나눈 뒤, 1개는 평가 데이터, K-1개는 훈련 데이터로 사용하는 데이터 분할 기법이다.
- 데이터 분할 시, model_selection 모듈의 KFold( ) 클래스를 사용한다. 각 파라미터에 대한 설명을 참고한다.

[sklearn.model_selection.KFold( )]

파라미터	설명
n_splits	Fold의 수(k 개수, default=5)

- Kfold 객체 생성 후 split( ) 메소드를 통해 데이터를 분할할 수 있다.
- 넘파이의 arrange( ) 함수를 사용하여 10개의 데이터를 생성 후 Kfold 교차 검증을 수행한다. K개의 개수는 5로 지정한다.

Code

```
import numpy as np
X=np.arange(10)
from sklearn.model_selection import KFold
kfold=KFold(n_splits=5)
```

- 반복문을 사용하여 데이터 분할 결과를 확인한다.

Code

```
for train, test in kfold.split(X):
print("train: ", train, "test: ", test)
```

```
train:  [2 3 4 5 6 7 8 9] test:  [0 1]
train:  [0 1 4 5 6 7 8 9] test:  [2 3]
train:  [0 1 2 3 6 7 8 9] test:  [4 5]
train:  [0 1 2 3 4 5 8 9] test:  [6 7]
train:  [0 1 2 3 4 5 6 7] test:  [8 9]
```

3) 모형 평가

가. 모형 평가

① 회귀 모형 평가

- 사이킷런에서는 다양한 모형 평가 클래스를 제공한다. **회귀 모형의 대표적인 평가 지표인 MSE, MAE, MAPE, 결정계수 등을 실습한다.**
- 회귀 모형 평가 시, metrics 모듈의 MSE, MAE, MAPE 클래스를 사용한다. 정확한 클래스명은 아래 표를 참고한다.

[sklearn.metrics]

평가 지표	설명
MSE	metrics.mean_squared_error(실제값, 예측값)
MAE	metrics.mean_absolute_error(실제값, 예측값)
MAPE	metrics.mean_absolute_percentage_error(실제값, 예측값)

- 실습은 넘파이에서 제공하는 랜덤의 데이터를 생성하는 random.randome_sample() 메소드를 사용한다.
- 다음과 같이 동일 모듈에 포함된 클래스는 한꺼번에 임포트할 수 있으며, random.seed() 메소드는 난수 값을 고정하기 위함이다.

Code

```
from sklearn.metrics import mean_squared_error, mean_absolute_error,
mean_absolute_percentage_error
import numpy as np
np.random.seed(1111)
```

- 실제값은 y_true, 예측값은 y_pred 변수에 할당한다. 각 5개의 데이터를 생성한다.

Code

```
y_true=np.random.random_sample(5)
print(y_true)
```

```
[0.63914517 0.63737456 0.61087429 0.93001855 0.81649992]
```

```
y_pred=np.random.random_sample(5)
print(y_pred)
```

```
[0.76942493 0.08540093 0.66500273 0.71169585 0.88733419]
```

- MSE, MAE, MAPE 값을 통해 모형을 평가한다.

Code

```
mse=mean_squared_error(y_true, y_pred)
print(mse)
```

```
0.07545197933237889
```

```
mae=mean_absolute_error(y_true, y_pred)
print(mae)
```

```
0.20510776099857836
```

```
mape=mean_absolute_percentage_error(y_true, y_pred)
print(mape)
```

```
0.2959916770946379
```

② 분류 모형 평가

- **분류 모형의 대표적인 평가 지표인 혼동행렬, 정확도, 재현율, 정밀도, f1-score, ROC, AUC 등을 실습한다.**
- 혼동행렬은 metrics 모듈의 confusion_matrix 클래스를 사용한다.

[sklearn.metrics.confusion_matrix( )]

파라미터	설명
y_true	실제값
y_pred	예측값

• 임의의 실습 데이터를 생성한 후 혼동행렬을 생성한다.

Code

```
from sklearn.metrics import confusion_matrix
y_true=[0, 0, 0, 1, 1, 1]
y_pred=[0, 1, 0, 1, 1, 1]
confusion_matrix(y_true, y_pred)
```

```
array([[2, 1],
       [0, 3]])
```

• 분류 모형 평가 시, metrics 모듈의 다양한 클래스를 사용한다. 정확한 클래스명은 아래 표를 참고한다.

[sklearn.metrics]

파라미터	설명
정분류율	meterics.accuracy_score(실제값, 예측값)
재현율	meterics.recall_score(실제값, 예측값)
정밀도	meterics.precision_score(실제값, 예측값)
f1-score	meterics.f1_score(실제값, 예측값)
macro f1-score	meterics.f1_score(실제값, 예측값, average='macro')

• 실습 데이터는 혼동행렬 시 생성한 데이터와 동일하며 순서대로 정분류율, 재현율, 정밀도, f1-score 값을 계산한다.

Code

```
from sklearn.metrics import accuracy_score, recall_score, precision_score,
f1_score
y_true=[0, 0, 0, 1, 1, 1]
y_pred=[0, 1, 0, 1, 1, 1]
```

```
accuracy=accuracy_score(y_true, y_pred)
print(accuracy)
```

```
0.8333333333333334
```

```
recall=recall_score(y_true, y_pred)
print(recall)
```

```
0.20510776099857836
```

```
precision=precision_score(y_true, y_pred)
print(precision)
```

```
0.75
```

```
f1=f1_score(y_true, y_pred)
print(f1)
```

```
0.8571428571428571
```

- ROC, AUC 값도 마찬가지로 metrics 모듈 내 roc_curve(), auc() 클래스를 통해 계산할 수 있다. 각 클래스의 파라미터는 아래 표를 참고한다.

[sklearn.metrics]

파라미터	설명
FPR, TPR, 임곗값	metrics.roc_cruve(실제값, 예측값)
auc	metrics.auc(FPR, TPR)

- 실습 데이터는 혼동행렬 시 생성한 데이터와 동일하며 순서대로 ROC, AUC 값을 계산한다. roc_curve() 메소드는 FPR, TPR, 임곗값을 반환하므로 그 값을 auc() 메소드의 인자값으로 사용한다.

Code

```
from sklearn.metrics import roc_curve, auc
y_true=[0, 0, 0, 1, 1, 1]
y_pred=[0, 1, 0, 1, 1, 1]
fpr, tpr, thresholds=roc_curve(y_true, y_pred)
AUC=auc(fpr, tpr)
print(AUC)
```

```
0.8333333333333334
```

2 지도학습 모형

지도학습 모델링을 수행할 때, 사이킷런 라이브러리를 이용하면 통일된 형식으로 비교적 간단하게 수행할 수 있나는 장점이 있다. **각 모형별 모듈 및 클래스명과 모형별 파라미터 값들이 어떤 역할을 하는지 알아 두는 것이 중요하다.**

1) 회귀분석

가. 회귀분석

① 선형회귀분석(Linear Regression Analysis)

- 선형회귀분석은 종속변수가 연속형 데이터일 때 수행하는 회귀분석이다.
- 하나의 독립변수가 종속변수에 미치는 영향을 모형화하는 것은 단순 회귀분석이고, 두 개 이상의 독립변수가 종속변수에 미치는 영향을 모형화하는 것은 다중 회귀분석이다.
- **선형회귀분석은 linear_model 모듈의 LinearRegression 클래스를 사용한다.** 각 클래스의 파라미터는 아래 표를 참고한다.

[sklearn.linear_model.LinearRegression( )]

파라미터	설명
X	학습 데이터
y	목푯값

- 릿지 회귀분석과 라쏘 회귀분석은 같은 inear_model 모듈 아래 Ridge(), Lasso() 클래스를 사용한다. 본 수험서에는 단순, 다중, 로지스틱 회귀분석 실습만을 진행한다.

클래스	설명
Ridge	릿지 회귀 alpha : 규제 강도를 제어하는 L2항에 곱하는 상수(default=1.0)
Lasso	라쏘 회귀 alpha : 규제 강도를 제어하는 L1항에 곱하는 상수(default=1.0)

- 첫 번째 회귀분석 실습은 단순 선형회귀분석이다. **모델링의 전체적인 맥락에 대한 이해를 돕기 위해 첫 실습은 시각화 및 절차에 대한 자세한 설명을 덧붙인다.**
- 실습 파일은 제공된 'P2_C2_01_linearregression.csv' 파일이다. 공부 시간에 따른 시험 점수를 예측하는 회귀분석을 수행한다.
- 필요한 라이브러리를 임포트 한 뒤, 실습 데이터를 불러온다.

Code

```
import matplotlib.pyplot as plt
import pandas as pd
dataset=pd.read_csv('/content/drive/MyDrive/Colab
Notebooks/P2_C2_01_linearregression.csv')
```

- head(), shape 메소드를 사용하여 데이터를 확인한다. 독립변수인 'hour' 컬럼과 종속변수인 'score' 컬럼이 있으며, 24행의 데이터를 가지고 있다.

Code

```
dataset.head()
```

	hour	score
0	0.4	5
1	0.6	10
2	1.9	12
3	1.7	14
4	2.8	30

```
dataset.shape
```

```
(24, 2)
```

- 데이터 분할과 모델링을 위해 독립변수와 종속변수를 분리한다. iloc 메소드를 사용하여 마지막 컬럼을 제외한 모든 변수를 독립변수에 할당하고 마지막 컬럼은 종속변수에 할당한다.
- train_test_split() 클래스를 사용하여 훈련 데이터와 평가 데이터를 8:2의 비율로 분할한다.

Code

```
X=dataset.iloc[:, :-1].values
y=dataset.iloc[:, -1].values
from sklearn.model_selection import train_test_split
X_train, X_test, y_train, y_test=train_test_split(X, y, test_size=0.2,
random_state=1234)
```

• 분할된 데이터를 확인한다.

Code

```
X[:5], len(X)
```

```
(array([[0.4],
       [0.6],
       [1.9],
       [1.7],
       [2.8]]), 24)
```

```
X_train[:5], len(X_train)
```

```
(array([[7.2],
       [2.9],
       [2.8],
       [0.4],
       [3.8]]), 19)
```

```
X_test, len(X_test)
```

```
(array([[3.5],
       [6.2],
       [1.9],
       [1.7],
       [0.6]]), 5)
```

```
y, len(y)
```

```
(array([5,  10,  12,  14,  30,  20,  30,  42,  38,  48,  55,  58,  60,
        72,  62,  68,  72,  58,  76,  86,  90,  97,  98, 100]), 24)
```

```
y_train, len(y_train)
```

```
(array([76,  20,  30,   5,  38,  72,  97,  55,  98,  90,  62,  58,  48,
        58, 100,  60,  30,  86,  68]), 19)
```

```
y_test, len(y_test)
```

```
(array([42, 72, 12, 14, 10]), 5)
```

- 선형회귀분석은 linear_model 모듈에서 제공하는 LinearRegression 클래스를 사용한다. 객체를 생성한 후 fit() 함수로 훈련 데이터를 적합한다.

Code

```
from sklearn.linear_model import LinearRegression
model=LinearRegression()
model.fit(X_train, y_train)
```

- 훈련 데이터와 훈련 데이터를 기반으로 생성한 회귀선(모델)을 시각화한다. 산점도와 선 그래프를 사용한다.

Code

```
plt.scatter(X_train, y_train, color='blue')
plt.plot(X_train, model.predict(X_train), color='green')
plt.title('Score by hours(train data)')
plt.xlabel('hours')
plt.ylabel('score')
plt.show()
```

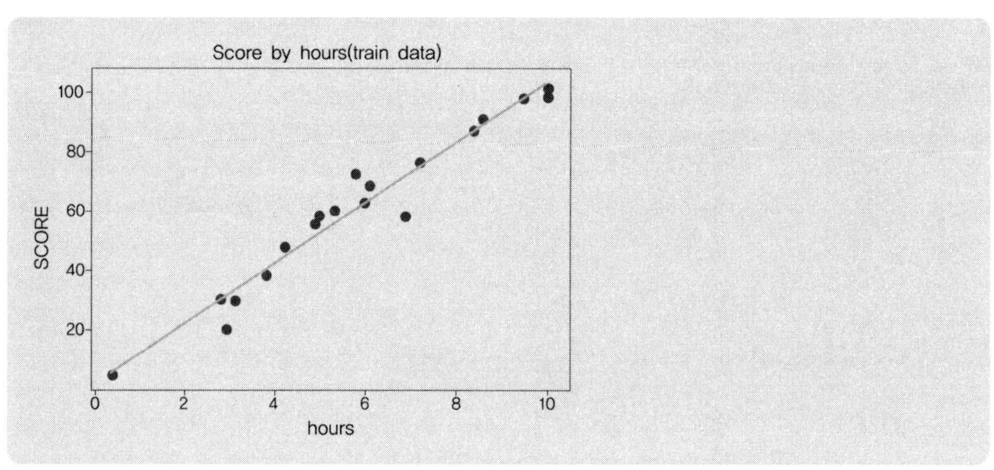

• 모델이 평가 데이터를 어느 정도 예측하는지 그래프로 시각화한다.

Code

```
plt.scatter(X_test, y_test, color='blue')
plt.plot(X_train, model.predict(X_train), color='green')
plt.title('Score by hours(test data)')
plt.xlabel('hours')
plt.ylabel('score')
plt.show()
```

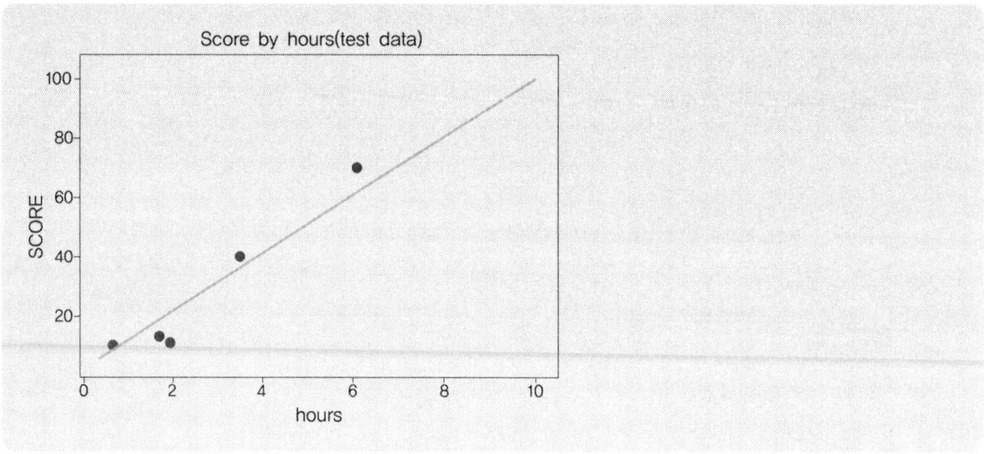

• predict() 함수를 사용하여 생성된 모형에 임의의 데이터를 넣어 점수를 예측한다. 주의해야 할 것은 독립변수는 2차원이므로 2차원 형태로 데이터를 입력해야 한다.

Code

```
print('6시간 공부했을 때 예상 점수 : ', model.predict([[6]]))
```

```
6시간 공부했을 때 예상 점수 : [62.21350273]
```

- 생성된 모형의 회귀계수와 절편 값을 계산할 수 있다. coef_, intercept_ 메소드를 사용한다.
- 산출된 값을 통해 회귀선을 y=10.018 * x + 2.104의 식으로 추정할 수 있다.

Code

```
model.coef_
```

```
array([10.01824252])
```

```
model.intercept_
```

```
2.1040476345946857
```

- 모형 평가를 위해서 평가 데이터의 예측값을 y_pred 변수에 할당한다.

Code

```
y_pred=model.predict(X_test)
y_pred
```

```
array([37.16789644, 64.21715123, 21.13870841, 19.13505991,  8.11499314])
```

- mse, mae, mape 값을 계산한다. metrics 모듈에서 제공하는 각 클래스를 사용한다.

Code

```
from sklearn.metrics import mean_squared_error, mean_absolute_error,
mean_absolute_percentage_error
mse=mean_squared_error(y_test, y_pred)
mae=mean_absolute_error(y_test, y_pred)
mape=mean_absolute_percentage_error(y_test, y_pred)
print(mse, mae, mape)
```

```
39.47200848482503 5.754745502628227 0.30799898406531423
```

- score() 메소드를 통해 결정계수를 산출한다. 이 결과는 무조건 높다고 해서 좋은 모형은 아니며, 분석 분야에 따라 다양한 지표들을 분석한 후 판단해야 한다.

Code

```
model.score(X_test, y_test)
```

```
0.9316620351717018
```

- **두 번째 회귀분석 실습은 다중 선형회귀분석이다.**
- 실습 파일은 사이킷런에서 제공하는 'diabetes' 데이터를 사용한다. 'diabetes' 데이터는 당뇨병에 대한 데이터이며, 회귀 문제에 자주 사용되는 데이터이다.
- 필요한 라이브러리를 임포트 한 뒤, 실습 데이터를 불러온다.
- 데이터 프레임 형식으로 변환한 뒤, 데이터를 확인한다.

Code

```
from sklearn.datasets import load_diabetes
import pandas as pd
diabetes=load_diabetes()
data=pd.DataFrame(diabetes.data, columns =diabetes.feature_names)
data.head()
```

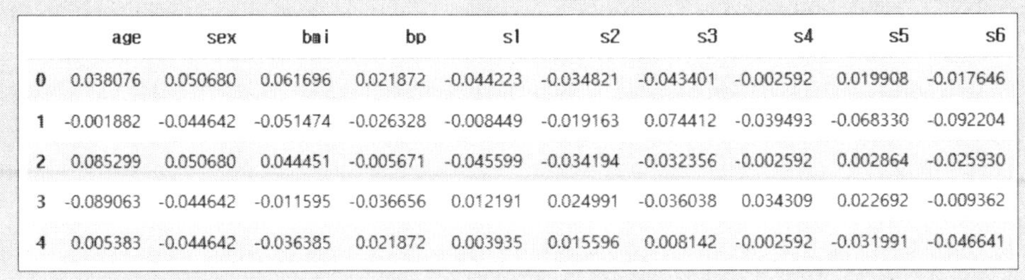

	age	sex	bmi	bp	s1	s2	s3	s4	s5	s6
0	0.038076	0.050680	0.061696	0.021872	-0.044223	-0.034821	-0.043401	-0.002592	0.019908	-0.017646
1	-0.001882	-0.044642	-0.051474	-0.026328	-0.008449	-0.019163	0.074412	-0.039493	-0.068330	-0.092204
2	0.085299	0.050680	0.044451	-0.005671	-0.045599	-0.034194	-0.032356	-0.002592	0.002864	-0.025930
3	-0.089063	-0.044642	-0.011595	-0.036656	0.012191	0.024991	-0.036038	0.034309	0.022692	-0.009362
4	0.005383	-0.044642	-0.036385	0.021872	0.003935	0.015596	0.008142	-0.002592	-0.031991	-0.046641

- 선형회귀분석 객체를 생성한 후, 데이터의 종속변수 값을 가지고 있는 target 메소드를 사용하여 종속변수를 할당한다.
- fit() 메소드를 통해 데이터를 적합한다. 본 실습에서 데이터 분할은 수행하지 않는다.

Code

```
from sklearn.linear_model import LinearRegression
model=LinearRegression()
target=diabetes.target
X=data
y=target
model.fit(X,y)
```

```
LinearRegression()
```

• 모델의 회귀계수와 절편값을 확인한다. 다중회귀분석이므로 여러 개의 매개변수 값이 반환된다.

Code

```
print(model.coef_)
```

```
[ -10.01219782 -239.81908937  519.83978679  324.39042769 -792.18416163
  476.74583782  101.04457032  177.06417623  751.27932109   67.62538639]
```

```
print(model.intercept_)
```

```
152.1334841628965
```

• score() 메소드를 통해 결정계수를 산출한다. 이 결과는 무조건 높다고 해서 좋은 모형은 아니며, 분석 분야에 따라 다양한 지표들을 분석한 후 판단해야 한다.

Code

```
model.score(X, y)
```

```
0.5177494254132934
```

② **로지스틱회귀분석(Logistic Regression Analysis)**

- 로지스틱회귀분석은 종속변수가 범주형 데이터일 때 수행하는 회귀분석이다.
- **로지스틱회귀분석은 linear_model 모듈의 LogisticRegression 클래스를 사용한다.** 각 클래스의 파라미터는 아래 표를 참고한다.

[sklearn.linear_model.LogisticRegression( )]

파라미터	설명
penalty	– 'none' : 규제항 추가하지 않음. – 'L2' : L2 규제항 추가(default) – 'L1' : L1 규제항 추가
C	규제 강도(default=1.0) : 적을수록 규제가 강함.
multi_class	– 'auto' : 종속변수의 레이블에 따라 자동으로 선택 – 'ovr' : 이진분류 – 'multionmail' : 다지분류
max_iter	수렴할 때까지 걸리는 최대 반복 횟수(default=100)

- penalty는 규제의 유형을 설정하며 L2로 설정 시, L2 규제를 L1로 설정 시, L1 규제를 뜻한다. 기본값은 L2 규제이다.
- C는 규제의 강도를 조절하는 값으로 기본값은 1.0이다. C의 값이 적을수록 규제가 강하다.
- max_iter는 수렴할 때까지 걸리는 최대 반복 횟수로 기본값은 100이다.
- 실습은 사이킷런에서 제공하는 iris 데이터를 사용한다. 필요한 라이브러리를 임포트한 후 학습데이터와 평가 데이터를 8:2 층화 추출 방식으로 분할한다. 데이터 분할 결과를 확인하면 8:2의 비율로 잘 분할된 것을 확인할 수 있다.

Code

```
from sklearn.datasets import load_iris
from sklearn.linear_model import LogisticRegression
from sklearn.model_selection import train_test_split
iris=load_iris()
X_train, X_test, y_train, y_test=train_test_split
(iris.data, iris.target, test_size=0.2, random_state=1234,
stratify=iris.target)
print(X_train.shape, X_test.shape, y_train.shape, y_test.shape)
```

```
(120, 4)(30, 4)(120,)(30,)
```

- 모형의 성능을 비교하기 위해 2개의 모델을 생성한다. 첫 번째 모델은 하이퍼파라미터를 임의의 값으로 조정하였고, 두 번째 모델은 기본 모형을 사용하였다.

Code

```
model_1=LogisticRegression(C=0.05, max_iter=100)
model_glm_1=model_1.fit(X_train, y_train)
model_2=LogisticRegression()
model_glm_2=model_2.fit(X_train, y_train)
```

- macro f1-score를 사용하여 각 모델을 평가한다. 각 모델에 대한 예측값을 구하기 위해 predict( ) 함수를 사용한다.
- macro f1-score는 metrics 모듈 내 f1_score( ) 클래스를 사용하되, average 옵션 값을 'macro'로 지정한다.

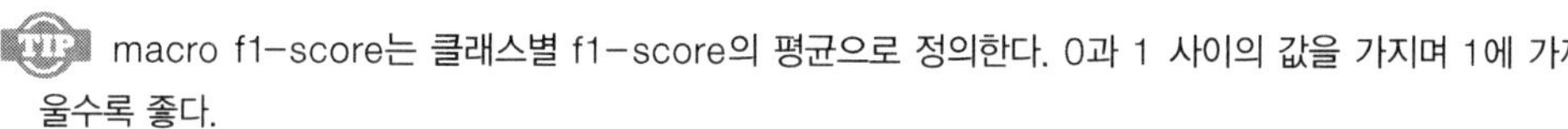

TIP macro f1-score는 클래스별 f1-score의 평균으로 정의한다. 0과 1 사이의 값을 가지며 1에 가까울수록 좋다.

Code

```
from sklearn.metrics import f1_score
y_pred_1=model_glm_1.predict(X_test)
y_pred_2=model_glm_2.predict(X_test)
macro_f1_1=f1_score(y_test, y_pred_1, average="macro")
macro_f1_2=f1_score(y_test, y_pred_2, average="macro")
print(macro_f1_1,macro_f1_2)
```

```
0.8653198653198654 0.9333333333333332
```

- macro f1-score를 계산한 결과 첫 번째 모형보다 두 번째 모형의 지표가 더 높다. 이 결과는 무조건 높다고 해서 좋은 모형은 아니며, 분석 분야에 따라 다양한 지표들을 분석한 후 판단해야 한다.

2) 의사결정나무

가. 의사결정나무

① 의사결정나무(Decision Tree)

- 의사결정나무는 나무 모양에 기인하여 데이터를 분류하거나 예측하는 모델이다.
- **분류 의사결정나무는 tree 모듈의 DecisionTreeClassifier 클래스를 사용한다.** 각 클래스의 파라미터는 아래 표를 참고한다.

[sklearn.tree.DecisionTreeClassifier( )]

파라미터	설명
criterion	분할기준 'gini'(default)/'entropy'/'log_loss'
max_dapth	나무 최대 깊이(default=None)
min_samples_leat	리프 노드에 있어야 하는 최소 샘플 개수(default=2)
min_samples_split	자식 노드를 분할하기 위한 최소 샘플 개수(default=2)

- criterion는 나무의 분할기준을 의미한다. 기본값은 지니지수인 gini이다.
- max_depth는 나무 최대 깊이를 지정한다.
- min_samples_leaf, min_samples_split는 각 리프 노드에 있어야 하는 최소 샘플 개수와 자식 노드를 분할하기 위한 최소 샘플 개수이다. 기본값은 2이다.
- 실습은 사이킷런에서 제공하는 iris 데이터를 사용한다. 필요한 라이브러리를 임포트한 후 학습 데이터와 평가 데이터를 8:2 층화 추출 방식으로 분할한다. 데이터 분할 결과를 확인하면 8:2의 비율로 잘 분할된 것을 확인할 수 있다.

Code

```
from sklearn.tree import DecisionTreeClassifier
from sklearn.model_selection import train_test_split
from sklearn.datasets import load_iris
> > iris=load_iris()
X_train, X_test, y_train, y_test=train_test_split(iris.data, iris.target,
test_size=0.2, random_state=1234, stratify=iris.target)
```

- 모형의 성능을 비교하기 위해 2개의 모델을 생성한다. 첫 번째 모델은 기본 모형을 사용하였고, 두 번째 모델은 하이퍼파라미터를 임의의 값으로 조정하였다.

```
model_1=DecisionTreeClassifier()
model_dt_1=model_1.fit(X_train, y_train)
model_2=DecisionTreeClassifier(max_depth =4, min_samples_leaf=5,
random_state=1234)
model_dt_2=model_2.fit(X_train, y_train)
```


- macro f1-score를 사용하여 각 모델을 평가한다. 각 모델에 대한 예측값을 구하기 위해 predict() 함수를 사용한다.
- macro f1-score는 metrics 모듈 내 f1_score() 클래스를 사용하되, average 옵션 값을 'macro'로 지정한다.

```
from sklearn.metrics import f1_score
y_pred_1=model_dt_1.predict(X_test)
y_pred_2=model_dt_2.predict(X_test)
macro_f1_1=f1_score(y_test, y_pred_1, average="macro")
macro_f1_2=f1_score(y_test, y_pred_2, average="macro")
print(macro_f1_1,macro_f1_2)
```

```
0.9333333333333332 0.9665831244778613
```

- macro f1-score를 계산한 결과 첫 번째 모형보다 두 번째 모형의 지표가 더 높다. 이 결과는 무조건 높다고 해서 좋은 모형은 아니며, 분석 분야에 따라 다양한 지표들을 분석한 후 판단해야 한다.
- **회귀 의사결정나무는 tree 모듈의 DecisionTreeRegressor 클래스를 사용한다.** 각 클래스의 파라미터는 아래 표를 참고한다.

[sklearn.tree.DecisionTreeRegressor()]

파라미터	설명
criterion	분할기준 'squared_error' : L2 손실을 최소화(default) 'absolute_error' : L1 손실을 최소화
max_dapth	나무 최대 깊이(default=None)
min_samples_leat	리프 노드에 있어야 하는 최소 샘플 개수(default=2)
min_samples_split	자식 노드를 분할하기 위한 최소 샘플 개수(default=2)

• criterion는 나무의 분할기준을 의미한다. 기본값은 L2 규제인 'squared_error'이다.

• max_depth는 나무 최대 깊이를 지정한다.

• min_samples_leaf, min_samples_split는 각 리프 노드에 있어야 하는 최소 샘플 개수와 자식 노드를 분할하기 위한 최소 샘플 개수이다. 기본값은 2이다.

• 실습은 사이킷런에서 제공하는 diabetes 데이터를 사용한다. 필요한 라이브러리를 임포트한 후 학습 데이터와 평가 데이터를 8:2 비율로 분할한다.

Code

```
from sklearn.tree import DecisionTreeRegressor
from sklearn.model_selection import train_test_split
from sklearn.datasets import load_diabetes
diabetes=load_diabetes()
X_train, X_test, y_train, y_test=train_test_split(diabetes.data,
diabetes.target, test_size=0.2, random_state=1234)
```

• 모형의 성능을 비교하기 위해 2개의 모델을 생성한다. 첫 번째 모델은 기본 모형을 사용하였고, 두 번째 모델은 하이퍼파라미터를 임의의 값으로 조정하였다.

Code

```
model_1=DecisionTreeRegressor()
model_dtr_1=model_1.fit(X_train, y_train)
model_2=model_1=DecisionTreeRegressor(max_depth =4,
min_samples_leaf=5, random_state=1234)
model_dtr_2=model_2.fit(X_train, y_train)
```

• 모형 평가를 위해서 평가 데이터의 예측값을 y_pred 변수에 할당한다.

Code

```
from sklearn.metrics import mean_absolute_error
y_pred_1=model_dtr_1.predict(X_test)
y_pred_2=model_dtr_2.predict(X_test)
```

• 각 모형의 mae 값을 계산한다. 첫 번째 모형보다 두 번째 모형의 mae 값이 더 낮다. 이 결과는 무조건 낮다고 해서 좋은 모형은 아니며, 분석 분야에 따라 다양한 지표들을 분석한 후 판단해야 한다.

Code

```
mae_1=mean_absolute_error(y_test, y_pred_1)
mae_2=mean_absolute_error(y_test, y_pred_2)
print(mae_1, mae_2)
```

```
61.80898876404494 52.47961517371391
```


3) 서포트벡터머신

가. 서포트벡터머신

① 서포트벡터머신(Support Vector Machine)

- 서포트벡터머신은 최적의 분리 초평면(Hyperplane)을 찾아서 데이터를 분류하거나 예측하는 모델이다. 마진을 최대화하는 결정경계를 데이터를 분류하며 오차의 허용범위에 따라 하드마진과 소프트마진이 있다.
- 서포트벡터머신 실습은 이진 분류, 다지 분류, 회귀를 수행한다.
- **이진 분류 서포트벡터머신은 svm 모듈의 SVC 클래스를 사용한다.** 각 클래스의 파라미터는 아래 표를 참고한다.

[sklearn.svm.SVC( )]

파라미터	설명
C	Error를 어느 정도 허용할 것인지 조정 C가 크면 Hard Margin, C가 작으면 Soft Margin(default=1.0)
kernel	커널 유형 'rdf'(default), 'linear', 'poly', 'sigmoid'
gamma	결정경계의 곡률(초평면의 기울기) (default='scale'=1/(데이터 차원*분산)

- C는 규제화 매개변수로 오차를 어느 정도로 허용할 것인지 조정한다. C의 값이 크면 하드마진이며, C의 값이 작으면 소프트마진이다. C 값이 너무 크게 되면 과대적합을 유발할 수 있다.
- kernel은 커널의 유형으로 기본값은 'rbf' 커널이다.

 서포트벡터머신에서 사용하는 커널은 다음과 같다.

종류	설명
선형 커널	기본 유형, 1차원이며 다른 함수보다 속도가 빠름.
다항 커널	선형 커널의 일반화된 커널, 자주 사용되지 않음.
가우시안 커널	일반적으로 사용되는 커널, 주로 데이터에 대한 사전 지식이 없을 때 사용
가우시안 RBF 커널	가장 많이 사용되는 커널
시그모이드 커널	인공신경망에서 선호되는 커널, 다층 퍼셉트론 모델과 유사

- gamma는 결정경계의 기울기를 의미한다.
- 실습은 사이킷런에서 제공하는 breast_cancer 데이터를 사용한다. breast_cancer 데이터는 유방암에 관련된 데이터이며, 분류 문제에서 자주 사용되는 데이터이다. 필요한 라이브러리를 임포트한 후 학습 데이터와 평가 데이터를 8:2 층화 추출 방식으로 분할한다.

Code

```
from sklearn.svm import SVC
from sklearn.model_selection import train_test_split
from sklearn.datasets import load_breast_cancer
breast_cancer=load_breast_cancer()
X_train, X_test, y_train, y_test=train_test_split(breast_cancer.data,
breast_cancer.target, test_size=0.2, random_state=1234,
stratify=breast_cancer.target)
```

- 모형의 성능을 비교하기 위해 2개의 모델을 생성한다. C 값은 동일하되 커널의 종류를 다르게 하였다.
- 확률값을 반환하는 predict_proba() 메소드를 사용하기 위하여 probability=True 옵션값을 지정하였다.

Code

```
svm_1=SVC(kernel='linear', C=0.5, probability=True)
model_svm_1=svm_1.fit(X_train, y_train)
svm_2=SVC(kernel='rbf', C=0.5,probability=True )
model_svm_2=svm_2.fit(X_train, y_train)
```

• predict_proba() 메소드는 각 클래스에 대한 확률값을 반환한다. 확률이기 때문에 출력값은 항상 0과 1 사이의 값이며, 두 클래스에 대한 확률의 합은 1이다.
• 각 행의 첫 번째 원소는 첫 번째 클래스의 예측 확률이고, 두 번째 원소는 두 번째 클래스의 예측 확률이므로 두 번째 클래스에 속할 확률만 추출한다.

Code
```
from sklearn.metrics import roc_curve, auc
y_pred_1=model_svm_1.predict_proba(X_test)[:,1]
y_pred_2=model_svm_2.predict_proba(X_test)[:,1]
```

• roc, auc 값을 계산하여 모형을 평가한다.
• metrics 모듈 내 roc_curve(), auc() 클래스를 사용한다.

Code
```
fpr_1, tpr_1, thresholds_1=roc_curve(y_test, y_pred_1)
fpr_2, tpr_2, thresholds_2=roc_curve(y_test, y_pred_2)
AUC_1=auc(fpr_1, tpr_1)
AUC_2=auc(fpr_2, tpr_2)
print(AUC_1, AUC_2)
```

```
0.9831349206349206 0.9718915343915344
```

• auc를 계산한 결과 두 번째 모형보다 첫 번째 모형의 지표가 더 높다. 이 결과는 무조건 높다고 해서 좋은 모형은 아니며, 분석 분야에 따라 다양한 지표들을 분석한 후 판단해야 한다.
• **다지분류 서포트벡터머신은 svm 모듈의 LinearSVC 클래스를 사용한다.** 각 클래스의 파라미터는 아래 표를 참고한다.

[sklearn.svm.LinearSVC()]

파라미터	설명
C	Error를 어느 정도 허용할 것인지 조정 C가 크면 Hard Margin, C가 작으면 Soft Margin(default=1.0)

• C는 규제화 매개변수로 오차를 어느 정도로 허용할 것인지 조정한다. C의 값이 크면 하드마진이며, C의 값이 작으면 소프트마진이다. C 값이 너무 크게 되면 과대적합을 유발할 수 있다.

• 실습은 사이킷런에서 제공하는 iris 데이터를 사용한다. 필요한 라이브러리를 임포트한 후 학습 데이터와 평가 데이터를 8:2 층화 추출 방식으로 분할한다.

Code

```
from sklearn.svm import LinearSVC
from sklearn.model_selection import train_test_split
from sklearn.datasets import load_iris
iris=load_iris()
X_train, X_test, y_train, y_test=train_test_split(iris.data, iris.target,
test_size=0.2, random_state=1234, stratify=iris.target)
```

• 모델 객체 생성 후, fit() 메소드를 통해 데이터에 적합한다. C 값은 0.05로 지정한다.

Code

```
svm_multi=LinearSVC(C=0.05)
model_svm_multi=svm_multi.fit(X_train, y_train)
```

• macro f1-score를 사용하여 모델을 평가한다. 모델에 대한 예측값을 구하기 위해 predict() 함수를 사용한다.

• macro f1-score는 metrics 모듈 내 f1_score() 클래스를 사용하되, average 옵션 값을 'macro'로 지정한다.

Code

```
from sklearn.metrics import f1_score
y_pred=model_svm_multi.predict(X_test)
macro_f1=f1_score(y_test, y_pred, average="macro")
print(macro_f1)
```

```
0.8976982097186701
```

• macro f1-score를 계산한 결과 0.897 정도 나왔다. 이 결과는 무조건 높다고 해서 좋은 모형은 아니며, 분석 분야에 따라 다양한 지표들을 분석한 후 판단해야 한다.

- **회귀 서포트벡터머신은 svm 모듈의 SVR, LinearSVR 클래스**를 사용한다. 각 클래스의 파라미터는 아래 표를 참고한다.

[sklearn.svm.SVR( )]

파라미터	설명
C	Error를 어느 정도 허용할 것인지 조정 C가 크면 Hard Margin, C가 작으면 Soft Margin(default=1.0)
Epsilon	엡실론 값(default=1.0)
kernel	커널 유형 'rdf'(default), 'linear', 'poly', 'sigmoid'
gamma	결정경계의 곡률(초평면의 기울기) (default='scale'=1/(데이터 차원*분산)

[sklearn.svm.SVR( )]

파라미터	설명
C	Error를 어느 정도 허용할 것인지 조정 C가 크면 Hard Margin, C가 작으면 Soft Margin(default=1.0)
loss	손실함수 'epsilon_insentive' : L1 손실 'squared_epsilon_insentive' : L2 손실

- 실습은 사이킷런에서 제공하는 diabetes 데이터를 사용한다. 필요한 라이브러리를 임포트한 후 학습 데이터와 평가 데이터를 8:2 비율로 분할한다.

Code

```
from sklearn.svm import SVR, LinearSVR
from sklearn.model_selection import train_test_split
from sklearn.datasets import load_diabetes
diabetes=load_diabetes()
X_train, X_test, y_train, y_test=train_test_split(diabetes.data,
diabetes.target, test_size=0.2, random_state=1234)
```

- 모형의 성능을 비교하기 위해 2개의 모델을 생성한다. 첫 번째 모델은 SVR( ) 클래스로 모형을 생성하였고, 두 번째 모델은 LinearSVR( ) 클래스로 모형을 생성한다. C 값은 0.05로 지정한다.

Code

```
svm_svr=SVR(C=0.05)
model_svm_svr=svm_svr.fit(X_train, y_train)
svm_svr_lr=LinearSVR(C=0.05)
model_svm_svr_lr=svm_svr_lr.fit(X_train, y_train)
```

• 모형 평가를 위해서 각 모형의 평가 데이터의 예측값을 y_pred 변수에 할당한다.

Code

```
from sklearn.metrics import mean_absolute_error
y_pred_1=model_svm_svr.predict(X_test)
y_pred_2=model_svm_svr_lr.predict(X_test)
```

• 각 모형의 mae 값을 계산한다. 첫 번째 모형보다 두 번째 모형의 mae 값이 더 낮다. 이 결과는 무조건 낮다고 해서 좋은 모형은 아니며, 분석 분야에 따라 다양한 지표들을 분석한 후 판단해야 한다.

Code

```
mae_1=mean_absolute_error(y_test, y_pred_1)
mae_2=mean_absolute_error(y_test, y_pred_2)
print(mae_1, mae_2)
```

```
62.86386252711903 133.6762532447888
```

4) 나이브베이즈

가. 나이브베이즈

① 나이브베이즈(Naïve Bayes Classification)

• 베이즈 기법을 이용한 확률적 알고리즘이다. 모든 사건이 독립이라는 가정을 만족해야 한다.

• 나이브베이즈 실습은 이진 분류, 다지 분류, 회귀를 수행한다.

• **이진 분류 나이브베이즈는 naive_bayes 모듈의 BernoulliNB 클래스를 사용한다.** 각 클래스의 파라미터는 아래 표를 참고한다.

[sklearn.naive_bayes.BernoulliNB( )]

파라미터	설명
alpha	평활 모수(default=1.0)

- alpha 값은 평활 모수값이다. 기본값은 1.0이다.
- 실습은 사이킷런에서 제공하는 breast_cancer 데이터를 사용한다. 필요한 라이브러리를 임포트한 후 학습 데이터와 평가 데이터를 8:2 층화 추출 방식으로 분할한다.

Code

```
from sklearn.naive_bayes import BernoulliNB
from sklearn.model_selection import train_test_split
from sklearn.datasets import load_breast_cancer
breast_cancer=load_breast_cancer()
X_train, X_test, y_train, y_test=train_test_split(breast_cancer.data,
breast_cancer.target, test_size=0.2, random_state=1234,
stratify=breast_cancer.target)
```

- 객체를 생성 후, 데이터에 적합한다.

Code

```
nb_B=BernoulliNB()
model_nb_B=nb_B.fit(X_train, y_train)
```

- predict_proba() 메소드는 각 클래스에 대한 확률값을 반환한다. 확률이기 때문에 출력값은 항상 0과 1 사이의 값이며 두 클래스에 대한 확률의 합은 1이다.
- 각 행의 첫 번째 원소는 첫 번째 클래스의 예측 확률이고, 두 번째 원소는 두 번째 클래스의 예측 확률이므로 두 번째 클래스에 속할 확률만 추출한다.

Code

```
from sklearn.metrics import roc_curve, auc
y_pred=model_nb_B.predict_proba(X_test)[:,1]
```

- roc, auc 값을 계산하여 모형을 평가한다.
- metrics 모듈 내 roc_curve(), auc() 클래스를 사용한다.

Code

```
fpr, tpr, thresholds=roc_curve(y_test, y_pred)
AUC=auc(fpr, tpr)
print(AUC)
```

```
0.5208333333333334
```

- auc를 계산한 결과 0.5208로 다소 낮은 성능값이 나왔다. 이 결과는 무조건 높다고 해서 좋은 모형은 아니며, 분석 분야에 따라 다양한 지표들을 분석한 후 판단해야 한다.
- **다지 분류 나이브베이즈는 naive_bayes 모듈의 MultinomialNB 클래스를 사용한다.** 각 클래스의 파라미터는 아래 표를 참고한다.

[sklearn.naive_bayes.MultinomialNB( )]

파라미터	설명
alpha	평활 모수(default=1.0)

- alpha 값은 평활 모수값이다. 기본값은 1.0이다.
- 실습은 사이킷런에서 제공하는 iris 데이터를 사용한다. 필요한 라이브러리를 임포트한 후 학습 데이터와 평가 데이터를 8:2 층화 추출 방식으로 분할한다.

Code

```
from sklearn.naive_bayes import MultinomialNB
from sklearn.model_selection import train_test_split
from sklearn.datasets import load_iris
iris=load_iris()
X_train, X_test, y_train, y_test=train_test_split(iris.data, iris.target,
test_size=0.2, random_state=1234, stratify=iris.target)
```

- 객체를 생성 후, 데이터에 적합한다.

Code

```
nb_M=MultinomialNB()
model_nb_M=nb_M.fit(X_train, y_train)
```

• macro f1-score를 사용하여 모델을 평가한다. 모델에 대한 예측값을 구하기 위해 predict() 함수를 사용한다.

• macro f1-score는 metrics 모듈 내 f1_score() 클래스를 사용하되, average 옵션 값을 'macro'로 지정한다.

Code

```
from sklearn.metrics import f1_score
y_pred=model_nb_M.predict(X_test)
macro_f1=f1_score(y_test, y_pred, average="macro")
print(macro_f1)
```

```
0.9326599326599326
```

• macro f1-score를 계산한 결과 0.932 정도 나왔다. 이 결과는 무조건 높다고 해서 좋은 모형은 아니며, 분석 분야에 따라 다양한 지표들을 분석한 후 판단해야 한다.

• **회귀 나이브베이즈는 naïve_bayes 모듈의 GaussianNB 클래스를 사용한다.** 각 클래스의 파라미터는 아래 표를 참고한다.

[sklearn.naive_bayes.GaussianNB()]

파라미터	설명
var_smoothing	분산에 추가된 모든 형상의 가장 큰 분산 부분(default=1e-9)

• 실습은 사이킷런에서 제공하는 diabetes 데이터를 사용한다. 필요한 라이브러리를 임포트한 후 학습 데이터와 평가 데이터를 8:2 비율로 분할한다.

Code

```
from sklearn.naive_bayes import GaussianNB
from sklearn.model_selection import train_test_split
from sklearn.datasets import load_diabetes
diabetes=load_diabetes()
X_train, X_test, y_train, y_test=train_test_split(diabetes.data,
diabetes.target, test_size=0.2, random_state=1234)
```

• 객체를 생성 후, 데이터에 적합한다.

Code
```
nb_G=GaussianNB()
model_nb_G=nb_G.fit(X_train, y_train)
```

• 모형 평가를 위해서 모형의 평가 데이터의 예측값을 y_pred 변수에 할당한다.

Code
```
from sklearn.metrics import mean_absolute_error
y_pred=model_nb_G.predict(X_test)
```

• 모형의 mae 값을 계산한다. 이 결과는 무조건 낮다고 해서 좋은 모형은 아니며, 분석 분야에 따라 다양한 지표들을 분석한 후 판단해야 한다.

Code
```
mae=mean_absolute_error(y_test, y_pred)
print(mae)
```

```
53.91011235955056
```

5) K-최근접이웃

가. K-최근접이웃

① K-최근접이웃(K- Nearest Neighbor)

• K-최근접이웃 알고리즘은 거리가 가까운 'k'개의 다른 데이터의 레이블을 참조하여 데이터를 분류하거나 예측하는 모델이다.

• **분류 K-최근접이웃은 neighbors 모듈의 KNeighborsClassifier 클래스를 사용한다.** 각 클래스의 파라미터는 아래 표를 참고한다.

[sklearn.neighbors.KNeighborsClassifier( )]

파라미터	설명
n_neighbors	이웃의 개수(default=5)
weights	가중치 방법 'uniform' : 균일 가중치 'distance' : 거리 역수(더 가까운 이웃이 더 많은 영향을 줌.)

- n_neighbors는 나무의 k, 즉 이웃의 개수이다. 기본값은 5이다.
- weights는 가중치이다. 'uniform'은 균일한 가중치를 부여하며, 'distance'는 더 가까운 이웃에게 더 큰 가중치를 부여하는 방식이다.
- 실습은 사이킷런에서 제공하는 iris 데이터를 사용한다. 필요한 라이브러리를 임포트한 후 학습 데이터와 평가 데이터를 8:2 층화 추출 방식으로 분할한다. 데이터 분할 결과를 확인하면 8:2의 비율로 잘 분할된 것을 확인할 수 있다.

Code

```
from sklearn.neighbors import KNeighborsClassifier
from sklearn.model_selection import train_test_split
from sklearn.datasets import load_iris
iris=load_iris()
X_train, X_test, y_train, y_test=train_test_split(iris.data, iris.target,
test_size=0.2, random_state=1234, stratify=iris.target)
```

- 모형의 성능을 비교하기 위해 2개의 모델을 생성한다. k의 개수와 가중치를 다르게 조정하였다.

Code

```
knn_C_1=KNeighborsClassifier(n_neighbors=5, weights ='uniform')
model_knn_C_1=knn_C_1.fit(X_train, y_train)
knn_C_2=KNeighborsClassifier(n_neighbors=3, weights='distance')
model_knn_C_2=knn_C_2.fit(X_train, y_train)
```

- macro f1-score를 사용하여 각 모델을 평가한다. 각 모델에 대한 예측값을 구하기 위해 predict() 함수를 사용한다.
- macro f1-score는 metrics 모듈 내 f1_score() 클래스를 사용하되, average 옵션 값을 'macro'로 지정한다.

Code

```
from sklearn.metrics import f1_score
y_pred_1=model_knn_C_1.predict(X_test)
y_pred_2=model_knn_C_2.predict(X_test)
macro_f1_1=f1_score(y_test, y_pred_1, average="macro")
macro_f1_2=f1_score(y_test, y_pred_2, average="macro")
print(macro_f1_1, macro_f1_2)
```

```
0.5177494254132934
```

• macro f1-score를 계산한 결과 첫 번째 모형보다 두 번째 모형의 지표가 더 높다. 이 결과는 무조건 높다고 해서 좋은 모형은 아니며, 분석 분야에 따라 다양한 지표들을 분석한 후 판단해야 한다.

• **회귀 K-최근접이웃은 neighbors 모듈의 KNeighborsRegressor 클래스를 사용한다.** 각 클래스의 파라미터는 아래 표를 참고한다.

[sklearn.neighbors.KNeighborsRegressor( )]

파라미터	설명
n_neighbors	이웃의 개수(default=5)
weights	가중치 방법 'uniform' : 균일 가중치 'distance' : 거리 역수(더 가까운 이웃이 더 많은 영향을 줌.)

• n_neighbors는 나무의 k, 즉 이웃의 개수이다. 기본값은 5이다.

• weights는 가중치이다. 'uniform'은 균일한 가중치를 부여하며, 'distance'는 더 가까운 이웃에게 더 큰 가중치를 부여하는 방식이다.

• 실습은 사이킷런에서 제공하는 diabetes 데이터를 사용한다. 필요한 라이브러리를 임포트한 후 학습 데이터와 평가 데이터를 8:2 비율로 분할한다.

Code

```
from sklearn.neighbors import KNeighborsRegressor
from sklearn.model_selection import train_test_split
from sklearn.datasets import load_diabetes
diabetes=load_diabetes()
X_train, X_test, y_train, y_test=train_test_split(diabetes.data,
diabetes.target, test_size=0.2, random_state=1234)
```

• 모형의 성능을 비교하기 위해 2개의 모델을 생성한다. k의 개수와 가중치를 다르게 조정하였다.

Code

```
knn_R_1=KNeighborsRegressor(n_neighbors=5, weights='uniform')
model_knn_R_1=knn_R_1.fit(X_train, y_train)
knn_R_2=KNeighborsRegressor(n_neighbors=3, weights='distance')
model_knn_R_2=knn_R_2.fit(X_train, y_train)
```

• 모형 평가를 위해서 각 모형의 평가 데이터의 예측값을 y_pred 변수에 할당한다.

Code
```
from sklearn.metrics import mean_absolute_error
y_pred_1=model_knn_R_1.predict(X_test)
y_pred_2=model_knn_R_2.predict(X_test)
```

• 각 모형의 mae 값을 계산한다. 첫 번째 모형보다 두 번째 모형의 mae 값이 더 낮다. 이 결과는 무조건 낮다고 해서 좋은 모형은 아니며, 분석 분야에 따라 다양한 지표들을 분석한 후 판단해야 한다.

Code
```
mae_1=mean_absolute_error(y_test, y_pred_1)
mae_2=mean_absolute_error(y_test, y_pred_2)
print(mae_1, mae_2)
```

```
44.2179775280899 42.68115346353407
```

6) 인공신경망

가. 인공신경망

① 인공신경망(Artificial Neural Network)

• 인공신경망은 인간 두뇌의 신경세포인 뉴런을 모방하여 데이터를 분류하거나 예측하는 모델이다.

• **분류 인공신경망은 neural_network 모듈의 MLPClassifier 클래스를 사용한다.** 각 클래스의 파라미터는 아래 표를 참고한다.

[sklearn.neural_network.MLPClassifier( )]

파라미터	설명
hidden_layer_sizes	은닉층 크기(은닉층 수, 뉴런 수)(default=100,))
activation	'relu'(default) 'tanh', 'logistic', 'identify'
solver	'adam'(default) 'sgd', 'lbfgs'
batch_size	수렴할 때까지 걸리는 최대 반복 횟수(default=100)
learning_rate_init	학습률 초깃값(default=0.001)
max_iter	에포크 횟수(default=200)

- hidden_layer_sizes는 은닉층의 크기(은닉층 수, 뉴런 수)이다.
- activation 활성화 함수이다. 'relu'가 기본값이다.
- solver는 매개변수최적화 알고리즘이다. 'adam'이 기본값이다.
- batch_size는 배치의 크기이다. 기본값은 100이다.
- learning_rate_init는 학습률 초깃값으로 기본값은 0.001이다.
- max_iter는 에포크의 횟수를 의미한다. 기본값은 200이다.
- 실습은 사이킷런에서 제공하는 iris 데이터를 사용한다. 필요한 라이브러리를 임포트한 후 학습 데이터와 평가 데이터를 8:2 층화 추출 방식으로 분할한다. 데이터 분할 결과를 확인하면 8:2의 비율로 잘 분할된 것을 확인할 수 있다.

Code

```
from sklearn.neural_network import MLPClassifier
from sklearn.model_selection import train_test_split
from sklearn.datasets import load_iris
iris=load_iris()
X_train, X_test, y_train, y_test=train_test_split(iris.data, iris.target,
 test_size=0.2, random_state=1234, stratify=iris.target)
```

- 모형의 성능을 비교하기 위해 3개의 모델을 생성한다. 첫 번째 모형은 기본 모형, 두 번째와 세 번째 모형은 활성화 함수와 학습 횟수를 다르게 조정하였다.

Code

```
ann_C_1=MLPClassifier()
model_ann_C_1=ann_C_1.fit(X_train, y_train)
ann_C_2=MLPClassifier(activation='relu')
model_ann_C_2=ann_C_2.fit(X_train, y_train)
ann_C_3=MLPClassifier(activation='tanh', max_iter=500)
model_ann_C_3=ann_C_3.fit(X_train, y_train)
```

- macro f1-score를 사용하여 각 모델을 평가한다. 각 모델에 대한 예측값을 구하기 위해 predict() 함수를 사용한다.
- macro f1-score는 metrics 모듈 내 f1_score() 클래스를 사용하되, average 옵션 값을 'macro'로 지정한다.

Code

```
from sklearn.metrics import f1_score
y_pred_1=model_ann_C_1.predict(X_test)
y_pred_2=model_ann_C_2.predict(X_test)
y_pred_3=model_ann_C_3.predict(X_test)
macro_f1_1=f1_score(y_test, y_pred_1, average="macro")
macro_f1_2=f1_score(y_test, y_pred_2, average="macro")
macro_f1_3=f1_score(y_test, y_pred_3, average="macro")
print(macro_f1_1, macro_f1_2, macro_f1_3)
```

```
0.9326599326599326 0.9326599326599326 0.9665831244778613
```

- macro f1 – score를 계산한 결과 세 번째 모형의 지표가 가장 높다. 이 결과는 무조건 높다고 해서 좋은 모형은 아니며, 분석 분야에 따라 다양한 지표들을 분석한 후 판단해야 한다.
- **회귀 인공신경망은 neural_network 모듈의 MLPRegressor 클래스를 사용한다.** 각 클래스의 파라미터는 아래 표를 참고한다.

[sklearn.neural_network.MLPRegressor( )]

파라미터	설명
hidden_layer_sizes	은닉층 크기(은닉층 수, 뉴런 수)(default=100,))
activation	'relu'(default) 'tanh', 'logistic', 'identify'
solver	'adam'(default) 'sgd', 'lbfgs'
batch_size	수렴할 때까지 걸리는 최대 반복 횟수(default=100)
learning_rate_init	학습률 초깃값(default=0.001)
max_iter	에포크 횟수(default=200)

- hidden_layer_sizes는 은닉층의 크기(은닉층 수, 뉴런 수)이다.
- activation 활성화 함수이다. 'relu'가 기본값이다.
- solver는 매개변수최적화 알고리즘이다. 'adam'이 기본값이다.
- batch_size는 배치의 크기이다. 기본값은 100이다.
- learning_rate_init는 학습률 초깃값으로 기본값은 0.001이다.
- max_iter는 에포크의 횟수를 의미한다. 기본값은 200이다.

• 실습은 사이킷런에서 제공하는 diabetes 데이터를 사용한다. 필요한 라이브러리를 임포트한 후 학습 데이터와 평가 데이터를 8:2 비율로 분할한다.

Code

```
from sklearn.neural_network import MLPRegressor
from sklearn.model_selection import train_test_split
from sklearn.datasets import load_diabetes
diabetes=load_diabetes()
X_train, X_test, y_train, y_test=train_test_split(diabetes.data,
diabetes.target, test_size=0.2, random_state=1234)
```

• 모형의 성능을 비교하기 위해 3개의 모델을 생성한다. 첫 번째 모형은 기본 모형, 두 번째와 세 번째 모형은 활성화 함수와 학습 횟수를 다르게 조정하였다.

Code

```
ann_R_1=MLPRegressor()
model_ann_R_1=ann_R_1.fit(X_train, y_train)
ann_R_2=MLPRegressor(activation='relu')
model_ann_R_2=ann_R_2.fit(X_train, y_train)
ann_R_3=MLPRegressor(activation='tanh', max_iter=500)
model_ann_R_3=ann_R_3.fit(X_train, y_train)
```

• 모형 평가를 위해서 각 모형의 평가 데이터의 예측값을 y_pred 변수에 할당한다.

Code

```
from sklearn.metrics import mean_absolute_error
y_pred_1=model_ann_R_1.predict(X_test)
y_pred_2=model_ann_R_2.predict(X_test)
y_pred_3=model_ann_R_3.predict(X_test)
```

• 각 모형의 mae 값을 계산한다. 세 번째 모형의 mae 값이 가장 낮다. 이 결과는 무조건 낮다고 해서 좋은 모형은 아니며, 분석 분야에 따라 다양한 지표들을 분석한 후 판단해야 한다.

Code

```
mae_1=mean_absolute_error(y_test, y_pred_1)
mae_2=mean_absolute_error(y_test, y_pred_2)
mae_3=mean_absolute_error(y_test, y_pred_3)
print(mae_1, mae_2, mae_3)
```

```
131.70062205549252 134.2491516136708 68.19890923064266
```


7) 앙상블

가. 앙상블

① 앙상블(Ensemble Anaysis)

- 앙상블은 여러 개의 학습 모형을 만든 후, 학습 모형을 조합하여 하나의 최종 모형을 생성하는 방법이다.
- 다양한 앙상블 기법이 있지만 본 책에서는 사이킷런에서 지원하는 배깅(Bagging), 에이다부스트(AdaBoost), 랜덤포레스트(Random Forest)와 별도의 패키지에서 사용 가능한 Light GBM 모형을 학습한다.

② 배깅(Bagging)

- **분류 배깅은 ensemble 모듈의 BaggingClassifier 클래스를 사용한다.** 각 클래스의 파라미터는 아래 표를 참고한다.

[sklearn.ensemble.BaggingClassifier()]

파라미터	설명
base_estimator	분류기(default=DecisionTreeClassifier)
n_estimator	분류기의 수(default=10)
max_samples	학습을 위해 추출할 샘플의 수(default=1.0)
max_features	학습을 위해 사용할 컬럼의 수(default=1.0)

- base_estimator는 앙상블 모형에서 사용할 분류기이다. 'DecisionTreeClassifier'가 기본값이다.
- n_estimator는 분류기의 수로 기본값은 10이다.
- 실습은 사이킷런에서 제공하는 iris 데이터를 사용한다. 필요한 라이브러리를 임포트한 후 학습 데이터와 평가 데이터를 8:2 층화추출 방식으로 분할한다. 데이터 분할 결과를 확인하면 8:2의 비율로 잘 분할된 것을 확인할 수 있다.

Code

```
from sklearn.ensemble import BaggingClassifier
from sklearn.model_selection import train_test_split
from sklearn.datasets import load_iris
iris=load_iris()
X_train, X_test, y_train, y_test=train_test_split(iris.data, iris.target, test_
size=0.2, random_state=1234, stratify=iris.target)
```

• 배깅 분류 모형을 하나 생성한다. 분류기의 개수를 30개로 조정하였다.

Code

```
bag_C_1=BaggingClassifier(n_estimators=30, random_state=1234)
model_bag_C_1=bag_C_1.fit(X_train, y_train)
```

• macro f1-score를 사용하여 생성된 모델을 평가한다. 모델에 대한 예측값을 구하기 위해 predict() 함수를 사용한다.

• macro f1-score는 metrics 모듈 내 f1_score() 클래스를 사용하되, average 옵션 값을 'macro'로 지정한다.

Code

```
from sklearn.metrics import f1_score
y_pred_1=model_bag_C_1.predict(X_test)
macro_f1_1=f1_score(y_test, y_pred_1, average="macro")
print(macro_f1_1)
```

```
0.9333333333333332
```

• macro f1-score를 계산한 결과 0.93 정도의 결과가 나왔다. 이 결과는 무조건 높다고 해서 좋은 모형은 아니며, 분석 분야에 따라 다양한 지표들을 분석한 후 판단해야 한다.

• **회귀 배깅은 ensemble 모듈의 BaggingRegressor 클래스를 사용한다.** 각 클래스의 파라미터는 아래 표를 참고한다.

[sklearn.ensemble.BaggingRegressor()]

파라미터	설명
base_estimator	추정기(default=DecisionTreeRegressor)
n_estimator	추정기의 수(default=10)
max_samples	학습을 위해 추출할 샘플의 수(default=1.0)
max_features	학습을 위해 사용할 컬럼의 수(default=1.0)

• base_estimator는 앙상블 모형에서 사용할 분류기이다. 'DecisionTreeRegressor'가 기본값이다.

• n_estimator는 분류기의 수로 기본값은 10이다.

• 실습은 사이킷런에서 제공하는 diabetes 데이터를 사용한다. 필요한 라이브러리를 임포트한 후 학습 데이터와 평가 데이터를 8:2 비율로 분할한다.

Code

```
from sklearn.ensemble import BaggingRegressor
from sklearn.model_selection import train_test_split
from sklearn.datasets import load_diabetes
diabetes=load_diabetes()
X_train, X_test, y_train, y_test=train_test_split(diabetes.data, diabetes.target,
test_size=0.2, random_state=1234)
```

• 모형의 성능을 비교하기 위해 2개의 모델을 생성한다. 분류기의 개수를 다르게 조정하였다.

Code

```
bag_R_1=BaggingRegressor(n_estimators=30, random_state=1234)
model_bag_R_1=bag_R_1.fit(X_train, y_train)
bag_R_2=BaggingRegressor(n_estimators=100, random_state=1234)
model_bag_R_2=bag_R_2.fit(X_train, y_train)
```

• 모형 평가를 위해서 각 모형의 평가 데이터의 예측값을 y_pred 변수에 할당한다.

Code

```
from sklearn.metrics import mean_absolute_error
y_pred_1=model_bag_R_1.predict(X_test)
y_pred_2=model_bag_R_2.predict(X_test)
```

• 각 모형의 mae 값을 계산한다. 두 번째 모형의 mae 값이 더욱 낮다. 이 결과는 무조건 낮다고 해서 좋은 모형은 아니며, 분석 분야에 따라 다양한 지표들을 분석한 후 판단해야 한다.

Code

```
mae_1=mean_absolute_error(y_test, y_pred_1)
mae_2=mean_absolute_error(y_test, y_pred_2)
print(mae_1, mae_2)
```

```
47.622846441947566 45.57943820224719
```

③ 랜덤포레스트(RandomForest)

• **분류 랜덤포레스트는 ensemble 모듈의 RandomForestClassifier 클래스를 사용한다.** 각 클래스의 파라미터는 아래 표를 참고한다.

[sklearn.ensemble.RandomForestClassifier()]

파라미터	설명
n_estimators	트리의 수(default=100)
criterion	분할 기준(default='gini')
max_depth	트리의 깊이(default=None)
max_features	학습을 위해 사용할 컬럼의 수(default='sqrt')
min_sample_leaf	리프 노드에 있어야 하는 최소 샘플 수(default=1)

• n_estimator는 분류기의 수로 기본값은 100이다.

• criterion은 분할 기준으로 기본값은 'gini'이다.

• 실습은 사이킷런에서 제공하는 iris 데이터를 사용한다. 필요한 라이브러리를 임포트한 후 학습 데이터와 평가 데이터를 8:2 층화추출 방식으로 분할한다. 데이터 분할 결과를 확인하면 8:2의 비율로 잘 분할된 것을 확인할 수 있다.

Code

```
from sklearn.ensemble import RandomForestClassifier
from sklearn.model_selection import train_test_split
from sklearn.datasets import load_iris
iris=load_iris()
X_train, X_test, y_train, y_test=train_test_split(iris.data, iris.target, test_
size=0.2, random_state=1234, stratify=iris.target)
```

• 모형의 성능을 비교하기 위해 2개의 모델을 생성한다. 첫 번째 모형은 기본 모형, 두 번째 모형은 분류기의 개수, 최대 깊이, 리프 노드에 있어야 할 최소 샘플 수 등을 다르게 조정하였다.

Code

```
rf_C_1=RandomForestClassifier()
model_rf_C_1=rf_C_1.fit(X_train, y_train)
rf_C_2=RandomForestClassifier(n_estimators=100, max_depth=3,
min_samples_leaf=10, random_state=1111)
model_rf_C_2=rf_C_2.fit(X_train, y_train)
```

• macro f1−score를 사용하여 각 모델을 평가한다. 각 모델에 대한 예측값을 구하기 위해 predict( ) 함수를 사용한다.

• macro f1−score는 metrics 모듈 내 f1_score( ) 클래스를 사용하되, average 옵션 값을 'macro'로 지정한다.

Code

```
from sklearn.metrics import f1_score
y_pred_1=model_rf_C_1.predict(X_test)
y_pred_2=model_rf_C_2.predict(X_test)
macro_f1_1=f1_score(y_test, y_pred_1, average="macro")
macro_f1_2=f1_score(y_test, y_pred_2, average="macro")
print(macro_f1_1, macro_f1_2)
```

```
0.9333333333333332 0.8653198653198654
```

• macro f1−score를 계산한 결과 첫 번째 모형의 지표가 더욱 높다. 이 결과는 무조건 높다고 해서 좋은 모형은 아니며, 분석 분야에 따라 다양한 지표들을 분석한 후 판단해야 한다.

• **회귀 랜덤포레스트는 ensemble 모듈의 RandomForestRegressor 클래스를 사용한다.** 각 클래스의 파라미터는 아래 표를 참고한다.

[sklearn.ensemble.RandomForestRegressor( )]

파라미터	설명
n_estimators	트리의 수(default=100)
criterion	분할 기준(default='squared_error')
max_depth	트리의 깊이(default=None)
max_features	학습을 위해 사용할 컬럼의 수(default='sqrt')
min_sample_leaf	리프 노드에 있어야 하는 최소 샘플 수(default=1)

• n_estimator는 분류기의 수로 기본값은 100이다.

• criterion은 분할 기준으로 기본값은 'squared_error'이다.

• 실습은 사이킷런에서 제공하는 diabetes 데이터를 사용한다. 필요한 라이브러리를 임포트한 후 학습 데이터와 평가 데이터를 8:2 비율로 분할한다.

Code

```
from sklearn.ensemble import RandomForestRegressor
from sklearn.model_selection import train_test_split
from sklearn.datasets import load_diabetes
diabetes=load_diabetes()
X_train, X_test, y_train, y_test=train_test_split(diabetes.data, diabetes.target,
test_size=0.2, random_state=1234)
```

• 모형의 성능을 비교하기 위해 2개의 모델을 생성한다. 첫 번째 모형은 기본 모형, 두 번째 모형은 분류기의 개수, 최대 깊이, 리프 노드에 있어야 할 최소 샘플 수 등 파라미터 값을 다르게 조정하였다.

Code

```
rf_R_1=RandomForestRegressor()
model_rf_R_1=rf_R_1.fit(X_train, y_train)
rf_R_2=RandomForestRegressor(n_estimators=300, max_depth=3,
min_samples_leaf=10, max_features='auto', random_state=1111)
model_rf_R_2=rf_R_2.fit(X_train, y_train)
```

• 모형 평가를 위해서 각 모형의 평가 데이터의 예측값을 y_pred 변수에 할당한다.

Code

```
from sklearn.metrics import mean_absolute_error
y_pred_1=model_rf_R_1.predict(X_test)
y_pred_2=model_rf_R_2.predict(X_test)
```

• 각 모형의 mae 값을 계산한다. 두 번째 모형의 mae 값이 더욱 낮다. 이 결과는 무조건 낮다고 해서 좋은 모형은 아니며, 분석 분야에 따라 다양한 지표들을 분석한 후 판단해야 한다.

```
mae_1=mean_absolute_error(y_test, y_pred_1)
mae_2=mean_absolute_error(y_test, y_pred_2)
print(mae_1, mae_2)
```

```
46.442584269662916 44.16177136366081
```

④ 에이다부스트(Adaboost)

- **분류 에이다부스트는 ensemble 모듈의 AdaBoostClassifier 클래스를 사용한다.** 각 클래스의 파라미터는 아래 표를 참고한다.

[sklearn.ensemble.AdaBoostClassifier()]

파라미터	설명
estimator	분류기(default='DecisionTreeClassifier')
n_estimators	분류기의 수(default=50)
learning_rate	분류기에 적용되는 가중치(default=1.0)

- estimator는 분류기로 기본값은 'DecisionTreeClassifier'이다.
- n_estimator는 분류기의 수로 기본값은 50이다.
- learning_rate는 분류기에 적용되는 가중치로 기본값은 1.0이다.
- 실습은 사이킷런에서 제공하는 iris 데이터를 사용한다. 필요한 라이브러리를 임포트한 후 학습 데이터와 평가 데이터를 8:2 층화추출 방식으로 분할한다. 데이터 분할 결과를 확인하면 8:2의 비율로 잘 분할된 것을 확인할 수 있다.

```
from sklearn.ensemble import AdaBoostClassifier
from sklearn.model_selection import train_test_split
from sklearn.datasets import load_iris
iris=load_iris()
X_train, X_test, y_train, y_test=train_test_split(iris.data, iris.target, test_
size=0.2, random_state=1234, stratify=iris.target)
```

• 모형의 성능을 비교하기 위해 2개의 모델을 생성한다. 첫 번째 모형은 기본 모형, 두 번째 모형은 분류기의 개수와 분류기에 적용되는 가중치를 다르게 조정하였다.

Code

```
ad_C_1=AdaBoostClassifier()
model_ad_C_1=ad_C_1.fit(X_train, y_train)
ad_C_2=AdaBoostClassifier(n_estimators=300, learning_rate=0.01,
random_state=1111)
model_ad_C_2=ad_C_2.fit(X_train, y_train)
```

• macro f1-score를 사용하여 각 모델을 평가한다. 각 모델에 대한 예측값을 구하기 위해 predict( ) 함수를 사용한다.

• macro f1-score는 metrics 모듈 내 f1_score( ) 클래스를 사용하되, average 옵션 값을 'macro'로 지정한다.

Code

```
from sklearn.metrics import f1_score
y_pred_1=model_ad_C_1.predict(X_test)
y_pred_2=model_ad_C_2.predict(X_test)
macro_f1_1=f1_score(y_test, y_pred_1, average="macro")
macro_f1_2=f1_score(y_test, y_pred_2, average="macro")
print(macro_f1_1, macro_f1_2)
```

```
0.9333333333333332 0.9326599326599326
```

• macro f1-score를 계산한 결과 첫 번째 모형의 지표가 더욱 높다. 이 결과는 무조건 높다고 해서 좋은 모형은 아니며, 분석 분야에 따라 다양한 지표들을 분석한 후 판단해야 한다.

• **회귀 에이다부스트는 ensemble 모듈의 AdaBoostRegressor 클래스를 사용한다.** 각 클래스의 파라미터는 아래 표를 참고한다.

[sklearn.ensemble.AdaBoostRegressor( )]

파라미터	설명
estimator	분류기(default='DecisionTreeRegressor')
n_estimators	분류기의 수(default=50)
learning_rate	분류기에 적용되는 가중치(default=1.0)
loss	손실함수(default='linear')

- estimator는 분류기로 기본값은 'DecisionTreeRegressor'이다.
- n_estimator는 분류기의 수로 기본값은 50이다.
- learning_rate는 분류기에 적용되는 가중치로 기본값은 1.0이다.
- 실습은 사이킷런에서 제공하는 diabetes 데이터를 사용한다. 필요한 라이브러리를 임포트한 후 학습 데이터와 평가 데이터를 8:2 비율로 분할한다.

Code

```
from sklearn.ensemble import AdaBoostRegressor
from sklearn.model_selection import train_test_split
from sklearn.datasets import load_diabetes
diabetes=load_diabetes()
X_train, X_test, y_train, y_test=train_test_split(diabetes.data, diabetes.target,
test_size=0.2, random_state=1234)
```

- 모형의 성능을 비교하기 위해 2개의 모델을 생성한다. 첫 번째 모형은 기본 모형, 두 번째 모형은 분류기의 개수, 분류기에 적용하는 가중치를 다르게 조정하였다.

Code

```
ad_R_1=AdaBoostRegressor()
model_ad_R_1=ad_R_1.fit(X_train, y_train)
ad_R_2=AdaBoostRegressor(n_estimators=300, learning_rate=0.01,
random_state=1111)
model_ad_R_2=ad_R_2.fit(X_train, y_train)
```

- 모형 평가를 위해서 각 모형의 평가 데이터의 예측값을 y_pred 변수에 할당한다.

Code

```
from sklearn.metrics import mean_absolute_error
y_pred_1=model_ad_R_1.predict(X_test)
y_pred_2=model_ad_R_2.predict(X_test)
```

- 각 모형의 mae 값을 계산한다. 두 번째 모형의 mae 값이 더욱 낮다. 이 결과는 무조건 낮다고 해서 좋은 모형은 아니며, 분석 분야에 따라 다양한 지표들을 분석한 후 판단해야 한다.

Code

```
mae_1=mean_absolute_error(y_test, y_pred_1)
mae_2=mean_absolute_error(y_test, y_pred_2)
print(mae_1, mae_2)
```

```
45.590423455209475 43.52988438998028
```

⑤ LightGBM

- LightGBM은 독자적인 모듈로 설계되었으나, 편의를 위해 사이킷런 래퍼 패키지 내 클래스를 통해 객체를 생성할 수 있다. 주로 데이터의 양이 많을 때 사용하는 것이 좋다.
- **분류 LightGBM은 lightgbm 패키지를 설치한 후 해당 사이킷런 래퍼 패키지 내 클래스인 LGBMClassifier 클래스를 사용한다.** 각 클래스의 파라미터는 아래 표를 참고한다.

[lightgbm.LGBMClassifier()]

파라미터	설명
max_depth	트리의 최대 깊이, <=0(default=-1)
n_estimators	수행할 부스팅 단계의 수(default=100)
boostiong_type	부스팅 종류(default='gbdt') 'gbdf', 'rf'
learning_rate	부스팅 시 적용되는 가중치(default=0.1)
objective	'binary', 'multiclass'

- 실습은 사이킷런에서 제공하는 iris 데이터를 사용한다. 필요한 라이브러리를 임포트한 후 학습 데이터와 평가 데이터를 8:2 층화추출 방식으로 분할한다. 데이터 분할 결과를 확인하면 8:2의 비율로 잘 분할된 것을 확인할 수 있다.

Code

```
from lightgbm import LGBMClassifier
from sklearn.model_selection import train_test_split
from sklearn.datasets import load_iris
iris=load_iris()
X_train, X_test, y_train, y_test=train_test_split(iris.data, iris.target, test_
size=0.2, random_state=1234, stratify=iris.target)
```

• 모형의 성능을 비교하기 위해 2개의 모델을 생성한다. 각 모형의 파라미터를 다르게 조정하였다.

Code

```
lgb_C_1=LGBMClassifier(n_estimators=500, max_depth=8, n_jobs=5,
min_child_weight=10, objective='multiclass', random_state=1111)
model_lgb_C_1=lgb_C_1.fit(X_train, y_train)
lgb_C_2=LGBMClassifier(n_estimators=300, max_depth=5, n_jobs=5, min_child_
weight=10, learning_rate=1.0, objective='multiclass', random_state=2222)
model_lgb_C_2=lgb_C_2.fit(X_train, y_train)
```

• macro f1-score를 사용하여 각 모델을 평가한다. 각 모델에 대한 예측값을 구하기 위해 predict() 함수를 사용한다.

• macro f1-score는 metrics 모듈 내 f1_score() 클래스를 사용하되, average 옵션 값을 'macro'로 지정한다.

Code

```
from sklearn.metrics import f1_score
y_pred_1=model_lgb_C_1.predict(X_test)
y_pred_2=model_lgb_C_2.predict(X_test)
macro_f1_1=f1_score(y_test, y_pred_1, average="macro")
macro_f1_2=f1_score(y_test, y_pred_2, average="macro")
print(macro_f1_1, macro_f1_2)
```

```
0.9333333333333332 0.8976982097186701
```

• macro f1-score를 계산한 결과 첫 번째 모형의 지표가 더욱 높다. 이 결과는 무조건 높다고 해서 좋은 모형은 아니며, 분석 분야에 따라 다양한 지표들을 분석한 후 판단해야 한다.

• **회귀 LightGBM은 lightgbm 패키지를 설치한 후 해당 사이킷런 래퍼 패키지 내 클래스인 LGBMRegressor 클래스를 사용한다.** 각 클래스의 파라미터는 아래 표를 참고한다.

[lightgbm.LGBMRegressor()]

파라미터	설명
max_depth	트리의 최대 깊이, <=0(default=-1)
n_estimators	수행할 부스팅 단계의 수(default=100)
boostiong_type	부스팅 종류(default='gbdt') 'gbdf', 'rf'
learning_rate	부스팅 시 적용되는 가중치(default=0.1)
objective	'regression'

- 실습은 사이킷런에서 제공하는 diabetes 데이터를 사용한다. 필요한 라이브러리를 임포트한 후 학습 데이터와 평가 데이터를 8:2 비율로 분할한다.

Code

```
from lightgbm import LGBMRegressor
from sklearn.model_selection import train_test_split
from sklearn.datasets import load_diabetes
diabetes=load_diabetes()
X_train, X_test, y_train, y_test=train_test_split(diabetes.data, diabetes.target,
test_size=0.2, random_state=1234)
```

- 모형의 성능을 비교하기 위해 2개의 모델을 생성한다. 각 모형의 파라미터를 다르게 조정하였다.

Code

```
lgb_R_1=LGBMRegressor(n_estimators=500, max_depth=8, n_jobs=5,
min_child_weight=10, learning_rate=1.0, random_state=1111)
model_lgb_R_1=lgb_R_1.fit(X_train, y_train)
lgb_R_2=LGBMRegressor(n_estimators=300, max_depth=5, n_jobs=5,
min_child_weight=10, learning_rate=0.5, random_state=2222)
model_lgb_R_2=lgb_R_2.fit(X_train, y_train)
```

- 모형 평가를 위해서 각 모형의 평가 데이터의 예측값을 y_pred 변수에 할당한다.

Code

```
from sklearn.metrics import mean_absolute_error
y_pred_1=model_lgb_R_1.predict(X_test)
y_pred_2=model_lgb_R_2.predict(X_test)
```

- 각 모형의 mae 값을 계산한다. 두 번째 모형의 mae 값이 더욱 낮다. 이 결과는 무조건 낮다고 해서 좋은 모형은 아니며, 분석 분야에 따라 다양한 지표들을 분석한 후 판단해야 한다.

Code

```
mae_1=mean_absolute_error(y_test, y_pred_1)
mae_2=mean_absolute_error(y_test, y_pred_2)
print(mae_1, mae_2)
```

```
55.44051827791253 55.00415942444271
```

3 비지도 학습 모형

비지도 학습 모델링을 수행할 때도 사이킷런 라이브러리를 이용하면 통일된 형식으로 비교적 간단하게 수행할 수 있다는 장점이 있다. 각 모형별 모듈 및 클래스명과 모형별 파라미터 값들이 어떤 역할을 하는지 알아 두는 것이 중요하다. 본 책에서는 계층적 군집분석과 K-means 군집분석을 수행하고 군집분석 평가에 대한 지표도 함께 학습한다.

1) 군집분석

가. 군집분석

① 계층적 군집분석(Hierarchical Clustering Analysis)

- **계층적 군집분석은 cluster 모듈의 AgglomerativeClustering 클래스를 사용한다.** 각 클래스의 파라미터는 아래 표를 참고한다.

[sklearn.cluster.AgglomerativeClustering()]

파라미터	설명
n_clusters	형성할 군집의 수(default=2)
linkage	사용할 연결법(default='ward') 'average', 'complete', 'single'

- n_clusters는 형성할 군집의 수로 기본값은 2이다.
- linkage는 군집 형성 알고리즘으로 기본값은 와드연결법인 'ward'이다.
- 계층적 군집분석 모형은 랜드지수(RI; Rand Index)와 조정랜드지수(ARI; Adjusted RI)를 통해 평가할 수 있다. **metrics.cluster 모듈의 rand_score, adjusted_rand_score 클래스를 사용한다.**
- 조정랜드지수는 무작위 군집화에서 생기는 랜드지수 값이 크게 나오는 편이므로 기댓값과 분산을 재조정한 값이며, 두 값 모두 1에 가까울수록 좋다.

[sklearn.metrics.cluster]

평가지표	설명
rand_score	랜드지수(Rand Index, RI)
adjusted_rand_score	조종랜드지수(Adjusted Rand Indet, ARI) 무작위 군집화에서 생기는 RI 값이 크게 나오는 편이므로 기댓값과 분산을 재조정한 값

- 실습은 사이킷런에서 제공하는 iris 데이터를 사용한다. 비지도 학습 모형이므로 일반적인 데이터 분할은 할 필요가 없다. 필요한 라이브러리를 임포트한다.
- 추후 모형 평가를 위해 종속변숫값을 labels_origin 변수에 담아둔다.

Code

```
from sklearn.cluster import AgglomerativeClustering
from sklearn.metrics.cluster import rand_score, adjusted_rand_score
from sklearn.datasets import load_iris
iris=load_iris()
data=iris.data
labels_origin=iris.target
```

- 군집 형성 알고리즘을 다르게 사용하여 4개의 모형을 생성한다. 순서대로 최단 연결법, 최장 연결법, 평균 연결법, 와드 연결법이다.
- 군집분석 시 fit_predict 메소드를 사용하여 군집을 형성한다.

Code

```
cluster_sing=AgglomerativeClustering(n_clusters=3, linkage='single')
label_pred_sing=cluster_sing.fit_predict(data)
cluster_com=AgglomerativeClustering(n_clusters=3, linkage='complete')
label_pred_com=cluster_com.fit_predict(data)
cluster_avg=AgglomerativeClustering(n_clusters=3, linkage='average')
label_pred_avg=cluster_avg.fit_predict(data)
cluster_ward=AgglomerativeClustering(n_clusters=3, linkage='ward')
label_pred_ward=cluster_ward.fit_predict(data)
```

- 각 군집 모형의 랜드지수를 확인한다.
- 랜드지수를 비교한 결과 평균연결법이 0.8922로 가장 높다.

Code

```
print("최단연결법 : ", rand_score(labels_origin,label_pred_sing))
print("최장연결법 : ", rand_score(labels_origin,label_pred_com))
print("평균연결법 : ", rand_score(labels_origin,label_pred_avg))
print("와드연결법 : ", rand_score(labels_origin,label_pred_ward))
```

```
최단연결법 :  0.7766442953020134
최장연결법 :  0.8367785234899329
평균연결법 :  0.8922595078299776
와드연결법 :  0.8797315436241611
```

- 각 군집 모형의 조정랜드지수를 확인한다.
- 조정랜드지수를 비교한 결과 평균연결법이 0.7591로 가장 높다.

Code

```
print("최단연결법 : ", adjusted_rand_score(labels_origin,label_pred_sing))
print("최장연결법 : ", adjusted_rand_score(labels_origin,label_pred_com))
print("평균연결법 : ", adjusted_rand_score(labels_origin,label_pred_avg))
print("와드연결법 : ", adjusted_rand_score(labels_origin,label_pred_ward))
```

```
최단연결법 :  0.5637510205230709
최장연결법 :  0.6422512518362898
평균연결법 :  0.7591987071071522
와드연결법 :  0.7311985567707746
```

② K-Means 군집분석(K-means Clustering Analysis)

- **K-Means 군집분석은 cluster 모듈의 KMeans 클래스를 사용한다.** 각 클래스의 파라미터는 아래 표를 참고한다.

[sklearn.cluster.KMeans()]

파라미터	설명
n_clusters	형성할 군집의 수(default=2)
n_init	초기값 설정 수(default=10)
max_iter	학습 반복 횟수
algorithm	알고리즘 종류 'auto', 'full', 'elkan'

- n_clusters는 형성할 군집의 수로 기본값은 2이다.
- n_init는 초기에 설정할 값으로 기본값은 10이다.
- K-means 군집분석 모형은 실루엣 계수로 적절한 군집의 개수를 평가할 수 있다. metrics 모듈의 silhouette_score 클래스를 사용한다. 실루엣 계수는 타깃 레이블을 모르는 경우라도 사용할 수 있다. 또한 실루엣 계수로 군집의 수를 결정하기 위해서는 전체 실루엣 계수의 평균이 1에 가까워야 한다.

• 실습은 사이킷런에서 제공하는 iris 데이터를 사용한다. 비지도 학습 모형이므로 일반적인 데이터 분할은 할 필요가 없다. 필요한 라이브러리를 임포트한다.

Code

```
from sklearn.cluster import KMeans
from sklearn.metrics import silhouette_score
from sklearn.datasets import load_iris
iris=load_iris()
data=iris.data
```

• 모형의 성능을 비교하기 위해 3개의 모델을 생성한다. 각 모형의 군집의 개수를 다르게 조정하였다.

Code

```
cluster_k2=KMeans(n_clusters=2, max_iter=300, random_state=1234,
algorithm='auto')
label_pred_k2=cluster_k2.fit_predict(data)
cluster_k3=KMeans(n_clusters=3, max_iter=300, random_state=1234,
algorithm='auto')
label_pred_k3=cluster_k3.fit_predict(data)
cluster_k4=KMeans(n_clusters=4, max_iter=300, random_state=1234,
algorithm='auto')
label_pred k4=cluster_k4.fit_predict(data)
```

• 각 모형의 실루엣 계수를 비교한다. 군집의 개수를 2로 지정했을 때, 실루엣 계수의 평균이 0.6810으로 가장 높게 나타났다.

Code

```
sil_k2=silhouette_score(data,label_pred_k2)
sil_k3=silhouette_score(data,label_pred_k3)
```

```
sil_k4=silhouette_score(data,label_pred_k4)
print(sil_k2, sil_k3, sil_k4)
```

```
0.6810461692117462 0.5528190123564095 0.4974551890173751
```

PART

02

빅데이터분석기사 실기 기출복원문제

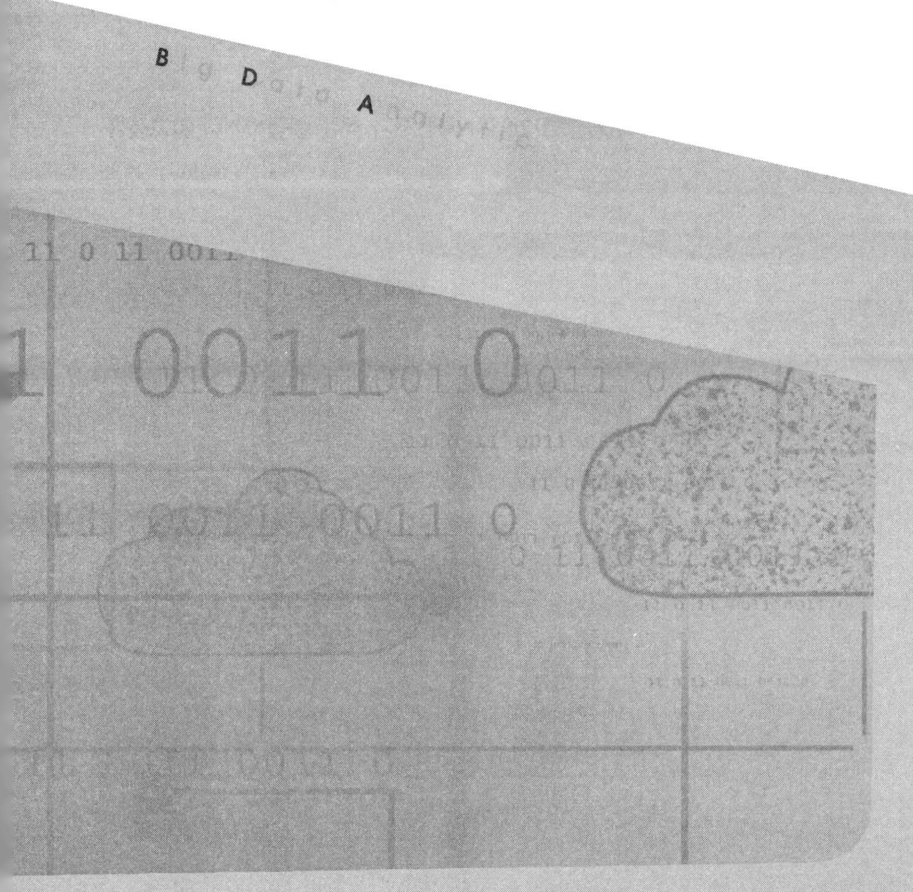

2021년

3회 기출복원문제

1 필답형

01 데이터 정제 과정에서 처리해야 하는 값으로, 데이터가 정상 범주에서 벗어난 값을 의미하는 것은 무엇인가?

02 결측값 처리를 위한 단순 대치법에서 관측 또는 실험으로 얻어진 자료의 평균값으로 결측값을 대치하는 방법은?

03 모델에서 외적인 요소로 데이터 분석을 통해 얻어지는 값이 아니라 사용자가 직접 설정하거나 알고리즘 생성자가 직접 만드는 값은 무엇인가?

04 다음이 설명하는 개념은 무엇인가?

- 데이터에서 표식(라벨)이 없는 경우가 많다.
- 예측의 문제보다는 주로 현상의 설명이나 특징 추출, 패턴 도출 등의 문제에 사용된다.
- 대표적인 기법은 군집화, 차원 축소 기법, 연관관계분석, 자율학습 인공신경망의 기법이 있다.

01 이상값 또는 이상치 02 평균대치법 03 초매개변수 또는 하이퍼파라미터 04 비지도 학습 정답

05 훈련 데이터에 대해서는 높은 성능을 보이지만 테스트 데이터에 대해서는 낮은 성능을 보이는 경우, 모델은 훈련 데이터를 ( )되었다고 한다. 괄호 ( )에 들어갈 알맞은 용어를 쓰시오.

06 회귀 분석에서 전체 변수에서 시작하여 가장 적은 영향을 주는 변수를 하나씩 제거하는 방법은 무엇인가?

07 앙상블 분석에서 잘못 분류된 개체들에 가중치를 적용하여 새로운 분류규칙을 만들고, 이 과정을 반복해 최종 모형을 만드는 알고리즘은 무엇인가?

08 앙상블 모형에서 다음이 설명하는 알고리즘은 무엇인가?

- 회귀 분류 모델링이 사용되며 부스팅에 속한다.
- 경사 하강법(Gradient Descent)을 이용하여 가중치 업데이트를 통해 최적화된 결과를 얻는 알고리즘이다.

09 인공신경망에서 은닉층 2개, 출력층 1개인 경우 출력값은 얼마인가?

- 마지막 은닉층의 값은 (0.2, −0.3)이다.
- 첫 번째 노드의 가중치는 0.3, 두 번째 노드의 가중치는 0.1이다.
- Bias가 −0.05이고 활성화 함수는 ($f(x)=x,\ x\geq 0:1,\ x<0:-1$)이다.

10 혼동 행렬의 가로와 세로축을 FPR(False Positive Rate), TPR(True Positive Rate)로 생성한 곡선은 무엇인가?

정답 05 과대적합(과적합) 또는 오버피팅 06 후진 소거법 07 부스팅 08 GBM(Gradient Boost Machine)
09 답 : −1, 풀이 : 출력층 = $(0.2\times0.3)+(-0.3\times0.1)-0.05=-0.02$, 음수 값이므로 출력값은 −1 10 ROC 곡선

2 작업형 제1유형

01 다음은 BostonHousing 데이터 세트이다. 범죄율 컬럼인 CRIM 항목의 상위에서 10번째 값으로 상위 10개의 값을 변환한 후, age 80 이상인 값에 대하여 crim 평균을 구하시오.

문제 풀이 * 데이터 세트 파일명 : 1_1_boston.csv

① 라이브러리 및 데이터 불러오기

Code

```
import pandas as pd
df1=pd.read_csv('/content/drive/MyDrive/1_1_boston.csv')
df1.head()
```

	CRIM	ZN	INDUS	CHAS	NOX	RM	AGE	DIS	RAD	TAX	PTRATIO	B	LSTAT
0	0.00632	18.0	2.31	0.0	0.538	6.575	65.2	4.0900	1.0	296.0	15.3	396.90	4.98
1	0.02731	0.0	7.07	0.0	0.469	6.421	78.9	4.9671	2.0	242.0	17.8	396.90	9.14
2	0.02729	0.0	7.07	0.0	0.469	7.185	61.1	4.9671	2.0	242.0	17.8	392.83	4.03
3	0.03237	0.0	2.18	0.0	0.458	6.998	45.8	6.0622	3.0	222.0	18.7	394.63	2.94
4	0.06905	0.0	2.18	0.0	0.458	7.147	54.2	6.0622	3.0	222.0	18.7	396.90	5.33

② 내림차순 정렬

Code

```
df1_sorted= df1.sort_values('CRIM', ascending=False)
df1_sorted.head(10)
```

	CRIM	ZN	INDUS	CHAS	NOX	RM	AGE	DIS	RAD	TAX	PTRATIO	B	LSTAT
380	88.9762	0.0	18.1	0.0	0.671	6.968	91.9	1.4165	24.0	666.0	20.2	396.90	17.21
418	73.5341	0.0	18.1	0.0	0.679	5.957	100.0	1.8026	24.0	666.0	20.2	16.45	20.62
405	67.9208	0.0	18.1	0.0	0.693	5.683	100.0	1.4254	24.0	666.0	20.2	384.97	22.98
410	51.1358	0.0	18.1	0.0	0.597	5.757	100.0	1.4130	24.0	666.0	20.2	2.60	10.11
414	45.7461	0.0	18.1	0.0	0.693	4.519	100.0	1.6582	24.0	666.0	20.2	88.27	36.98
404	41.5292	0.0	18.1	0.0	0.693	5.531	85.4	1.6074	24.0	666.0	20.2	329.46	27.38
398	38.3518	0.0	18.1	0.0	0.693	5.453	100.0	1.4896	24.0	666.0	20.2	396.90	30.59
427	37.6619	0.0	18.1	0.0	0.679	6.202	78.7	1.8629	24.0	666.0	20.2	18.82	14.52
413	28.6558	0.0	18.1	0.0	0.597	5.155	100.0	1.5894	24.0	666.0	20.2	210.97	20.08
417	25.9406	0.0	18.1	0.0	0.679	5.304	89.1	1.6475	24.0	666.0	20.2	127.36	26.64

③ 상위 10번째 값 확인 및 변수 할당

Code

```
crim_10=df1_sorted.iloc[9,0]
print(crim_10)
```

```
25.9406
```

④ 상위 10개의 값을 crim_10으로 변환

Code

```
df1_sorted.iloc[ :10, 0]=crim_10
df1_sorted.head(11)
```

	CRIM	ZN	INDUS	CHAS	NOX	RM	AGE	DIS	RAD	TAX	PTRATIO	B	LSTAT
380	25.9406	0.0	18.1	0.0	0.671	6.968	91.9	1.4165	24.0	666.0	20.2	396.90	17.21
418	25.9406	0.0	18.1	0.0	0.679	5.957	100.0	1.8026	24.0	666.0	20.2	16.45	20.62
405	25.9406	0.0	18.1	0.0	0.693	5.683	100.0	1.4254	24.0	666.0	20.2	384.97	22.98
410	25.9406	0.0	18.1	0.0	0.597	5.757	100.0	1.4130	24.0	666.0	20.2	2.60	10.11
414	25.9406	0.0	18.1	0.0	0.693	4.519	100.0	1.6582	24.0	666.0	20.2	88.27	36.98
404	25.9406	0.0	18.1	0.0	0.693	5.531	85.4	1.6074	24.0	666.0	20.2	329.46	27.38
398	25.9406	0.0	18.1	0.0	0.693	5.453	100.0	1.4896	24.0	666.0	20.2	396.90	30.59
427	25.9406	0.0	18.1	0.0	0.679	6.202	78.7	1.8629	24.0	666.0	20.2	18.82	14.52
413	25.9406	0.0	18.1	0.0	0.597	5.155	100.0	1.5894	24.0	666.0	20.2	210.97	20.08
417	25.9406	0.0	18.1	0.0	0.679	5.304	89.1	1.6475	24.0	666.0	20.2	127.36	26.64
400	25.0461	0.0	18.1	0.0	0.693	5.987	100.0	1.5888	24.0	666.0	20.2	396.90	26.77

⑤ AGE 변숫값이 80 이상인 데이터 추출 후 확인

Code

```
df1_sorted_age_80=df1_sorted[df1_sorted['AGE']>=80]
df1_sorted_age_80.head()
```

	CRIM	ZN	INDUS	CHAS	NOX	RM	AGE	DIS	RAD	TAX	PTRATIO	B	LSTAT
380	25.9406	0.0	18.1	0.0	0.671	6.968	91.9	1.4165	24.0	666.0	20.2	396.90	17.21
418	25.9406	0.0	18.1	0.0	0.679	5.957	100.0	1.8026	24.0	666.0	20.2	16.45	20.62
405	25.9406	0.0	18.1	0.0	0.693	5.683	100.0	1.4254	24.0	666.0	20.2	384.97	22.98
410	25.9406	0.0	18.1	0.0	0.597	5.757	100.0	1.4130	24.0	666.0	20.2	2.60	10.11
414	25.9406	0.0	18.1	0.0	0.693	4.519	100.0	1.6582	24.0	666.0	20.2	88.27	36.98

⑥ CRIM 변수 평균 계산

Code

```
result=df1_sorted_age_80['CRIM'].mean()
print(result)
```

```
5.759386625
```

02 주어진 데이터의 첫 번째 행부터 순서대로 80%까지의 데이터를 훈련 데이터로 추출 후 'total_bedrooms' 변수의 결측값을 중앙값으로 대체하고 대체 전의 'total_bedrooms' 변수 표준편차 값과 대체 후의 'total_bedrooms' 변수 표준편차 값의 차이의 절댓값을 구하시오.

문제 풀이

* 데이터 세트 파일명 : 1_2_housing.csv

① 라이브러리 및 데이터 불러오기

Code

```
import pandas as pd
df2=pd.read_csv('/content/drive/MyDrive/1_2_housing.csv')
df2.head()
```

	longitude	latitude	housing_median_age	total_rooms	total_bedrooms	population	households
0	-122.23	37.88	41.0	880.0	129.0	322.0	126.0
1	-122.22	37.86	21.0	7099.0	1106.0	2401.0	1138.0
2	-122.24	37.85	52.0	1467.0	190.0	496.0	177.0
3	-122.25	37.85	52.0	1274.0	235.0	558.0	219.0
4	-122.25	37.85	52.0	1627.0	280.0	565.0	259.0

② 데이터 정보 확인

Code

```
df2.info()
```

```
<class 'pandas.core.frame.DataFrame'>
RangeIndex: 20640 entries, 0 to 20639
Data columns (total 10 columns):
```

```
 #   Column              Non-Null Count   Dtype
---  ----------          --------------   -------
 0   longitude           20640 non-null   float64
 1   latitude            20640 non-null   float64
 2   housing_median_age  20640 non-null   float64
 3   total_rooms         20640 non-null   float64
 4   total_bedrooms      20433 non-null   float64
 5   population          20640 non-null   float64
 6   households          20640 non-null   float64
 7   median_income       20640 non-null   float64
 8   median_house_value  20640 non-null   float64
 9   ocean_proximity     20640 non-null   object
dtypes: float64(9), object(1)
memory usage: 1.6+MB
```

③ total_bedrooms 컬럼 80% 추출

Code

```
df2_80=df2['total_bedrooms'][ : int(len(df2)*0.8)]
print(len(df2))
print(len(df2_80))
```

```
20640
16512
```

④ 결측치 확인 및 결측치 대체 전 표준편차 값 계산

Code

```
df2_80.isnull().sum()
```

```
159
```

```
std_before=df2_80.std()
print(std_before)
```

```
435.90057705252616
```

⑤ 중앙값 계산 후 결측치 대체

Code

```
median=df2_80.median()
print(median)
```

```
436.0
```

```
df2_80_fill=df2_80.fillna(median)
```

⑥ 결측치 대체 후 표준편차 값 계산

Code

```
std_after=df2_80_fill.std()
print(std_after)
```

```
435.90057705252616
```

⑦ 결측치 제거 전 표준편차와 제거 후 표준편차 차이를 절댓값으로 계산

Code

```
result=abs(std_before-std_after)
print(result)
```

```
1.9751472916456692
```

03 위 문항에서 활용한 데이터 세트를 그대로 활용한다. 인구 컬럼인 population 항목의 이상값의 합계를 계산하시오. (이상값은 평균에서 1.5*표준편차를 초과하거나 미만인 값의 범위이다.)

문제 풀이 * 데이터 세트 파일명 : 1_3_housing.csv

① 라이브러리 및 데이터 불러오기

Code

```
import pandas as pd
df3=pd.read_csv('/content/drive/MyDrive/1_3_housing.csv')
df3.head()
```

	longitude	latitude	housing_median_age	total_rooms	total_bedrooms	population	households
0	-122.23	37.88	41.0	880.0	129.0	322.0	126.0
1	-122.22	37.86	21.0	7099.0	1106.0	2401.0	1138.0
2	-122.24	37.85	52.0	1467.0	190.0	496.0	177.0
3	-122.25	37.85	52.0	1274.0	235.0	558.0	219.0
4	-122.25	37.85	52.0	1627.0	280.0	565.0	259.0

② population 컬럼 분리 후 평균 및 표준편차 계산

Code

```
population=df3['population']
mean=population.mean()
std=population.std()
print(mean)
print(std)
```

```
1425.4767441860465
1132.462121765341
```

③ 평균과 표준편차를 이용한 상한값과 하한값 계산

Code

```
top=mean+(std*1.5)
btom=mean-(std*1.5)
print(top)
print(btom)
```

```
3124.169926834058
-273.2164384619648
```

④ 이상값 데이터 추출

Code

```
population_outlier=population[(population>top)|(population<btom)]
print(population_outlier)
```

```
95       3469.0
185      4367.0
283      4985.0
460      3337.0
485      3276.0
          ...
20543    3717.0
20544    6330.0
20563    6837.0
20604    3265.0
20629    6912.0
Name: population, Length: 1207, dtype: float64
```

⑤ 이상값 합계 계산

Code

```
result=population_outlier.sum()
print(result)
```

```
5607295.0
```

작업형 제2유형

01 다음은 E-Commerce Shipping 데이터 세트이다. 학습용 데이터 (X_train, y_train)을 이용하여 배송 예측 모형을 만든 후, 이를 평가용 데이터 (X_test)에 적용하여 얻은 예측 확률값을 다음과 같은 형식의 CSV 파일로 생성하시오. (제출한 모델의 성능은 ROC-AUC 평가 지표에 따라 채점)

＊데이터 세트 파일명 : 1_1_commerce_x_train.csv
＊데이터 세트 파일명 : 1_2_commerce_x_test.csv
＊데이터 세트 파일명 : 1_3_commerce_y_train.csv

문제 풀이

① 라이브러리 및 데이터 불러오기

Code

```
import pandas as pd
X_train=pd.read_csv('/content/drive/MyDrive/1_1_commerce_x_train.csv')
X_test=pd.read_csv('/content/drive/MyDrive/1_2_commerce_x_test.csv')
y_train=pd.read_csv('/content/drive/MyDrive/1_3_commerce_y_train.csv')
```

② 데이터 형태 확인

Code

```
print(X_train.shape, X_test.shape, y_train.shape)
```

```
(7699, 11) (3300, 11) (7699, 2)
```

```
X_train.head()
```

	ID	Warehouse_block	Mode_of_Shipment	Customer_care_calls	Customer_rating	Cost_of_the_Product	Prior_purchases
0	5015	C	Ship	6	2	254	4
1	8289	A	Ship	5	4	145	3
2	7488	F	Ship	5	1	242	5
3	9363	A	Ship	6	1	264	4
4	1023	A	Ship	3	4	260	3

```
y_train.head()
```

	ID	Reached.on.Time_Y.N
0	5015	0
1	8289	1
2	7488	1
3	9363	0
4	1023	1

③ 결측치, 기초 통계량, 기본 정보 확인

Code

```
X_train.isnull().sum()
```

```
(7699, 11) (3300, 11) (7699, 2)
```

```
X_test.isnull().sum()
```

```
ID                     0
Warehouse_block        0
Mode_of_Shipment       0
Customer_care_calls    0
Customer_rating        0
Cost_of_the_Product    0
Prior_purchases        0
Product_importance     0
Gender                 0
Discount_offered       0
Weight_in_gms          0
dtype: int64
```

```
X_train.describe()
```

	ID	Customer_care_calls	Customer_rating	Cost_of_the_Product	Prior_purchases	Discount_offered	Weight_in_gms
count	7699.000000	7699.000000	7699.000000	7699.000000	7699.000000	7699.0000	7699.000000
mean	5498.236005	4.063645	2.992337	210.130926	3.572152	13.2525	3632.733862
std	3159.252007	1.137176	1.412124	48.294630	1.527384	16.0812	1635.625879
min	3.000000	2.000000	1.000000	96.000000	2.000000	1.0000	1001.000000
25%	2789.500000	3.000000	2.000000	169.000000	3.000000	4.0000	1834.000000
50%	5473.000000	4.000000	3.000000	214.000000	3.000000	7.0000	4151.000000
75%	8231.000000	5.000000	4.000000	251.000000	4.000000	10.0000	5051.500000
max	10999.000000	7.000000	5.000000	310.000000	10.000000	65.0000	7401.000000

```
X_test.describe()
```

	ID	Customer_care_calls	Customer_rating	Cost_of_the_Product	Prior_purchases	Discount_offered	Weight_in_gms
count	3300.000000	3300.000000	3300.000000	3300.000000	3300.000000	3300.000000	3300.000000
mean	5504.115455	4.033030	2.986364	210.350606	3.556970	13.654848	3637.009697
std	3212.848205	1.151379	1.417252	47.526044	1.512431	16.490969	1635.040962
min	1.000000	2.000000	1.000000	96.000000	2.000000	1.000000	1003.000000
25%	2669.250000	3.000000	2.000000	170.000000	3.000000	4.000000	1852.000000
50%	5564.500000	4.000000	3.000000	216.000000	3.000000	7.000000	4147.000000
75%	8296.500000	5.000000	4.000000	250.000000	4.000000	11.000000	5044.000000
max	10998.000000	7.000000	5.000000	310.000000	10.000000	65.000000	7846.000000

```
X_train.info()
```

```
<class 'pandas.core.frame.DataFrame'>
RangeIndex: 7699 entries, 0 to 7698
Data columns (total 11 columns):
 #   Column               Non-Null Count   Dtype
---  ----------           -------------- -------
 0   ID                   7699 non-null    int64
 1   Warehouse_block      7699 non-null    object
 2   Mode_of_Shipment     7699 non-null    object
 3   Customer_care_calls  7699 non-null    int64
 4   Customer_rating      7699 non-null    int64
 5   Cost_of_the_Product  7699 non-null    int64
 6   Prior_purchases      7699 non-null    int64
 7   Product_importance   7699 non-null    object
 8   Gender               7699 non-null    object
 9   Discount_offered      7699 non-null    int64
 10  Weight_in_gms        7699 non-null    int64
dtypes: int64(7), object(4)
memory usage: 661.8+KB
```

```
X_test.info()
```

```
<class 'pandas.core.frame.DataFrame'>
RangeIndex: 3300 entries, 0 to 3299
Data columns (total 11 columns):
 #   Column               Non-Null Count   Dtype
---  ----------           --------------   ------
 0   ID                   3300 non-null    int64
 1   Warehouse_block      3300 non-null    object
 2   Mode_of_Shipment     3300 non-null    object
 3   Customer_care_calls  3300 non-null    int64
 4   Customer_rating      3300 non-null    int64
 5   Cost_of_the_Product  3300 non-null    int64
 6   Prior_purchases      3300 non-null    int64
 7   Product_importance   3300 non-null    object
 8   Gender               3300 non-null    object
 9   Discount_offered     3300 non-null    int64
 10  Weight_in_gms        3300 non-null    int64
dtypes: int64(7), object(4)
memory usage: 283.7+KB
```

④ object 타입의 컬럼, 고윳값 개수 확인

Code

```
X_train[['Warehouse_block', 'Mode_of_Shipment', 'Product_importance',
'Gender']].nunique()
```

```
Warehouse_block       5
Mode_of_Shipment      3
Product_importance    3
Gender                2
dtype: int64
```

⑤ object 컬럼 삭제

Code

```
X_train=X_train.drop(['Warehouse_block', 'Mode_of_Shipment',
'Product_importance', 'Gender'], axis=1)
X_test=X_test.drop(['Warehouse_block', 'Mode_of_Shipment',
'Product_importance', 'Gender'], axis=1)
```

⑥ 모델링 및 평가 라이브러리 임포트

Code

```
from sklearn.linear_model import LogisticRegression
from sklearn.tree import DecisionTreeClassifier
from sklearn.ensemble import RandomForestClassifier
from sklearn.metrics import roc_auc_score
```

⑦ 모델링을 위한 ID 변수 제거 후 확인

Code

```
X_train_id=X_train.pop('ID')
X_test_id=X_test.pop('ID')
X_train.head()
```

	Customer_care_calls	Customer_rating	Cost_of_the_Product	Prior_purchases	Discount_offered	Weight_in_gms
0	6	2	254	4	4	1392
1	5	4	145	3	2	4492
2	5	1	242	5	8	1382
3	6	1	264	4	9	1243
4	3	4	260	3	21	2003

⑧ 훈련, 검증 데이터 분할

Code

```
from sklearn.model_selection import train_test_split
X_tr,X_val,y_tr,y_val=
train_test_split(X_train,y_train['Reached.on.Time_Y.N'],test_size=0.2,random_
state=1234)
```

⑨ 모델링 및 평가 - 로지스틱회귀분석

Code

```
model_lgm=LogisticRegression()
model_lgm.fit(X_tr, y_tr)
pred_lgm=model_lgm.predict_proba(X_val)
roc_auc_score(y_val, pred_lgm[:,1])
```

```
0.7245153700577975
```

⑩ 모델링 및 평가 - 의사결정나무

Code

```
model_dt=DecisionTreeClassifier()
model_dt.fit(X_tr, y_tr)
pred_dt=model_dt.predict_proba(X_val)
roc_auc_score(y_val, pred_dt[:,1])
```

```
0.6368260552859982
```

⑪ 모델링 및 평가 - 랜덤포레스트

Code

```
model_rf=RandomForestClassifier()
model_rf.fit(X_tr, y_tr)
pred_rf=model_rf.predict_proba(X_val)
roc_auc_score(y_val, pred_rf[:,1])
```

```
0.734651547940929
```

⑫ 최종 모델 선택

Code

```
model_final=RandomForestClassifier()
model_final.fit(X_train, y_train['Reached.on.Time_Y.N'])
```

```
pred_final=model_final.predict_proba(X_test)
pred_final
```

```
array([[0.44, 0.56],
       [0., 1.],
       [0.63, 0.37],
       ...,
       [0.03, 0.97],
       [0.5, 0.5],
       [0., 1.]])
```

⑬ 제출 파일 생성 및 확인

Code

```
submission=pd.DataFrame({
        "ID": X_test_id,
        "Reached.on.Time_Y.N": pred_final[:,1]
    })
submission.head()
```

	ID	Reached.on.Time_Y.N
0	10432	0.56
1	1409	1.00
2	6233	0.37
3	3817	0.35
4	6197	0.36

⑭ 수험번호.csv 파일로 저장

Code

```
submission.to_csv('submission.csv', index=False)
```

Big Data Analytics

2022년 4회 기출복원문제

01 A가 구매되지 않았을 때 품목 B의 구매확률에 비해 A가 구매되었을 때 품목 B의 구매확률의 증가비를 의미하는 연관규칙의 측정 기준은 무엇인가?

02 아래에서 설명하는 내용은 어떤 개념인가?

> – 여러 개의 예측 모형들을 만든 후 이를 조합하여 최종 모형을 생성
> – 분류일 경우 다수결 방식, 회귀일 경우 평균을 사용
> – 일반적으로 정확도 및 신뢰도 향상

03 연속형 변수를 특정 구간으로 나눈 후 범주형 또는 순위형 변수로 변환하는 방법을 무엇이라고 하는가?

04 아래에서 설명하는 내용은 어떤 개념인가?

> – 모든 데이터의 범위를 0~1로 변환
> – 데이터의 단위나 범위의 차이가 클 경우 데이터 전처리에서 수행
> – 이상값 존재 시 신뢰성 저하

01 향상도 02 앙상블 03 비닝 04 최소최대정규화 **정답**

05 계층적 군집분석에서 두 군집의 중심 간 거리 측정을 통해 군집을 형성하는 방법은 무엇인가?

06 인공신경망에서 은닉층 2개, 출력층 1개인 경우 출력값은 얼마인가?

- 마지막 은닉층의 값은 (−0.2, 0.5)이다.
- 첫 번째 노드의 가중치는 0.1, 두 번째 노드의 가중치는 0.5이다.
- Bias가 −0.1
- 활성화 함수는 ($f(x)=x,\ x>0\ ;\ f(x)=-x,\ x<0$)이다.

07 A학교 학생의 영어점수 80점과 B학교 학생의 영어점수 80점은 같다고 할 수 없다. 각 학교의 (   )가 다르기 때문이다. 괄호 안에 들어갈 개념은 무엇인가?

08 변수가 담고 있는 데이터가 몇 개의 범주로 나눠진 데이터 중에서 측정값이 일정한 범주에 속하도록 이름을 붙이면서 각 범주 간에 순서적 개념이 포함된 경우는 순서형 변수이다. 순서적 개념 없이 범주를 구분하는 변수는 무엇인가?

09 고차원 혹은 무한 차원의 공간에서 마진을 최대화하는 초평면을 찾아 분류와 회귀를 수행하는 알고리즘은 무엇인가?

10 KNN(K-Nearest Neighbor) 알고리즘에서 새로운 데이터의 클래스를 해당 데이터와 가장 가까운 K개 데이터들의 범주를 결정하는데 있어 사용하는 기법은 무엇인가?

정답 05 중심연결법 06 답 : 0.13, 풀이 : 출력층=(−0.2×0.1)+(0.5×0.5) − 0.1=0.13, 양수의 값은 그대로 출력하므로 0.13
07 표준편차 08 명목형 변수 09 서포트벡터머신 10 거리

2 작업형 제1유형

01 다음은 CaliforniaHousing 데이터 세트이다. 데이터 중 결측치가 있는 경우 해당 데이터의 행을 모두 제거하고, 첫 번째 행부터 순서대로 70%까지의 데이터를 훈련 데이터로 추출한다. 변수 'housing_median_age'의 제1사분위수 값을 정수로 계산하시오.

문제 풀이 * 데이터 세트 파일명 : 2_1_housing.csv

① 라이브러리 및 데이터 불러오기

Code

```
import pandas as pd
df1=pd.read_csv('/content/drive/MyDrive/2_1_housing.csv')
df1.head()
```

	longitude	latitude	housing_median_age	total_rooms	total_bedrooms	population	households	median_income
0	-122.23	37.88	41.0	880.0	129.0	322.0	126.0	8.3252
1	-122.22	37.86	21.0	7099.0	1106.0	2401.0	1138.0	8.3014
2	-122.24	37.85	52.0	1467.0	190.0	496.0	177.0	7.2574
3	-122.25	37.85	52.0	1274.0	235.0	558.0	219.0	5.6431
4	-122.25	37.85	52.0	1627.0	280.0	565.0	259.0	3.8462

② 결측치 확인

Code

```
df1.info()
```

```
<class 'pandas.core.frame.DataFrame'>
RangeIndex: 20640 entries, 0 to 20639
Data columns (total 10 columns):
 #   Column              Non-Null Count   Dtype
---  ----------          --------------   -------
 0   longitude           20640 non-null   float64
 1   latitude            20640 non-null   float64
 2   housing_median_age  20640 non-null   float64
 3   total_rooms         20640 non-null   float64
```

```
 4   total_bedrooms         20433 non-null    float64
 5   population             20640 non-null    float64
 6   households             20640 non-null    float64
 7   median_income          20640 non-null    float64
 8   median_house_value     20640 non-null    float64
 9   ocean_proximity        20640 non-null    object
dtypes: float64(9), object(1)
memory usage: 1.6+MB
```

③ 결측치가 있는 해당 데이터의 행 제거

Code

```
df_dropna=df1.dropna()
print(len(df1))
print(len(df_dropna))
```

```
20640
20433
```

④ 70% 데이터 추출

Code

```
df_dropna_70=df_dropna.iloc[:int(len(df_dropna)*0.7)]
print(len(df_dropna_70))
```

```
14303
```

⑤ housing_median_age 컬럼의 제1사분위수를 정수로 계산

Code

```
result=int((df_dropna_70['housing_median_age'].quantile(0.25)))
print(result)
```

```
19
```

02 다음은 국가별 연도별 인구 10만 명당 결핵 유병률 데이터 세트이다. 2000년도의 국가별 결핵 유병률 데이터 세트에서 2000년도의 평균값보다 더 큰 유병률 값을 가진 국가의 수를 계산하시오.

문제 풀이 ＊데이터 세트 파일명 : 2_2_worlddata.csv

① 라이브러리 및 데이터 불러오기

Code

```
import pandas as pd
df2=pd.read_csv('/content/drive/MyDrive/2_2_worlddata.csv')
df2.head()
```

	year	Afghanistan	Albania	Algeria	Andorra	Angola	Antigua & Barbuda	Argentina	Armenia	Australia
0	1999	0	89.0	25.0	245.0	217.0	102.0	193.0	21.0	261.0
1	2000	0	132.0	0.0	138.0	57.0	128.0	25.0	179.0	72.0
2	2001	0	54.0	14.0	312.0	45.0	45.0	221.0	11.0	212.0
3	2002	0	4.9	0.7	12.4	5.9	4.9	8.3	3.8	10.4

4 rows × 194 columns

② 2000년도의 유병률 평균값 계산을 위해 해당하는 데이터 추출

Code

```
df_year_2000=df2[df2['year']==2000]
print(df_year_2000)
```

```
year  Afghanistan  Albania  Algeria  Andorra  Angola  Antigua & Barbuda  ₩
1     2000                0      132.0       0.0     138.0      57.0  128.0

Argentina  Armenia  Australia  ...  Tanzania   USA  Uruguay  Uzbekistan  ₩
1      25.0     179.0      72.0  ...        6.0  158.0     35.0       101.0

   Vanuatu  Venezuela  Vietnam  Yemen  Zambia  Zimbabwe
1     18.0      100.0        2  0.0     19.0     18.0

[1rows×194columns]
```

③ 행과 열 변환

Code

```
df_year_2000_T=df_year_2000.T
print(df_year_2000_T)
```

```
1
year          2000.0
Afghanistan      0.0
Albania        132.0
Algeria          0.0
Andorra        138.0
...              ...
Venezuela      100.0
Vietnam          2.0
Yemen            0.0
Zambia          19.0
Zimbabwe        18.0

[194rows×1columns]
```

④ year 행 삭제

Code

```
df_year_2000_T=df_year_2000_T.drop(['year'])
print(df_year_2000_T)
```

```
1
Afghanistan      0.0
Albania        132.0
Algeria          0.0
Andorra        138.0
Angola          57.0
...              ...
Venezuela      100.0
Vietnam          2.0
```

```
Yemen          0.0
Zambia        19.0
Zimbabwe      18.0

[193rows×1columns]
```

⑤ 컬럼값 지정 후 평균값 계산

Code

```
df_year_2000_T.columns=['value']
mean=df_year_2000_T['value'].mean()
print(mean)
```

```
81.01036269430051
```

⑥ 평균값보다 더 큰 유병률 값을 가진 국가의 수 계산

Code

```
result=len(df_year_2000_T[df_year_2000_T['value']>mean])
print(result)
```

```
76
```

03 다음은 Titanic 데이터 세트이다. 주어진 데이터 세트의 컬럼 중 결측치를 확인하고 결측치의 비율이 가장 높은 변수명을 출력하시오.

문제 풀이

* 데이터 세트 파일명 : 2_3_titanic.csv

① 라이브러리 및 데이터 불러오기

Code

```
import pandas as pd
df3=pd.read_csv('/content/drive/MyDrive/2_3_titanic.csv')
df3.head()
```

	PassengerId	Survived	Pclass	Name	Sex	Age	SibSp	Parch
0	1	0	3	Braund, Mr. Owen Harris	male	22.0	1	0
1	2	1	1	Cumings, Mrs. John Bradley (Florence Briggs Th...	female	38.0	1	0
2	3	1	3	Heikkinen, Miss. Laina	female	26.0	0	0
3	4	1	1	Futrelle, Mrs. Jacques Heath (Lily May Peel)	female	35.0	1	0
4	5	0	3	Allen, Mr. William Henry	male	35.0	0	0

② 결측치 계산

Code

```
df_na=df3.isna().sum()
print(df_na)
```

```
PassengerId      0
Survived         0
Pclass           0
Name             0
Sex              0
Age            177
SibSp            0
Parch            0
Ticket           0
Fare             0
Cabin          118
Embarked         2
dtype: int64
```

③ 최댓값을 가지는 인덱스 반환

Code

```
result=df_na.idxmax()
print(result)
```

```
Age
```

3 작업형 제2유형

01 다음은 Travel Insurance 데이터 세트이다. 주어진 훈련 데이터 세트를 이용하여 고객별 여행보험 가입 여부 예측 모형을 만들고, 가장 높은 Accuracy 값을 가지는 최종 모델을 제출하시오. 해당 모델을 활용하여 보험 가입 여부 예측값을 계산하고 결괏값은 다음과 같은 형식의 csv 파일로 제출하시오. (제출한 모델의 성능은 ROC-AUC 평가 지표에 따라 채점)

* 데이터 세트 파일명 : 2_1_travel_insurance_train.csv
* 데이터 세트 파일명 : 2_2_travel_insurance_test.csv

문제 풀이

① 라이브러리 및 데이터 불러오기

Code

```
import pandas as pd
train=
pd.read_csv('/content/drive/MyDrive/2_1_travel_insurance_train.csv')
test=pd.read_csv('/content/drive/MyDrive/2_2_travel_insurance_test.csv')
```

② 데이터 확인 및 분할

Code

```
train.head()
```

	ID	Age	Employment Type	GraduateOrNot	AnnualIncome	FamilyMembers	ChronicDiseases	FrequentFlyer	EverTravelledAbroad	TravelInsurance
0	1704	26	Private Sector/Self Employed	Yes	1400000	3	1	No	Yes	0
1	491	28	Private Sector/Self Employed	Yes	1100000	4	1	No	No	1
2	414	33	Private Sector/Self Employed	Yes	1400000	4	0	No	Yes	1
3	120	28	Private Sector/Self Employed	Yes	800000	3	1	No	No	0
4	1268	33	Government Sector	Yes	1000000	5	0	No	Yes	1

```
train.head()
```

	ID	Age	Employment Type	GraduateOrNot	AnnualIncome	FamilyMembers	ChronicDiseases	FrequentFlyer	EverTravelledAbroad
0	1569	27	Government Sector	Yes	500000	5	0	No	No
1	1344	25	Private Sector/Self Employed	Yes	1700000	3	0	Yes	No
2	1429	32	Government Sector	Yes	650000	3	0	No	No
3	896	33	Government Sector	Yes	600000	4	0	No	No
4	101	33	Private Sector/Self Employed	Yes	1500000	3	1	Yes	Yes

```
X_train=train.drop(columns='TravelInsurance')
y_train=train[['ID', 'TravelInsurance']]
X_test=test.copy()
print(X_train.shape, y_train.shape, X_test.shape)
```

```
(1490, 9) (1490, 2) (497, 9)
```

```
X_train.info()
```

```
<class 'pandas.core.frame.DataFrame'>
RangeIndex: 1490 entries, 0 to 1489
Data columns (total 9 columns):
 #   Column               Non-Null Count   Dtype
---  ----------           ---------------  -------
 0   ID                   1490 non-null    int64
 1   Age                  1490 non-null    int64
 2   Employment Type      1490 non-null    object
 3   GraduateOrNot        1490 non-null    object
 4   AnnualIncome         1490 non-null    int64
 5   FamilyMembers        1490 non-null    int64
 6   ChronicDiseases      1490 non-null    int64
 7   FrequentFlyer        1490 non-null    object
 8   EverTravelledAbroad  1490 non-null    object
dtypes: int64(5), object(4)
memory usage: 104.9+KB
```

```
X_test.info()
```

```
<class 'pandas.core.frame.DataFrame'>
RangeIndex: 497 entries, 0 to 496
Data columns (total 9 columns):
 #   Column              Non-Null Count   Dtype
---  ----------          ---------------  -------
 0   ID                   497 non-null    int64
 1   Age                  497 non-null    int64
```

```
 2   Employment Type         497 non-null    object
 3   GraduateOrNot           497 non-null    object
 4   AnnualIncome            497 non-null    int64
 5   FamilyMembers           497 non-null    int64
 6   ChronicDiseases         497 non-null    int64
 7   FrequentFlyer           497 non-null    object
 8   EverTravelledAbroad     497 non-null    object
dtypes: int64(5), object(4)
memory usage: 35.1+KB
```

③ 데이터 타입별(object 타입과 int 타입) 분류 후 확인

Code

```
int_train=X_train.select_dtypes(exclude='object')
object_train=X_train.select_dtypes(include='object')
int_test=X_test.select_dtypes(exclude='object')
object_test=X_test.select_dtypes(include='object')
int_train.head()
```

	ID	Age	AnnualIncome	FamilyMembers	ChronicDiseases
0	1704	26	1400000	3	1
1	491	28	1100000	4	1
2	414	33	1400000	4	0
3	120	28	800000	3	1
4	1268	33	1000000	5	0

```
object_train.head()
```

	Employment Type	GraduateOrNot	FrequentFlyer	EverTravelledAbroad
0	Private Sector/Self Employed	Yes	No	Yes
1	Private Sector/Self Employed	Yes	No	No
2	Private Sector/Self Employed	Yes	No	Yes
3	Private Sector/Self Employed	Yes	No	No
4	Government Sector	Yes	No	Yes

④ int 타입 데이터 최소최대정규화 스케일링(데이터 변환 값 비교를 위해 display 함수 사용)

Code

```
from sklearn.preprocessing import MinMaxScaler
scaler=MinMaxScaler()
cols=['Age', 'AnnualIncome', 'FamilyMembers', 'ChronicDiseases']
display(int_train.head())
int_train[cols]=scaler.fit_transform(int_train[cols])
int_test[cols]=scaler.fit_transform(int_test[cols])
int_train.head()
```

	ID	Age	AnnualIncome	FamilyMembers	ChronicDiseases
0	1704	26	1400000	3	1
1	491	28	1100000	4	1
2	414	33	1400000	4	0
3	120	28	800000	3	1
4	1268	33	1000000	5	0

	ID	Age	AnnualIncome	FamilyMembers	ChronicDiseases
0	1704	0.1	0.733333	0.142857	1.0
1	491	0.3	0.533333	0.285714	1.0
2	414	0.8	0.733333	0.285714	0.0
3	120	0.3	0.333333	0.142857	1.0
4	1268	0.8	0.466667	0.428571	0.0

⑤ object 타입 데이터 원-핫 인코딩(데이터 변환 값 비교를 위해 display 함수 사용)

Code

```
display(object_train.head())
object_train=pd.get_dummies(object_train)
object_test=pd.get_dummies(object_test)
object_train.head()
```

	Employment Type	GraduateOrNot	FrequentFlyer	EverTravelledAbroad
0	Private Sector/Self Employed	Yes	No	Yes
1	Private Sector/Self Employed	Yes	No	No
2	Private Sector/Self Employed	Yes	No	Yes
3	Private Sector/Self Employed	Yes	No	No
4	Government Sector	Yes	No	Yes

	Employment Type_Government Sector	Employment Type_Private Sector/Self Employed	GraduateOrNot_No	GraduateOrNot_Yes	FrequentFlyer_No	FrequentFlyer_Yes
0	0	1	0	1	1	0
1	0	1	0	1	1	0
2	0	1	0	1	1	0
3	0	1	0	1	1	0
4	1	0	0	1	1	0

⑥ 데이터 결합

Code

```
X_train=pd.concat([int_train,object_train], axis=1)
X_test=pd.concat([int_test,object_test], axis=1)
print(X_train.shape, X_test.shape)
X_train.head()
```

```
(1490, 13) (497, 13)
```

	ID	Age	AnnualIncome	FamilyMembers	ChronicDiseases	Employment Type_Government Sector	Employment Type_Private Sector/Self Employed	GraduateOrNot_No	GraduateOrNot_Yes
0	1704	0.1	0.733333	0.142857	1.0	0	1	0	1
1	491	0.3	0.533333	0.285714	1.0	0	1	0	1
2	414	0.8	0.733333	0.285714	0.0	0	1	0	1
3	120	0.3	0.333333	0.142857	1.0	0	1	0	1
4	1268	0.8	0.466667	0.428571	0.0	1	0	0	1

⑦ 검증 데이터 분리

Code

```
from sklearn.model_selection import train_test_split
X_tr, X_val, y_tr, y_val=train_test_split(X_train,
                                           y_train['TravelInsurance'],
                                           test_size=0.1,
                                           random_state=1234)
X_tr.shape, X_val.shape, y_tr.shape, y_val.shape
```

```
((1341, 13), (149, 13), (1341,), (149,))
```

⑧ 모델링 및 평가 라이브러리 임포트

Code

```
from sklearn.linear_model import LogisticRegression
from sklearn.svm import SVC
from sklearn.tree import DecisionTreeClassifier
from sklearn.ensemble import RandomForestClassifier
from lightgbm import LGBMClassifier
from sklearn.metrics import roc_auc_score
```

⑨ 모델링 및 평가 – 로지스틱회귀분석

Code

```
model_lgm=LogisticRegression()
model_lgm.fit(X_tr, y_tr)
pred_lgm=model_lgm.predict_proba(X_val)
roc_auc_score(y_val, pred_lgm[:,1])
```

```
0.7456479690522244
```

⑩ 모델링 및 평가 – 서포트벡터머신

Code

```
model_svm=SVC(probability=True)
model_svm.fit(X_tr, y_tr)
pred_svm=model_svm.predict_proba(X_val)
roc_auc_score(y_val, pred_svm[:,1])
```

```
0.7075435203094778
```

⑪ 모델링 및 평가 – 의사결정나무

Code

```
model_dt=DecisionTreeClassifier()
model_dt.fit(X_tr, y_tr)
pred_dt=model_dt.predict_proba(X_val)
roc_auc_score(y_val, pred_dt[:,1])
```

```
0.6927466150870406
```

⑫ 모델링 및 평가 – 랜덤포레스트

Code

```
model_rf=RandomForestClassifier()
model_rf.fit(X_tr, y_tr)
pred_rf=model_rf.predict_proba(X_val)
roc_auc_score(y_val, pred_rf[:,1])
```

```
0.7945841392649903
```

⑬ 모델링 및 평가 – LightGBM

Code

```
model_lgb=LGBMClassifier()
model_lgb.fit(X_tr, y_tr)
pred_lgb=model_lgb.predict_proba(X_val)
roc_auc_score(y_val, pred_lgb[:,1])
```

```
0.7794970986460349
```

⑭ 최종 모델 선택

Code

```
model_final=RandomForestClassifier()
model_final.fit(X_train, y_train['TravelInsurance'])
pred_final=model_final.predict_proba(X_test)
pred_final[:5]
```

```
array([[0.77, 0.23],
       [0., 1.],
       [0.82, 0.18],
       [0.83, 0.17],
       [0.05, 0.95]])
```

⑮ 제출 파일 생성 및 확인

Code

```
submission=pd.DataFrame({
        "index": X_test.index,
        "y_pred": pred_final[:,1]
    })
submission.head()
```

	index	y_pred
0	0	0.23
1	1	1.00
2	2	0.18
3	3	0.17
4	4	0.95

⑯ 수험번호.csv 파일로 저장

Code

```
submission.to_csv('submission.csv', index=False)
```

2022년 5회 기출복원문제

1 필답형

01 구글에서 개발한 데이터 처리 기술로, 대용량 처리 시 연산의 병렬화, 장애 복구 등 복잡성을 추상화시켜서 개발자들이 오직 핵심 기능 구현에만 집중할 수 있도록 하고 방대한 양의 데이터를 신속하게 처리하는 분산 병렬 데이터 처리 기술은 무엇인가?

해설

- MapReduce는 대규모 데이터 세트를 처리하고 생성하는 데 사용되는 프로그래밍 모델이다. Google에서 처음 개발하여 대용량 데이터 처리 작업을 위한 병렬 분산 알고리즘 실행을 간소화하는 데 목적이 있으며, Map(매핑) 단계와 Reduce(리듀스) 단계로 구성되어 있다.
- Map(매핑) 단계: 입력 데이터를 처리하여 중간 키-값 쌍을 생성한다. 이 과정에서 원본 데이터가 작은 데이터로 분리되며, 이 데이터들은 동시에 처리될 수 있다.
- Reduce(리듀스) 단계: 매핑 단계에서 생성된 중간 키-값 쌍을 키가 같은 것끼리 모아서 각 키에 대한 처리를 실행한다. 이 단계에서는 중간 데이터를 요약, 정리, 필터링하거나 다른 형태로 변환하여 최종 결과를 생성한다.

02 Z-Score는 표준편차를 단위로 보았을 때 측정치가 평균에서 얼마만큼 일탈하였는지를 보는 것으로 이상치를 찾을 때 사용할 수 있다. Z-Score 몇 점부터 이상치에 해당하는가?

해설

Z-Score는 평균에서 3 이상 떨어진 값을 이상치로 여긴다.

03 다음 빈칸에 들어갈 말은 무엇인가?

(　　)은/는 Dying ReLU 현상을 해결하기 위해 제시된 함수이다. ReLU는 $X<0$에서 모든 값이 0이지만, (　　)은/는 작은 기울기를 부여한다.

01 맵리듀스(Map-Reduce)　02 3　03 Leaky ReLU  정답

해설

Leaky ReLU는 임계치보다 작을 때 0을 출력하는 ReLU와 달리 0.01을 곱한다. 이는 ReLU를 사용할 때 특정 Layer에서 모든 노드의 미분 값이 0으로 나왔을 경우 그 다음 Layer의 노드는 학습을 할 수 없게 되는 문제를 해결하기 위한 방식이다.

04 데이터 내부에 데이터 구조에 대한 메타 정보를 가지고 있어, 어떤 형태를 가진 데이터인지 파악할 수 있다. 이 데이터의 형식은 무엇인가?

해설

반정형 데이터는 데이터를 설명하는 메타 데이터를 보유하고 있다. 대표적으로 HTML, XML, JSON 파일 등이 해당된다.

05 다음 빈칸에 들어갈 말은 무엇인가?

(　　　) 모형은 과거의 관측 값과 오차를 사용해서 현재의 시계열 값을 설명하는 ARMA(Auto-Regressive Moving Average) 모델을 일반화한 것으로, 분기/반기/연간 단위로 다음 지표를 예측하거나 주간/월간 단위로 지표를 리뷰하며 트렌드에 이상치가 없는지를 모니터링하는 데 사용되는 분석 기법이다. ARMA 모델이 안정적 시계열에만 적용 가능한 것에 비해 분석 대상이 다소 비안정적인 시계열의 특징을 보여도 적용 가능하다.

해설

ARIMA는 시계열 데이터 분석에 널리 사용되는 통계 모델이며, 과거의 데이터 포인트들을 사용하여 미래 값을 예측하는 데 효과적이다. ARIMA 모델은 비정상적인 시계열 데이터를 정상적인 시계열 데이터로 변환한 뒤 예측을 수행하는 모델이다.

- 자기회귀(Auto-Regressive; AR): 이 부분은 'p'로 표현되며, 과거 값의 영향을 현재 값에 반영하는 정도를 나타낸다. 즉, 과거 값의 '자기 회귀' 효과를 모델링한다.
- 누적(Integrated; I): 이 부분은 'd'로 표현되며, 데이터가 비정상적일 경우 차분을 통해 정상성을 확보하는 과정이다. 차분이란 현재 관측치와 이전 관측치 간의 차이를 말한다.
- 이동평균(Moving Average; MA): 이 부분은 'q'로 표현되며, 과거 예측 오차의 이동 평균을 현재 예측에 반영한다.

정답 04 반정형 데이터　　05 ARIMA(Auto-Regressive Integrated Moving Average, 자기회귀누적이동평균)

06 다음을 보고 F1 Score를 구하시오.

	실제	
예측	20	80
	40	60

해설

F1 Score는 정밀도(Precision)와 재현율(Recall)의 조화 평균을 이용하여 계산하는 성능 지표이다. 이는 데이터의 균형을 맞추는 데 유용하며, 특히 양성 클래스의 샘플이 부정적인 클래스의 샘플보다 훨씬 적을 때 유용하다. F1 점수는 다음 공식을 통해 계산된다.

$$F1 = 2 \times \frac{(Precision \times Recall)}{(Precision + Recall)}$$

Precision은 20/60으로 0.33

Recall은 20/100으로 0.2

F1 Score 산식에 대입하여 계산하면 0.25의 값을 보인다.

F1 점수는 0에서 1 사이의 값을 가지며, 값이 높을수록 모델의 성능이 좋음을 의미한다.

이 지표는 모델의 정밀도와 재현율 사이의 균형을 평가하는 데 특히 유용하다.

07 개체들의 밀도 계산을 기반으로 밀접하게 분포되어 있는 개체들을 클러스터링하는 알고리즘은 무엇인가?

해설

DBSCAN(Density-Based Spatial Clustering of Applications with Noise, 밀도 기반 공간 클러스터링 알고리즘)은 데이터 포인트들을 '밀도'를 기준으로 클러스터링하는 방식이다. 이 알고리즘은 데이터가 밀집해 있는 공간을 클러스터로 정의하고, 밀도가 낮은 영역을 노이즈로 간주하며 군집을 생성한다. DBSCAN은 특히 클러스터의 형태가 불규칙하거나 클러스터의 크기가 서로 다를 때 유용하며, 클러스터의 개수를 미리 지정할 필요가 없다.

06 0.25 07 DBSCAN 정답

08 소수 클래스의 데이터를 복제하거나 생성함으로써 데이터의 비율을 맞추는 방법으로, 정보가 손실되지 않는다는 장점이 있으나 과적합을 초래할 수 있다.

해설

오버샘플링은 불균형한 데이터 세트를 다룰 때 사용되는 기법 중 하나이다. 특히, 분류 문제에서 한 클래스의 샘플 수가 다른 클래스보다 현저히 적을 때 이를 균형있게 만들기 위해 사용된다. 오버샘플링은 소수 클래스의 샘플 수를 인위적으로 증가시켜 데이터 세트의 균형을 맞추며 이 과정은 소수 클래스의 예시를 복제하거나, 더 복잡한 방법으로 새로운 데이터 포인트를 생성하여 수행할 수 있다.

그러나 오버샘플링에는 주의할 점도 있는데, 단순히 소수 클래스의 샘플을 복제하는 경우, 모델이 특정 패턴에 과적합될 위험이 있다. 이를 방지하기 위해 SMOTE(Synthetic Minority Over-sampling Technique)와 같은 고급 기법을 사용하여 인위적인 데이터 포인트를 생성할 수도 있다.

09 회귀 분석의 결과가 다음과 같을 때 RMSE를 구하시오.

예측	10	20	30	40
실제	9	18	32	44

해설

RMSE(평균 제곱근 오차)는 다음과 같이 계산한다.
① 각 예측값과 실제값의 차이를 구한 뒤 이를 제곱하여 오차의 제곱을 계산한다.
② 제곱된 오차들을 모두 더한다.
③ 그 합을 관측값의 수로 나누어 평균 제곱 오차(MSE)를 구한다.
④ MSE의 제곱근을 구하여 RMSE를 도출한다.

이에 따라, 각각의 오차 제곱은 다음과 같이 계산된다.
$(10-9)^2=1$
$(20-18)^2=4$
$(30-32)^2=4$
$(40-44)^2=16$

이제, 오차 제곱의 합은 1+4+4+16=25이며, 이를 샘플의 수인 4로 나누면 평균 제곱 오차(MSE)는 25/4=6.25가 된다.

마지막으로, RMSE는 MSE의 제곱근이므로, $\sqrt{6.25}=25$ 가 된다.

정답 08 과대표집(Over Sampling)　09 2.5

10 **데이터의 전부 또는 일부를 대체값으로 변환하는 비식별화 방법이다. 개인의 사생활 침해를 방지하고 통계 응답자의 비밀을 보호하면서 자료의 유용성을 최대한 확보할 수 있는 이 방법은 무엇인가?**

해설

데이터 마스킹은 민감한 정보를 숨기거나 가리는 과정을 의미한다. 이 기법은 데이터의 실제 값을 변경하거나 익명화하여, 실제 데이터를 사용해야 하는 상황에서도 개인 정보 보호 규정을 준수하고 데이터의 노출 위험을 줄일 수 있도록 한다. 데이터 마스킹은 특히 개인 식별 정보(PII), 금융 정보, 건강 정보 등 민감한 데이터를 다룰 때 중요한 기법 중 하나이다.

2 작업형 제1유형

01 주어진 trash bag 데이터 세트는 지역별 종량제 봉투 가격을 나타낸다. 가격 컬럼은 각 행의 조건을 만족하는 해당 용량의 종량제 봉투가 존재하면 가격을 값으로, 존재하지 않으면 0을 값으로 갖는다. 이때 용도가 '음식물쓰레기'이고 사용 대상이 '가정용'인 2L 봉투 가격의 평균을 소수점을 버린 후 정수로 출력하시오.

문제 풀이 — * 데이터 세트 파일명 : 5_1_trash_bag.csv

① 라이브러리 및 데이터 불러오기

Code

```
import pandas as pd

df1 = pd.read_csv('/content/drive/MyDrive/Colab Notebooks/5_1_trash_bag.csv', encoding='cp949')

df1.head()
```

	시도명	시군구명	종류	처리방식	용도	사용대상	1L가격	1.5L가격	2L가격	2.5L가격	...
0	강원도	강릉시	규격봉투	매립용	생활쓰레기	기타	0	0	0	0	...
1	강원도	강릉시	재사용규격봉투	매립용	생활쓰레기	기타	0	0	0	0	...
2	강원도	고성군	규격봉투	소각용	생활쓰레기	가정용	0	0	0	0	...
3	강원도	고성군	규격봉투	소각용	음식물쓰레기	가정용	0	0	60	0	...
4	강원도	고성군	특수규격마대	매립용	생활쓰레기	가정용	0	0	0	0	...

10 데이터 마스킹 정답

② 조건에 맞는 데이터 추출

Code

```
filtered_data = df1[(df1['용도']=='음식물쓰레기') & (df1['사용대상']=='가정용')]
filtered_data.head()
```

③ 2L가격 열에서 가격이 0이 아닌 데이터의 평균 계산 및 정수 출력

Code

```
average_price = filtered_data[filtered_data['2L가격']!=0]['2L가격'].mean()
results = int(average_price)
print(results)
```

```
119
```


02 BMI 지수는 몸무게(kg)를 키(m)의 제곱으로 나누어 구하며, BMI값에 따른 비만도 분류는 다음과 같다. 이때 주어진 bmi 데이터 세트에서 비만도가 정상에 속하는 인원 수와 과체중에 속하는 인원 수의 차이를 정수로 출력하시오.

BMI 지수 범위	비만도 분류
18.5 미만	저체중
18.5 이상 23 미만	정상
23 이상 25 미만	과체중
25 이상 30 미만	경도비만
30 이상	중등도비만

문제 풀이

* 데이터 세트 파일명 : 5_2_bmi.csv

① 라이브러리 및 데이터 불러오기

Code

```
import pandas as pd

df2 = pd.read_csv('/content/drive/MyDrive/Colab Notebooks/5_2_bmi.csv',
encoding='cp949')
df2.head()
```

	Gender	Height	Weight
0	Male	174	96
1	Male	189	87
2	Female	185	110
3	Female	195	104
4	Male	149	61

② BMI 지수 계산(키는 m 단위이고, 데이터의 키는 cm 단위이므로 먼저 Height 변수를 100으로 나눈 후 제곱으로 계산)

Code

```
df2['BMI'] = df2['Weight'] / ((df2['Height'] / 100) ** 2)
df2.head()
```

	Gender	Height	Weight	BMI
0	Male	174	96	31.708284
1	Male	189	87	24.355421
2	Female	185	110	32.140248
3	Female	195	104	27.350427
4	Male	149	61	27.476240

③ '정상' 범주와 '과체중' 범주에 해당하는 인원 수 계산

Code

```
# '정상' 범주 인원 수
normal= df2[(df2['BMI'] > 18.5) & (df2['BMI'] < 23)].shape[0]

# '과체중' 범주 인원 수
overweight= df2[(df2['BMI'] >= 23) & (df2['BMI'] < 25)].shape[0]
```

④ '정상'과 '과체중' 사이의 차이 계산 및 결과 출력

Code

```
results = normal - overweight
print(results)
```

```
28
```

03 주어진 students 데이터 세트는 각 학교의 학년별 총 전입학생, 총 전출학생, 전체 학생 수를 나타낸다. 순 전입학생 수는 총 전입학생 수에서 총 전출학생 수를 빼서 구할 수 있다. 순 전입학생이 가장 많은 학교의 전체 학생 수를 구하시오.

문제 풀이

* 데이터 세트 파일명 : 5_3_students.csv

① 라이브러리 및 데이터 불러오기

Code

```
import pandas as pd

df3 = pd.read_csv('/content/drive/MyDrive/Colab Notebooks/5_3_students.csv',
encoding='cp949')
df3.head()
```

	학교	학년	총 전입학생	총 전출학생	전체 학생 수
0	A	1	9	1	222
1	A	2	13	4	148
2	A	3	8	7	196
3	B	1	7	5	171
4	B	2	9	1	216

② 순 전입학생 수 계산(총 전입학생 – 총 전출학생)

Code

```
df3['순 전입학생'] = df3['총 전입학생'] - df3['총 전출학생']
df3.head()
```

	학교	학년	총 전입학생	총 전출학생	전체 학생 수	순 전입학생
0	A	1	9	1	222	8
1	A	2	13	4	148	9
2	A	3	8	7	196	1
3	B	1	7	5	171	2
4	B	2	9	1	216	8

③ 학교별 순 전입학생의 합계와 전체 학생 수의 합계 계산

Code

```
school_summary = df3.groupby('학교').agg({'순 전입학생':'sum', '전체 학생 수':'sum'}).
reset_index()
```

④ 순 전입학생이 가장 많은 학교의 전체 학생 수 출력

Code

```
results = school_summary.loc[school_summary['순 전입학생'].idxmax(), '전체 학생 수']
print(results)
```

```
566
```

3 작업형 제2유형

01 다음은 Used car 데이터 세트이다. 주어진 훈련 데이터 세트를 활용하여 중고차의 판매 가격을 예측하고 해당 예측 결과를 csv 파일로 제출하시오.

※ 결과 제출 양식 : 제출한 양식의 rmse 평가 지표 값을 통해 영역별 배점에 따라 최종 점수가 반영될 예정

※ 결과 제출 양식

Id	Price
1	12500
2	36000
3	25600
4	11000
…	…

※ Used Car 데이터 세트 변수 설명

변수	설명
Id	중고차 id 번호
Model	차량 모델명
Year	차량 등록 연도
Transmission	변속기 종류

Mileage	주행거리
FuelType	엔진 연료 종류
Tax	도로세
Mpg	갤런당 마일, 연비
Enginesize	엔진 크기
Price	가격(파운드)

* 데이터 세트 파일명 : 5_4_x_test.csv
* 데이터 세트 파일명 : 5_4_x_train.csv
* 데이터 세트 파일명 : 5_4_y_train.csv

문제 풀이

① 라이브러리 불러오기

Code

```
import pandas as pd
import numpy as np
from sklearn.linear_model import LinearRegression
from sklearn.ensemble import RandomForestRegressor
from sklearn.neural_network import MLPRegressor
from sklearn.metrics import mean_squared_error
from sklearn.preprocessing import OneHotEncoder
```

② 데이터 불러오기

Code

```
x_train = pd.read_csv('/content/drive/MyDrive/Colab Notebooks/5_4_x_train.csv',
encoding='CP949')
y_train = pd.read_csv('/content/drive/MyDrive/Colab Notebooks/5_4_y_train.csv',
encoding='CP949')['price']
x_test = pd.read_csv('/content/drive/MyDrive/Colab Notebooks/5_4_x_test.csv',
encoding='CP949')
```

③ id 열 제거

Code

```
x_train.drop(columns=['id'], inplace=True)
x_test.drop(columns=['id'], inplace=True)
```

④ 데이터 형태 확인

Code

```
print(x_train.shape, y_train.shape, x test.shape)
```

```
(7468, 8) (7468, ) (3200, 8)
x_train.head()
```

	model	year	transmission	mileage	fuelType	tax	mpg	engineSize
0	A1	2019	Automatic	3500	Petrol	145	40.9	2.0
1	RS4	2020	Semi-Auto	2500	Petrol	145	28.8	2.9
2	A8	2019	Semi-Auto	500	Diesel	145	40.4	3.0
3	Q5	2019	Semi-Auto	5089	Diesel	150	38.2	2.0
4	A5	2020	Semi-Auto	4951	Diesel	145	51.4	2.0

```
y_train.head()
```

```
0    21350
1    69691
2    42950
3    31470
4    27495
Name: price, dtype: int64
```

⑤ 결측치, 기본 정보 확인

Code

```
x_train.isnull().sum()
```

```
model           0
year            0
transmission    0
mileage         0
fuelType        0
tax             0
mpg             0
engineSize      0
dtype: int64
```

```
x_test.isnull().sum()
```

```
model           0
year            0
transmission    0
mileage         0
fuelType        0
tax             0
mpg             0
engineSize      0
dtype: int64
```

⑥ 데이터 세부 정보 확인

```
x_train.info()
```

```
<class 'pandas.core.frame.DataFrame'>
RangeIndex: 7468 entries, 0 to 7467
Data columns (total 8 columns):
 #   Column        Non-Null Count  Dtype
---  ------        --------------  -----
 0   model         7468 non-null   object
 1   year          7468 non-null   int64
 2   transmission  7468 non-null   object
 3   mileage       7468 non-null   int64
 4   fuelType      7468 non-null   object
 5   tax           7468 non-null   int64
 6   mpg           7468 non-null   float64
 7   engineSize    7468 non-null   float64
dtypes: float64(2), int64(3), object(3)
memory usage: 466.9+ KB
```

⑦ 범주형 변수를 수치형 변수로 인코딩(OneHotEncoder)

get_dummies 함수가 자동으로 문자열 데이터 타입을 가진 열을 찾아 원-핫 인코딩을 수행한다. drop_first=True 옵션은 각 범주형 변수에서 첫 번째 범주를 제외시켜 더미변수의 함정(dummy variable trap)을 피할 수 있게 해준다.

Code

```
x_train_preprocessed = pd.get_dummies(x_train, drop_first=True)
x_test_preprocessed = pd.get_dummies(x_test, drop_first=True)
```

⑧ 훈련 데이터와 테스트 데이터 컬럼 맞추기

마지막으로 훈련 세트와 테스트 세트에 동일한 열이 있도록 조정한다. fill_value=0은 테스트 데이터에 없는 카테고리에 대해 0 값을 채운다. 이렇게 하면 모델 학습에 사용할 때 오류가 발생하지 않는다.

Code

```
x_test_preprocessed = x_test_preprocessed.reindex(columns=x_train_preprocessed.
columns, fill_value=0)
```

⑨ 모델 훈련

선형회귀분석, 랜덤포레스트, 신경망 모델을 사용한다.

Code

```
linear_model = LinearRegression()
random_forest_model = RandomForestRegressor()
nn_model = MLPRegressor(max_iter=500)

linear_model.fit(x_train_preprocessed, y_train)
random_forest_model.fit(x_train_preprocessed, y_train)
nn_model.fit(x_train_preprocessed, y_train)
```

⑩ 모델 평가

rmse 값이 제일 낮은 랜덤포레스트 모델을 사용한다.

Code

```
y_pred_linear = linear_model.predict(x_train_preprocessed)
y_pred_rf = random_forest_model.predict(x_train_preprocessed)
y_pred_nn = nn_model.predict(x_train_preprocessed)

rmse_linear = np.sqrt(mean_squared_error(y_train, y_pred_linear))
rmse_rf = np.sqrt(mean_squared_error(y_train, y_pred_rf))
rmse_nn = np.sqrt(mean_squared_error(y_train, y_pred_nn))

print(rmse_linear,rmse_rf,rmse_nn)
```

```
3726.0135052376468 951.6401430082361 5514.607633481454
```

⑪ 예측 결과를 데이터 프레임 형식으로 변환

Code

```
results = pd.DataFrame({'id': range(1, len(y_pred_rf) + 1),
'price': y_pred_rf})
print(results)
```

```
id        price
0      1  21870.070000
1      2  69497.040000
2      3  43897.820000
3      4  32544.460000
4      5  28010.725000
...   ...          ...
7463  7464  16770.510000
7464  7465  17604.050000
7465  7466  21471.038810
7466  7467  29248.830611
7467  7468  16267.350000

[7468 rows x 2 columns]
```

⑪ 수험번호.csv 파일로 저장

Code

```
results.to_csv('000000.csv', index=False)
```

2023년 6회 기출복원문제

1 작업형 제1유형

01 주어진 데이터 세트는 소방서별 신고접수시간, 출발시간, 도착시간이다. 신고접수 후 출발시간까지를 대응시간, 출발시간에서 도착시간까지를 출동시간이라고 할 때, 소방서별 출동시간 평균이 가장 큰 소방서를 구하시오.

[소방서 출동 기록 데이터]

소방서 ID	신고접수시간	출발시간	도착시간
StationS	2023-07-08 21:05	2023-07-08 21:09	2023-07-08 21:37
StationI	2023-06-04 08:11	2023-06-04 08:14	2023-06-04 08:58
StationJ	2023-01-31 16:20	2023-01-31 16:23	2023-01-31 16:44
StationD	2023-03-10 17:31	2023-03-10 17:32	2023-03-10 18:03
StationB	2023-06-18 07:23	2023-06-18 07:26	2023-06-18 08:18

문제 풀이

* 데이터 세트 파일명 : 6_1_1_Fire Station Data.csv

① 라이브러리 및 데이터 불러오기

Code

```
import pandas as pd
df1 = pd.read_csv('/content/drive/MyDrive/Colab Notebooks/6_1_1_Fire Station
Data.csv', encoding='cp949')
df1.head()
```

	소방서ID	신고접수시간	출발시간	도착시간
0	StationS	2023-07-08 21:05	2023-07-08 21:09	2023-07-08 21:37
1	StationI	2023-06-04 8:11	2023-06-04 8:14	2023-06-04 8:58
2	StationJ	2023-01-31 16:20	2023-01-31 16:23	2023-01-31 16:44
3	StationD	2023-03-10 17:31	2023-03-10 17:32	2023-03-10 18:03
4	StationB	2023-06-18 7:23	2023-06-18 7:26	2023-06-18 8:18

② 문자열 데이터를 시간 데이터로 변환

Code

```
df1['신고접수시간'] = pd.to_datetime(df1['신고접수시간'])
df1['출발시간'] = pd.to_datetime(df1['출발시간'])
df1['도착시간'] = pd.to_datetime(df1['도착시간'])
df1.info()
```

```
<class 'pandas.core.frame.DataFrame'>
RangeIndex: 993 entries, 0 to 992
Data columns (total 4 columns):
 #   Column  Non-Null Count  Dtype
---  ------  --------------  -----
 0   소방서ID   993 non-null    object
 1   신고접수시간  993 non-null    datetime64[ns]
 2   출발시간     993 non-null    datetime64[ns]
 3   도착시간     993 non-null    datetime64[ns]
dtypes: datetime64[ns](3), object(1)
memory usage: 31.2+ KB
```

③ 대응시간 및 출동시간 계산

Code

```
df1['대응시간'] = (df1['출발시간'] -
df1['신고접수시간']).dt.total_seconds() /60
df1['출동시간'] = (df1['도착시간'] -
df1['출발시간']).dt.total_seconds() /60
df1.head()
```

	소방서ID	신고접수시간	출발시간	도착시간	대응시간	출동시간
0	StationS	2023-07-08 21:05:00	2023-07-08 21:09:00	2023-07-08 21:37:00	4.0	28.0
1	StationI	2023-06-04 08:11:00	2023-06-04 08:14:00	2023-06-04 08:58:00	3.0	44.0
2	StationJ	2023-01-31 16:20:00	2023-01-31 16:23:00	2023-01-31 16:44:00	3.0	21.0
3	StationD	2023-03-10 17:31:00	2023-03-10 17:32:00	2023-03-10 18:03:00	1.0	31.0
4	StationB	2023-06-18 07:23:00	2023-06-18 07:26:00	2023-06-18 08:18:00	3.0	52.0

④ 대응시간 및 출동시간 평균 계산

Code

```
df1_response = df1.groupby('소방서ID')[['출동시간']].mean()
df1_response = df1_response.reset_index()
df1_response.head()
```

	소방서ID	출동시간
0	StationA	24.700000
1	StationB	32.024390
2	StationC	30.108696
3	StationD	33.393939
4	StationE	28.533333

⑤ 출동시간 평균으로 내림차순 정렬하기

Code

```
df1_response = df1_response.sort_values('출동시간', ascending=False)
df1_response.head()
```

	소방서ID	출동시간
25	StationZ	37.937500
13	StationN	35.114286
12	StationM	33.500000
3	StationD	33.393939
22	StationW	33.146341

⑥ 출동시간 평균이 가장 긴 소방서 탐색

Code

```
results = df1_response.iloc[0]['소방서ID']
print(results)
```

```
StationZ
```

02 주어진 데이터 세트는 초등학교 학년별 학생 수와 교사 수이다. 교사 1인당 학생 수가 가장 많은 학교를 찾은 후 그 학교의 전체 학생 수를 구하시오.

[초등학교 학년별 학생, 교사 데이터]

School Name	1G Students	2G Students	3G Students	4G Students	5G Students	6G Students	Teachers
ES1	64	48	84	78	24	38	15
ES2	58	62	82	73	42	63	15
ES3	64	79	99	49	80	73	23
ES4	60	96	48	69	47	26	18
ES5	56	71	69	32	33	100	22
ES6	86	41	56	70	57	60	16
ES7	90	100	93	53	43	76	18
ES8	87	54	40	29	33	72	13
ES9	26	24	72	69	62	70	19
ES10	21	68	72	76	49	84	24

문제 풀이

* 데이터 세트 파일명 : 6_1_2_Elementary School Data.csv

① 라이브러리 및 데이터 불러오기

Code

```
import pandas as pd
df2 = pd.read_csv('/content/drive/MyDrive/Colab Notebooks/6_1_2_Elementary
School Data.csv', encoding='cp949')
df2.head()
```

	School Name	1G Students	2G Students	3G Students	4G Students	5G Students	6G Students	Teachers
0	ES1	64	48	84	78	24	38	15
1	ES2	58	62	82	73	42	63	15
2	ES3	64	79	99	49	80	73	23
3	ES4	60	96	48	69	47	26	18
4	ES5	56	71	69	32	33	100	22

② 각 학교의 총 학생 수 계산

Code

```
df2['Total Students'] = df2[[col for col in df2.columns if 'Students' in col]].
sum(axis=1)
df2['Total Students'].head()
```

```
0    672
1    760
2    888
3    692
4    722
Name: Total Students, dtype: int64
```

③교사 1인당 학생 수 계산

Code

```
df2['Students per Teacher'] = df2['Total Students'] /
df2['Teachers']
df2['Students per Teacher'].head()
```

```
0    44.800000
1    50.666667
2    38.608696
3    38.444444
4    32.818182
Name: Students per Teacher, dtype: float64
```

④ 교사 1인당 가장 학생 수가 많은 학교 탐색

Code

```
highest_ratio_school = df2.loc[df2['Students per Teacher'].idxmax()]
highest_ratio_school
```

```
School Name                    ES87
1G Students                      38
2G Students                      66
3G Students                      21
4G Students                      24
5G Students                      61
6G Students                      35
Teachers                          9
Total Students                  490
Students per Teacher      54.444444
Name: 86, dtype: object
```

⑤ 해당 학교의 전체 학생 수 계산

Code

```
results= highest_ratio_school['Total Students']
print(results)
```

```
490
```

03 주어진 데이터 세트는 경찰서별 월별 발생한 범죄 데이터이다. 2021년 대비 2022년의 연평균 범죄율이 가장 많이 늘어난 경찰서(Police Station)의 2021년 교통범죄(Traffic Crimes) 데이터를 구하시오.

[경찰서별 월별 범죄 발생 데이터]

Police Station	Year-Month	Violent	Theft	Traffic	…	Security	Election	Military	Other
PS1	2021-01-31	36	42	42	…	6	18	13	17
PS1	2021-02-28	25	21	32	…	2	15	2	47
				…					
PS2	2021-02-28	38	17	26	…	4	10	3	37

문제 풀이

* 데이터 세트 파일명 : 6_1_3_Crime Data.csv

① 라이브러리 및 데이터 불러오기

Code

```
import pandas as pd
df3 = pd.read_csv('/content/drive/MyDrive/Colab Notebooks/6_1_3_Crime Data.
csv', encoding='cp949')
df3.head()
```

	Police Station	Year-Month	Violent	Theft	Traffic	Intelligence	Against Morals
0	PS 1	2021-01-31	36	42	42	20	12
1	PS 1	2021-02-28	25	21	32	1	20
2	PS 1	2021-03-31	45	7	36	46	35
3	PS 1	2021-04-30	43	24	2	2	18
4	PS 1	2021-05-31	23	36	11	2	36

② 연도 컬럼 생성 및 추가

Code

```
df3['Year'] = pd.to_datetime(df3['Year-Month']).dt.year
df3['Year'].head()
```

```
0    2021
1    2021
2    2021
3    2021
4    2021
Name: Year, dtype: int64
```

③ 전체 범죄 데이터를 합산한 컬럼 생성

Code

```
df3.loc[:, 'Total'] = df3.loc[: , 'Violent':'Other'].sum(axis=1)
print(df3)
```

```
    Police Station  Year-Month  Violent  Theft  Traffic  Intelligence  \
0             PS 1  2021-01-31       36     42       42            20
1             PS 1  2021-02-28       25     21       32             1
2             PS 1  2021-03-31       45      7       36            46
3             PS 1  2021-04-30       43     24        2             2
4             PS 1  2021-05-31       23     36       11             2
..             ...         ...      ...    ...      ...           ...
475          PS 20  2022-08-31       50      8       16             4
476          PS 20  2022-09-30       10     10        5             7
477          PS 20  2022-10-31       25     29        1            31
478          PS 20  2022-11-30       17     25        4            10
479          PS 20  2022-12-31       27     40       18            23
```

```
     Against Morals  Special Economic  Drug  Health  Environmental  Labor  \
0                12                27    35      26              7     16
1                20                22     0      49             47      7
2                35                46     9      34             17     33
3                18                41    37       1              0     44
4                36                44    29      34             47     25
..              ...               ...   ...     ...            ...    ...
475              16                28    31      49             28     45
476              17                 1     5      49             27     46
477               5                29    11      48             37     45
478              20                 2    15      31             12      6
479              27                11    45      48             50      4

     Security  Election  Military  Other  Year  Total
0           6        18        13     17  2021    317
1           2        15         2     47  2021    290
2          15        45        27     42  2021    437
3          33        30        45      6  2021    326
4          35        11        33     47  2021    413
..        ...       ...       ...    ...   ...    ...
475        21        47        33     20  2022    396
476        35        35        18     15  2022    280
477         5        14        24      4  2022    308
478        46        42         5     12  2022    247
479        39        30        42     42  2022    446

[480 rows x 18 columns]
```

④ 필요한 데이터 추출

Code

```
crime_summary = df3[['Police Station', 'Year', 'Traffic',
'Total']].groupby(by=['Police Station', 'Year']).sum(['Traffic', 'Total']).
reset_index()
print(crime_summary)
```

⑤ 연도별로 데이터 분리

Code

```
crime_2021 = df3[df3['Year'] == 2021][['Police Station', 'Year', 'Total']]
crime_2022 = df3[df3['Year'] == 2022][['Police Station', 'Year', 'Total']]
crime_merged = pd.merge(crime_2021,crime_2022, on='Police Station')
crime_merged.head()
```

	Police Station	Year_x	Total_x	Year_y	Total_y
0	PS 1	2021	317	2022	388
1	PS 1	2021	317	2022	223
2	PS 1	2021	317	2022	383
3	PS 1	2021	317	2022	386
4	PS 1	2021	317	2022	314

⑥ 범죄율이 가장 큰 경찰서 탐색

Code

```
crime_merged['Increase'] = crime_merged['Total_y'] - crime_merged['Total_x']
highest_increase_station = crime_merged[crime_merged['Increase']==max(crime_
merged['Increase'])]['Police Station'].item()
print(highest_increase_station)
```

```
PS 2
```

⑦ 해당 경찰서의 2021년 교통 범죄 데이터 추출

Code

```
results = df3[(df3['Police Station'] == highest_increase_station) &
(df3['Year']==2021)]['Traffic'].sum()
print(results)
```

```
306
```

2 작업형 제2유형

01 다음은 선호하는 메타버스 유형에 대한 데이터 세트이다. 주어진 훈련 데이터 세트를 활용하여 선호하는 메타버스 유형을 분류하는 모델을 구축하고 테스트 데이터 세트를 대상으로 분류한 결과를 csv 파일로 제출하시오.

※ 결과 제출 양식 : 제출한 예측값의 macro_f1 결과를 통해 영역별 배점에 따라 최종 점수가 반영될 예정

Id	Preferred Metaverse Type
1	0
2	1
3	2
...	...

[메타버스 데이터 세트 변수 설명]

변수	설명
Id	번호
Gender	성(male, female, other)
Education	교육 수준
Occupation Type	종사 직업 종류
Residence Type	주거 형태
Experience Using Metaverse	메타버스 사용 경험 유/무
Age	연령
Annual Salary	연봉
Preferred Metaverse Type	메타버스 타입(0,1,2,3) 0 – Virtual world 1 – Mirror world 2 – Lifelogging 3 – Augmented reality

※ 데이터 세트 파일명 : 6_2_1_Metaverse Training Data.csv
※ 데이터 세트 파일명 : 6_2_2_Metaverse Training Data_x.csv
※ 데이터 세트 파일명 : 6_2_3_Metaverse Training Data_y.csv

문제 풀이

① 라이브러리 불러오기

Code

```
import pandas as pd
from sklearn.model_selection import train_test_split
from sklearn.preprocessing import StandardScaler, OneHotEncoder
from sklearn.linear_model import LogisticRegression
from sklearn.ensemble import RandomForestClassifier
from sklearn.svm import SVC
from sklearn.metrics import f1_score
```

② 데이터 불러오기

Code

```
train_data = pd.read_csv('/content/drive/MyDrive/Colab Notebooks/6_2_1_
Metaverse Training Data.csv', encoding='cp949')
test_data_x = pd.read_csv('/content/drive/MyDrive/Colab Notebooks/6_2_2_
Metaverse Testing Data_x.csv', encoding='cp949')
test_data_y = pd.read_csv('/content/drive/MyDrive/Colab Notebooks/6_2_3_
Metaverse Testing Data_y.csv', encoding='cp949')
```

③ 데이터 분리

Code

```
X_train = train_data.drop('Preferred Metaverse Type', axis=1)
y_train = train_data['Preferred Metaverse Type']
X_test = test_data_x.drop('id', axis=1)
y_test = test_data_y['Preferred Metaverse Type']
```

④ 변수 확인

Code

```
X_train.head()
```

	Gender	Education	Occupation Type	Residence Type	Experience Using Metaverse	Age	Annual Salary
0	female	Elementary school graduate	Wholesale industry	Apartment	no	76	144766
1	female	Bachelor's degree	Wholesale industry	Townhouse	no	71	218622
2	other	Doctorate	Manufacturing industry	Townhouse	yes	50	172358
3	female	Bachelor's degree	Electric power industry	Townhouse	no	38	472211
4	male	Middle school graduate	Manufacturing industry	Townhouse	no	10	90360

⑤ 수치형 데이터 스케일링

Code

```
scaler = StandardScaler()
numeric_features = X_train.select_dtypes(include=['number']).columns
X_train[numeric_features] = scaler.fit_transform(X_train[numeric_features])
X_test[numeric_features] = scaler.transform(X_test[numeric_features])
```

⑥ 범주형 데이터 인코딩

Code

```
encoder = OneHotEncoder(sparse=False, handle_unknown='ignore')
categorical_features = X_train.select_dtypes(include=['object']).columns
X_train_encoded = encoder.fit_transform(X_train[categorical_features])
X_test_encoded = encoder.transform(X_test[categorical_features])
```

⑦ 인코딩된 범주형 데이터를 데이터 프레임으로 변환

Code

```
X_train_encoded = pd.DataFrame(X_train_encoded, columns=encoder.get_feature_
names_out(categorical_features))
X_test_encoded = pd.DataFrame(X_test_encoded, columns=encoder.get_feature_
names_out(categorical_features))
```

⑧ 수치형 데이터와 범주형 데이터를 결합

Code

```
X_train_final = pd.concat([X_train[numeric_features], X_train_encoded], axis=1)
X_test_final = pd.concat([X_test[numeric_features], X_test_encoded], axis=1)
```

⑨ 로지스틱 회귀 모델 생성 및 평가

Code

```
# 로지스틱 회귀 모델 초기화 및 훈련
lr_model = LogisticRegression()
lr_model.fit(X_train_scaled, y_train)

# 테스트 데이터에 대한 예측
lr_predictions = lr_model.predict(X_test_scaled)

# Macro F1 Score 계산
lr_macro_f1 = f1_score(test_data_y['Preferred Metaverse Type'], lr_predictions,
average='macro')
print(f"로지스틱 회귀 모델 Macro F1 Score: {lr_macro_f1}")
```

```
로지스틱 회귀 모델 Macro F1 Score: 0.2473295426503332
```

⑩ 랜덤 포레스트 모델 생성 및 평가

Code

```
# 랜덤 포레스트 모델 초기화 및 훈련
rf_model = RandomForestClassifier()
rf_model.fit(X_train_scaled, y_train)

# 테스트 데이터에 대한 예측
rf_predictions = rf_model.predict(X_test_scaled)

# Macro F1 Score 계산
rf_macro_f1 = f1_score(test_data_y['Preferred Metaverse Type'], rf_predictions,
average='macro')
print(f"랜덤 포레스트 모델 Macro F1 Score: {rf_macro_f1}")
```

```
랜덤 포레스트 모델 Macro F1 Score: 0.23164098972922503
```

⑪ SVM 모델 생성 및 평가

Code

```
# SVM 모델 초기화 및 훈련
svm_model = SVC()
svm_model.fit(X_train_scaled, y_train)

# 테스트 데이터에 대한 예측
svm_predictions = svm_model.predict(X_test_scaled)

# Macro F1 Score 계산
svm_macro_f1 = f1_score(test_data_y['Preferred Metaverse Type'], svm_
predictions, average='macro')
print(f"SVM 모델 Macro F1 Score: {svm_macro_f1}")
```

```
SVM 모델 Macro F1 Score: 0.2555302660146924
```

⑫ 최종 모델 선택 및 파일 저장

Code

```
# 최종 예측
final_predictions = rf_model.predict(X_test_scaled)

# CSV 파일로 저장
results = pd.DataFrame(final_predictions, columns=['Predicted'])
results.to_csv('000000.csv', index=False)
```


3 작업형 제3유형

01 A 도시의 교통수단은 버스, 지하철, 택시, 자전거가 있다. 전문가들은 각 교통수단의 실제 선택 비율이 각각 40%, 30%, 20%, 10%라고 예측했다. 이를 검증하기 위해 대중교통 이용객들이 선호하는 교통수단에 대해 설문조사를 했다. 이를 위해 수립한 귀무가설과 대립가설은 아래와 같다. 이에 대한 검정을 진행하시오.

귀무가설(H0)	대중교통 이용객의 실제 교통수단 선택 비율이 예상 비율과 같다.
대립가설(H1)	대중교통 이용객의 실제 교통수단 선택 비율이 예상 비율과 다르다.

[선호 교통수단]

User ID	Transport Mode
U1	Subway
U2	Taxi
U3	Subway
U4	Subway

문제 풀이 * 데이터 세트 파일명 : 6_3_1_transport_ data.csv

(1) 주어진 설문조사 데이터에서 전체 건수 대비 Subway를 선호하는 이용자의 비율을 구하시오. (단, 반올림하여 소수점 둘째 자리까지 계산한다.)

본 문제는 새로운 유형의 문제로서 통계 검정에 해당한다. 대중 교통 수단 선호도의 관찰된 비율이 예상 비율과 일치하는지 확인하기 위해 범주형 데이터에 대한 가설 테스트를 수행하는 것이므로 카이제곱 적합도 테스트를 진행한다.

SciPy 라이브러리에는 카이제곱 테스트에 사용할 수 있는 chi2_contingency 함수를 포함하여 다양한 통계 테스트 및 도구가 포함되어 있다. 적합도 테스트를 위해서는 scipy.stats.chisquare를 사용한다.

결과는 카이제곱 통계량과 p-값을 제공하는데, p-값이 유의수준(일반적으로 0.05로 설정)보다 작은 경우 귀무가설을 기각하고 대립가설을 채택한다.

① 라이브러리 및 데이터 불러오기

Code

```
import pandas as pd
df5 = pd.read_csv('/content/drive/MyDrive/Colab Notebooks/6_3_1_transport_data.
csv', encoding='cp949')
df5.head()
```

	User ID	TransportMode
0	U1	subway
1	U2	taxi
2	U3	subway
3	U4	subway
4	U5	subway

② Subway를 선호하는 이용자의 비율 계산(반올림하여 소수 둘째 자리까지 계산)

Code

```
# 지하철을 선호하는 사용자 비율 계산
subway_pref_rate = (df5['TransportMode'] == 'subway').mean()

# 소수점 두 자리까지 반올림
results = round(subway_pref_rate, 2)
print(results)
```

```
0.29
```

(2) 예상 이용자 수와 실제 이용자 수가 동일한 비율을 보이는지 적합도를 검정하고 검정 통계량을 소수 둘째 자리로 반올림하시오.

① 예상 이용자 수와 실제 이용자 수의 비율 계산

Code

```
from scipy.stats import chisquare

# 각 교통 수단별 사용자 수
observed_counts = df5['TransportMode'].value_counts()

# 관찰된 순서를 기대 순서와 일치시키기 위해 정렬
observed_counts = observed_counts.reindex(['bus', 'subway', 'taxi', 'bicycle']).
fillna(0)

# 전체 응답자 수
total_responses = df5.shape[0]

# 기대 비율에 따른 기대 사용자 수
expected_rates = [0.4, 0.3, 0.2, 0.1]  # 각 교통 수단별 기대 비율
# 기대 빈도 구하기
expected_counts = [rate * total_responses for rate in expected_rates]
```

위 코드는 예상되는 각 교통 수단의 비율(expected_rates)을 전체 응답자 수(total_responses)와 곱하여 각 교통 수단이 선택될 것으로 예상되는 기대 빈도를 계산하는 것이다.

② 적합도 검정 수행

scipy.stats의 chisquare() 함수는 카이제곱 적합도 테스트를 수행하는 데 사용된다. 'f_obs'와 'f_exp'는 각각 관찰 빈도와 기대 빈도이며, 이 함수는 귀무 가설을 기각할지 여부를 결정하는 데 도움이 되는 카이제곱 통계량(chi2_stat)과 p-값(p_value)을 반환한다.

Code

```
# 적합도 검정 수행
chi2_stat, p_value = chisquare(f_obs=observed_counts, f_exp=expected_counts)

# 검정 통계량 반올림
results = round(chi2_stat, 2)

# 결과 출력
print(results)
```

```
2.77
```

(3) 위의 통계량에 대한 p-value를 구하고, 유의수준 0.05하에서 가설 검정의 결과를 채택, 기각 중 하나로 선택하시오. (단, p-value 값은 반올림하여 소수점 둘째 자리까지 계산한다.)

① p-value 값을 구하고 의사결정

Code

```
# p-값 반올림
p_value_rounded = round(p_value, 2)

# 유의 수준 0.05와 비교하여 결과 결정
if p_value_rounded > 0.05:
    decision = "귀무 가설 수용: 실제 교통 수단 선택 비율이 기대 비율과 유의미하게 다르지 않음"
else:
    decision = "귀무 가설 기각: 실제 교통 수단 선택 비율이 기대 비율과 유의미하게 다름"

# 결과 출력
print(f"p-값: {p_value_rounded}, 결정: {decision}")
```

```
p-값: 0.43, 결정: 귀무 가설 수용: 실제 교통 수단 선택 비율이 기대 비율과 유의미하게 다르지 않음
```

02 물고기의 무게를 다중회귀분석으로 분석하고자 한다. 데이터의 구성은 아래 표와 같다. Weight를 Y 변수로, Length, Height, Width, FinSize를 X변수로 하는 다중회귀분석을 수행하고 아래에 답하시오.

Id	Length	Height	Width	FinSize	Weight
1	63.91	28.72	3.46	18.22	194.32
2	77.22	14.45	7.12	15.71	194.59
3	68.22	30.73	4.09	7.33	191.24
4	63.59	38.68	2.21	2.54	194.23
5	53.89	13.71	0.73	8.74	131.82

문제 풀이

* 데이터 세트 파일명 : 6_3_2_fish_weight_ data.csv

(1) Length의 회귀계수를 구하고, 소수 둘째 자리로 반올림하시오.

statsmodels 라이브러리는 통계적 모델링, 통계 테스트, 데이터 탐색 및 시각화를 지원하는 파이썬 모듈로 회귀 분석, 시계열 분석, 결과 통계 생성, 그리고 통계적 테스트와 같은 다양한 고급 통계적 접근 방법을 제공한다. 본 해설은 statsmodels 라이브러리를 사용한다.

① 라이브러리 및 데이터 불러오기

Code

```
import pandas as pd
import statsmodels.api as sm

df6 = pd.read_csv('/content/drive/MyDrive/Colab Notebooks/6_3_2_fish_weight_
data.csv')
df6.head()
```

	id	Length	Height	Width	FinSize	Weight
0	1	63.91	28.72	3.46	18.22	194.32
1	2	77.22	14.45	7.12	15.71	194.59
2	3	68.22	30.73	4.09	7.33	191.24
3	4	63.59	38.68	2.21	2.54	194.23
4	5	53.89	13.71	0.73	8.74	131.82

② 독립변수 및 종속변수 설정

Code

```
X = df6[['Length', 'Height', 'Width', 'FinSize']]  # 독립변수
Y = df6['Weight']  # 종속변수

# 상수항을 독립변수에 추가
X = sm.add_constant(X)
```

회귀 분석에 'statsmodels'를 사용할 때 모델에 상수 항을 추가하는 것은 회귀 방정식에 절편을 포함하는 데 중요하다. 절편은 모든 독립변수가 0으로 유지될 때 종속변수의 예상 평균 값이며, 절편이 없으면 모델이 편향될 수 있다.

statsmodels에서 모델은 기본적으로 상수를 자동으로 포함하지 않으므로(scikit-learn과 같은 다른 라이브러리와 달리) 이를 명시적으로 추가해야 한다. 이는 위 코드와 같이 add_constant() 메소드를 사용한다.

③ 다중회귀모델 생성 및 적합

Code

```
model = sm.OLS(Y, X).fit()
```

sm.OLS는 OLS 클래스를 사용하여 데이터 모델을 설정한다. Y는 종속변수(예측하고자 하는 변수), X는 하나 이상의 독립변수(예측변수)가 포함된 데이터이며, 이 함수는 X와 Y 간의 관계를 나타내는 선형 방정식을 설정하는 데 사용된다.

.fit()을 통해 실제로 모델을 데이터에 적합시킨다. 즉, 주어진 데이터에 대해 최소제곱법을 사용하여 회귀선을 찾고, 각 독립변수의 계수와 절편을 계산함으로써 모델의 파라미터를 추정할 수 있다.

summary()를 통해 회귀계수, p값, R^2 등의 값을 출력할 수 있다.

④ Length의 회귀계수를 구하고, 소수 둘째 자리로 반올림

Code

```
results = round(model.params['Length'], 2)
print(results)
```

```
2.04
```

(2) Height의 회귀계수의 p-value를 구하시오.

Code

```
# p-value 계산
results = model.pvalues['Height']
print(results)
```

```
2.0296276104742017e-51
```

(3) Width의 회귀계수가 p-value 0.05를 기준으로 했을 때 통계적으로 의미가 있는지를 평가하시오. 의미가 있는 경우엔 'Y', 없는 경우엔 'N'을 출력하시오.

Code

```
results = 'Y' if model.pvalues['Width'] < 0.05 else 'N'
print(results)
```

```
Y
```

Big Data Analytics

2023년 7회 기출복원문제

1 작업형 제1유형

01 주어진 데이터 세트는 학생들의 과목별 점수 데이터이다. 수강과목은 통계(Statistics), 데이터사이언스(Data Science), 머신러닝(Machine Learning), 교양영어(English Literature)이다. 학생들은 이 중 3과목을 선택하여 들었으며 이에 대한 점수를 받았다. 가장 많은 학생이 들었던 과목을 구하고 결측치를 제거한 후, 해당 과목의 점수를 표준화하여 가장 높은 점수를 소수 둘째 자리로 반올림하여 구하시오.

문제 풀이

* 데이터 세트 파일명 : 7_1_1_students_scores.csv

① 라이브러리 및 데이터 불러오기

Code

```
import pandas as pd
from sklearn.preprocessing import StandardScaler

df1 = pd.read_csv('/content/drive/MyDrive/Colab Notebooks/7_1_1_students_
scores.csv', encoding='cp949')
df1.head()
```

	student id	Statistics	DataScience	MachineLearning	EnglishLiterature
0	1	NaN	54.0	94.0	62.0
1	2	76.0	16.0	80.0	NaN
2	3	6.0	NaN	68.0	45.0
3	4	84.0	30.0	76.0	NaN
4	5	NaN	53.0	33.0	90.0

② 가장 많이 수강한 과목 계산

Code

```
most_taken_subject = df1.iloc[:, 1:].count().idxmax()
print(most_taken_subject)
```

```
Statistics
```

③ 해당 과목의 결측치 제거

Code

```
df_most_taken = df1.dropna(subset=[most_taken_subject])
```

④ 점수 표준화

Code

```
scaler = StandardScaler()
df_most_taken[most_taken_subject + '_standardized'] = scaler.fit_transform(df_
most_taken[[most_taken_subject]])
```

⑤ 표준화된 점수 중 최고점 반올림

Code

```
results = round(df_most_taken[most_taken_subject + '_standardized'].max())
print(results)
```

```
2
```

02 주어진 데이터 세트는 물고기 데이터로 무게(Weight), 길이(Length), 높이(Height), 폭(Width)으로 구성되어 있다. 종속변수는 무게이며 나머지는 독립변수이다. 종속변수와 가장 높은 상관관계를 보이는 변수를 찾으시오.

문제 풀이 * 데이터 세트 파일명 : 7_1_2_fish_weight_data.csv

① 라이브러리 및 데이터 불러오기

Code

```
import pandas as pd

df2 = pd.read_csv('/content/drive/MyDrive/Colab Notebooks/7_1_2_fish_weight_
data.csv', encoding='cp949')
df2.head()
```

	id	Length	Height	Width	FinSize	Weight
0	1	63.91	28.72	3.46	18.22	194.32
1	2	77.22	14.45	7.12	15.71	194.59
2	3	68.22	30.73	4.09	7.33	191.24
3	4	63.59	38.68	2.21	2.54	194.23
4	5	53.89	13.71	0.73	8.74	131.82

② Weight 변수와 나머지 변수들과의 상관관계 계산

Code

```
correlation_with_weight = df2.drop(columns=['id', 'Weight']).
corrwith(df2['Weight'])
```

③ 가장 높은 상관관계를 보이는 변수 탐색

Code

```
results = correlation_with_weight.idxmax()
print(results)
```

```
Length
```

03 주어진 데이터 세트는 아파트 가격 데이터이다. 아파트 가격을 결정하는 10개의 독립변수와 1개의 종속변수가 있다. 각 독립변수의 이상치를 사분위수를 기준으로 측정하고 이상치가 가장 많은 독립변수를 구하시오. 이때 결측치를 먼저 제거한 후 이상치를 구하시오. (단, 이상치는 (1Q−1.5IQR)보다 작거나 (3Q+1.5IQR)보다 큰 값이며, IQR은 Q3에서 Q1을 뺀 값이다.)

변수	설명
Size	아파트 크기(제곱미터)
Bedrooms	침실 수
Bathrooms	욕실 수
Floor	층 수
Age	아파트 연식
Distance To Center	도심으로부터 거리(km)
Nearby Schools	근처 학교 수
Nearby Parks	근처 공원 수
Public Transport	대중교통 접근성
Safety Index	안전 지수
Price	아파트 가격

문제 풀이 ※ 데이터 세트 파일명 : 7_1_3_apartment_prices_dataset.csv

① 라이브러리 및 데이터 불러오기

Code

```
import pandas as pd

df3 = pd.read_csv('/content/drive/MyDrive/Colab Notebooks/7_1_3_apartment_
prices_dataset.csv', encoding='cp949')
df3.head()
```

	Size	Bedrooms	Bathrooms	Floor	Age	DistanceToCenter	NearbySchools	NearbyParks	PublicTransport	SafetyIndex	Price
0	132.322026	2	2	12	23	5.916263	7.0	1.0	5.0	54	204546.3152
1	157.278405	2	2	16	1	4.765030	9.0	4.0	5.0	44	224020.0640
2	131.732477	1	1	18	18	16.529690	1.0	2.0	3.0	94	110609.5388
3	113.548220	3	1	13	43	15.602367	3.0	1.0	4.0	75	143313.9356
4	146.884117	2	1	13	7	9.115029	6.0	3.0	1.0	89	162672.0736

② 결측치 제거

Code

```
df3_cleaned = df3.dropna()
df3_cleaned.info()
```

```
<class 'pandas.core.frame.DataFrame'>
RangeIndex: 735 entries, 0 to 734
Data columns (total 11 columns):
 #   Column            Non-Null Count  Dtype
---  ------            --------------  -----
 0   Size              735 non-null    float64
 1   Bedrooms          735 non-null    int64
 2   Bathrooms         735 non-null    int64
 3   Floor             735 non-null    int64
 4   Age               735 non-null    int64
 5   DistanceToCenter  735 non-null    float64
 6   NearbySchools     735 non-null    float64
 7   NearbyParks       735 non-null    float64
 8   PublicTransport   735 non-null    float64
 9   SafetyIndex       735 non-null    int64
 10  Price             735 non-null    float64
dtypes: float64(6), int64(5)
memory usage: 63.3 KB
```

③ 각 독립변수의 이상치 계산

Code

```
outliers_count = {}
for column in df3_cleaned.columns[:-1]:  # 가격(Price) 제외
    Q1 = df3_cleaned[column].quantile(0.25)
    Q3 = df3_cleaned[column].quantile(0.75)
    IQR = Q3 - Q1
    lower_bound = Q1 - 1.5 * IQR
    upper_bound = Q3 + 1.5 * IQR
    outliers = df3_cleaned[(df3_cleaned[column] < lower_bound) |
   (df3_cleaned[column] > upper_bound)]
    outliers_count[column] = outliers.shape[0]
```

④ 가장 많은 이상치를 가진 변수 탐색

Code

```
results = max(outliers_count, key=outliers_count.get)
print(results)
```

```
Age
```


2 작업형 제2유형

01 회사에서 신규 영업지점을 설립하려고 한다. 기존 영업지점 데이터를 이용하여 신규 영업지점을 설립할 경우 달성 가능한 매출을 예측하여 의사결정에 사용할 계획이다. 주어진 훈련 데이터 세트를 활용하여 매출 예측 머신러닝 모델을 구축하고, 테스트 데이터를 대상으로 매출을 예측한 결과를 CSV 파일로 제출하시오.

※ 결과 제출 양식 : 예측한 Sales 데이터를 기준으로 RMSE를 계산하여 채점에 활용할 예정

Branch Name	Sales
지점 1	50,000,000
지점 2	78,000,000
…	…

[지점매출 데이터 세트 변수 설명]

변수	설명
Branch Name	지점 이름
City	지역
Population	지역 인구
Income Generating Pop Ratio	소득창출 인구비율
Average Income	지역 평균 소득
Industry Type	지역 산업 종류
Sales	매출

* 데이터 세트 파일명 : 7_2_1_sales_train_dataset.csv
* 데이터 세트 파일명 : 7_2_2_sales_test_dataset_x.csv
* 데이터 세트 파일명 : 7_2_3_sales_test_dataset_y.csv

문제 풀이

① 라이브러리 불러오기

Code

```
import pandas as pd
import numpy as np
from sklearn.linear_model import LinearRegression
from sklearn.ensemble import RandomForestRegressor
from sklearn.neural_network import MLPRegressor
from sklearn.preprocessing import StandardScaler, OneHotEncoder
from sklearn.metrics import mean_squared_error
```

② 데이터 불러오기

Code

```
train_data = pd.read_csv('/content/drive/MyDrive/Colab Notebooks/7_2_1_sales_
train_dataset.csv')
test_data_x = pd.read_csv('/content/drive/MyDrive/Colab Notebooks/7_2_2_sales_
test_dataset_x.csv')
test_data_y = pd.read_csv('/content/drive/MyDrive/Colab Notebooks/7_2_3_sales_
test_dataset_y.csv')
```

③ 데이터 확인

Code

```
train_data.head()
```

	BranchName	City	Population	IncomeGeneratingPopRatio	AverageIncome	IndustryType	Sales
0	지점106	대전	1961994	0.201855	5104676	농업	256900147
1	지점69	수원	1999348	0.609039	6175887	서비스업	185564838
2	지점480	광주	1736191	0.684106	4935993	농업	265883549
3	지점400	서울	1411974	0.488642	6387483	어업	130738595
4	지점435	수원	1599608	0.231685	6113313	어업	354354259

④ 변수 구분

Code

```
# 범주형 칼럼 선택
categorical_columns = ['BranchName', 'City', 'IndustryType']

# 수치형 칼럼 선택
numeric_features = ['Population', 'IncomeGeneratingPopRatio', 'AverageIncome']
```

⑤원-핫 인코딩

Code

```
# 훈련 데이터와 테스트 데이터를 결합하여 원-핫 인코딩
combined = pd.concat([train_data, test_data_x])
combined_encoded = pd.get_dummies(combined, columns=categorical_columns)
```

⑥ 인코딩된 데이터 분리

Code

```
# 인코딩된 데이터를 다시 훈련 데이터와 테스트 데이터로 분리
train_data_encoded = combined_encoded.iloc[:len(train_data)]
test_data_x_encoded = combined_encoded.iloc[len(train_data):].drop(['Sales'],
axis=1)
```

⑦ 수치형 데이터 스케일링

Code

```
# 수치형 데이터 스케일링
scaler = StandardScaler()
train_data_encoded[numeric_features] = scaler.fit_transform(train_data_
encoded[numeric_features])
test_data_x_encoded[numeric_features] = scaler.transform(test_data_x_
encoded[numeric_features])
```

⑧ 훈련 데이터와 테스트 데이터 준비

Code

```
X_train_encoded = train_data_encoded.drop('Sales', axis=1)
y_train = train_data_encoded['Sales']
X_test_encoded = test_data_x_encoded
y_test = test_data_y['Sales']
```

⑨ 선형회귀 모델 학습 및 평가

Code

```
linear_model = LinearRegression()
linear_model.fit(X_train_encoded, y_train)
linear_pred = linear_model.predict(X_test_encoded)
linear_rmse = np.sqrt(mean_squared_error(y_test, linear_pred))
print("Linear Regression RMSE:", linear_rmse)
Linear Regression RMSE: 116250072.44335878
```

⑩ 랜덤포레스트 모델 학습 및 평가

Code

```
random_forest_model = RandomForestRegressor(n_estimators=100)
random_forest_model.fit(X_train_encoded, y_train)
rf_pred = random_forest_model.predict(X_test_encoded)
rf_rmse = np.sqrt(mean_squared_error(y_test, rf_pred))
print("Random Forest RMSE:", rf_rmse)
```

```
Random Forest RMSE: 119055819.26773092
```

⑪ 인공신경망 모델 학습 및 평가

Code

```
mlp_model = MLPRegressor(hidden_layer_sizes=(50,), max_iter=500)
mlp_model.fit(X_train_encoded, y_train)
mlp_pred = mlp_model.predict(X_test_encoded)
mlp_rmse = np.sqrt(mean_squared_error(y_test, mlp_pred))
print("MLP Regressor RMSE:", mlp_rmse)
```

```
MLP Regressor RMSE: 326233105.81166226
```

⑫ 결과 제출

Code

```
# 테스트 데이터에 대한 판매 예측
results = random_forest_model.predict(X_test_encoded)

# 예측 결과를 CSV 파일로 저장
results_df = pd.DataFrame({'PredictedSales': results})
results_df.to_csv('000000.csv', index=False)
```


3 작업형 제3유형

01 키(Height), 몸무게(Weight), 발 사이즈(Shoe Size)를 이용하여 남녀(Sex) 성별을 분류하는 로지스틱 회귀모형을 만들고자 한다. 주어진 데이터 세트를 이용하여 로지스틱 회귀모형을 만들고 아래의 질문에 답하시오. 단, 주어진 데이터 세트의 2/3를 훈련용으로, 1/3을 테스트용으로 분할하여 작업하시오.

문제 풀이 * 데이터 세트 파일명 : 7_3_1_ gender_prediction_dataset.csv

① 라이브러리 불러오기

Code

```
import pandas as pd
import numpy as np
from sklearn.model_selection import train_test_split
from sklearn.linear_model import LogisticRegression
from sklearn.metrics import log_loss, accuracy_score
```

② 데이터 불러오기

Code

```
df4 = pd.read_csv('/content/drive/MyDrive/Colab Notebooks/7_3_1_gender_
prediction_dataset.csv')
df4.head()
```

	Height	Weight	ShoeSize	Gender
0	177.6	59.0	274.0	Male
1	168.0	49.4	238.0	Female
2	157.4	69.8	248.0	Female
3	177.9	62.3	278.0	Male
4	156.0	55.3	232.0	Female

③ 데이터 분할(성별을 0과 1로 인코딩)

Code

```
X = df4[['Height', 'Weight', 'ShoeSize']]
y = (df4['Gender'] == 'Male').astype(int)  # 'Male'을 1로, 'Female'을 0으로 변환
X_train, X_test, y_train, y_test = train_test_split(X, y, test_size=1/3,
random_state=42)
```

(1) 훈련용 데이터를 이용하여 'Height', 'Weight', 'Shoe Size'를 설명변수로 사용하는 로지스틱 회귀모형을 만들고 Weight의 오즈비를 계산하시오.

① 로지스틱 회귀모형 생성

Code

```
log_reg = LogisticRegression()
log_reg.fit(X_train, y_train)
```

② Weight 오즈비 계산

'Weight'의 Odds Ratio는 약 2.1788이다. 이는 'Weight' 변수가 1 단위 증가할 때, 성별이 남성(odds)일 확률이 약 2.18배 증가함을 의미한다.

Code

```
results = np.exp(log_reg.coef_[0][1])
print(results)
```

```
2.1788116873204726
```

(2) 모델의 로짓우도(log-likelihood)를 구하시오.

모델의 로짓우도(log-likelihood)는 약 -4.5384이다. 로그우도 값은 모델이 데이터를 얼마나 잘 설명하는지에 대한 지표로, 이 값이 높을수록 모델이 데이터를 더 잘 설명한다고 볼 수 있다.

① 로짓우도 계산

Code

```
results = -log_loss(y_train, log_reg.predict_proba(X_train), normalize=False)
print(results)
```

```
-4.5384290892O2454
```

(3) (2)에서 만든 모델로 평가용 데이터를 예측한 결과와 실제값의 오차율을 구하시오.

① 실제값과 오차율 계산

평가 데이터에 대한 오류율은 약 0.03(3%)이다. 이는 모델이 평가 데이터를 이용해 성별을 예측했을 때 약 3%의 오류율을 보였음을 의미하며, 이는 상당히 높은 정확도를 나타내는 결과로 해석할 수 있다.

Code

```
y_pred = log_reg.predict(X_test)
results = 1 - accuracy_score(y_test, y_pred)
print(results)
```

```
0.030000000000000027
```

02 중고차의 가격을 다중회귀분석으로 분석하고자 한다. 'Price'를 종속변수로, 'Year', 'Transmission', 'Mileage', 'Fuel type', 'Tax', 'Mpg', 'Engine Size'를 독립변수로 사용한다. 데이터의 구성은 아래 표와 같다.

변수	설명
Year	생산연도
Transmission	트랜스미션(Manual, Automatic, Semi-Auto)
Mileage	주행거리
Fuel type	연료 타입(Petrol, Diesel, Hybrid)
Tax	세금
Mpg	연비
Engine size	엔진 크기
Price	가격

문제 풀이

* 데이터 세트 파일명 : 7_3_2_used_car_price_dataset.csv

(1) 다중회귀분석 모형의 결정계수를 구하시오.

① 라이브러리 불러오기

Code

```
import pandas as pd
import statsmodels.api as sm
```

② 데이터 불러오기

Code

```
df5 = pd.read_csv('/content/drive/MyDrive/Colab Notebooks/7_3_2_used_car_price_
dataset.csv')
df5.head()
```

	year	price	transmission	mileage	fuelType	tax	mpg	engineSize
0	2017	12500	Manual	15735	Petrol	150	55.4	1.4
1	2016	16500	Automatic	36203	Diesel	20	64.2	2.0
2	2016	11000	Manual	29946	Petrol	30	55.4	1.4
3	2017	16800	Automatic	25952	Diesel	145	67.3	2.0
4	2019	17300	Manual	1998	Petrol	145	49.6	1.0

③ 범주형 데이터 처리

Code

```
# 범주형 데이터 처리
df5['fuelType'] = df5['fuelType'].map({'Petrol':0, 'Diesel':1, 'Hybrid':2})
df5['transmission'] = df5['transmission'].map({'Manual':0, 'Automatic':1,
'Semi-Auto':2})
```

④ 변수 준비

Code

```
# 독립변수 및 종속변수 분류
X = df5[['year', 'transmission', 'mileage', 'fuelType', 'tax', 'mpg', 'engineSize']]
y = df5['price']

# 상수항 추가
X = sm.add_constant(X)
```

⑤ 다중회귀분석 모델 생성

Code

```
# 다중회귀분석 모델 학습
model = sm.OLS(y, X_const).fit()
```

⑥ 결정계수 계산

다중회귀분석 모델의 결정계수(R-squared)는 약 0.8163이다. 이는 모델이 데이터의 변동성을 약 81.63% 설명한다는 것을 의미한다.

Code

```
results = model.rsquared
print(results)
```

```
0.8162646948540306
```

(2) 독립변수 중 회귀계수가 가장 큰 변수와 그 값을 구하여 튜플 타입으로 출력하시오.

※ 예시 : ('Weight', 0.09003569454430438)

① 회귀계수가 가장 큰 변수와 값 계산

Code

```
coefficients = model.params
max_coef_var, max_coef_value = coefficients.idxmax(), coefficients.max()
print((max_coef_var, max_coef_value))
```

```
('fuelType_Hybrid', 38100.01924534334)
```

독립변수 중 가장 큰 회귀계수를 가진 변수와 그 값은 (fuelType_Hybrid, 38100.0192)이다. 이는 fuelType_Hybrid 변수가 1 증가할 때, 가격이 약 38,100 단위만큼 증가한다는 것을 나타낸다.

(3) 독립변수 중 p-value가 가장 낮은 변수와 그 값을 구하여 튜플 타입으로 출력하시오.

① p-value가 가장 낮은 변수와 값 계산

Code

```
p_values = model.pvalues
min_pval_var, min_pval_value = p_values.idxmin(), p_values.min()
print((min_pval_var, min_pval_value))
```

```
('engineSize', 0.0)
```

독립변수 중 가장 낮은 p-value를 가진 변수와 그 값은 (engineSize, 0.0)이다. 이는 engineSize 변수가 통계적으로 가장 유의미하며, 모델에서 중요한 예측 변수임을 나타낸다.

Big Data Analytics

2024년 **8회**

기출복원문제

1 작업형 제1유형

01 주어진 데이터 세트는 국가별 맥주 소비량에 관한 데이터이다. 대륙(continent)별 맥주 소비량(beer_servings)의 평균을 계산하고, 평균이 가장 큰 대륙을 찾은 후 그 대륙에서 맥주 소비량이 5번 째로 많은 국가(country)의 맥주 소비량을 구하시오.

문제 풀이 ※ 데이터 세트 파일명 : 8_1_1_drinks.csv

① 라이브러리 및 데이터 불러오기

Code

```
import pandas as pd
df1 = pd.read_csv("/content/drive/MyDrive/8_1_1_drinks.csv")
df1.head()
```

	country	beer_servings	spirit_servings	wine_servings	total_litres_of_pure_alcohol	continent
0	Afghanistan	0	0	0	0.0	Asia
1	Albania	89	132	54	4.9	Europe
2	Algeria	25	0	14	0.7	Africa
3	Andorra	245	138	312	12.4	Europe
4	Angola	217	57	45	5.9	Africa

② 대륙별 맥주 소비량의 평균

Code

```
continent = df1.groupby("continent")['beer_servings'].mean() # Europe
top_continent = continent.idxmax()
top_continent
```

```
'Europe'
```

③ 해당 대륙의 국가별 맥주 소비량

Code

```
con_beer = df1['continent'] == top_continent
df1 = df1[con_beer]
df1.head()
```

	country	beer_servings	spirit_servings	wine_servings	total_litres_of_pure_alcohol	continent
1	Albania	89	132	54	4.9	Europe
3	Andorra	245	138	312	12.4	Europe
7	Armenia	21	179	11	3.8	Europe
9	Austria	279	75	191	9.7	Europe
10	Azerbaijan	21	46	5	1.3	Europe

④ 5번 째로 많은 국가의 맥주 소비량 계산

Code

```
df1 = df1.sort_values('beer_servings', ascending=False)
df1.iloc[4, 1]
```

```
313
```

02 주어진 데이터 세트는 국가별 방문에 대한 정보이다. 관광객 비율이 두 번째로 높은 국가의 '사업' 방문객 수를 a로 정의하고, '관광'이 두 번째로 높은 국가의 '공무' 방문객 수를 b로 정의한 뒤 a와 b의 합을 구하시오.

문제 풀이

* 데이터 세트 파일명 : 8_1_2_tourist.csv

① 라이브러리 및 데이터 불러오기

Code

```
② import pandas as pd
df2 = pd.read_csv('/content/drive/MyDrive/8_1_2_tourist.csv')
df2.head()
```

	나라	관광	공무	사업	기타
0	국가1	1184	270	380	55
1	국가2	1059	184	267	86
2	국가3	1129	168	261	50
3	국가4	692	106	214	125
4	국가5	1335	296	296	84

② 방문객 합계 및 관광객 비율 계산

Code

```
df2['방문객합계'] = df2['관광'] + df2['공무'] + df2['사업'] + df2['기타']
df2['관광객비율'] = df2['관광'] / df2['방문객합계']
df2.head()
```

	나라	관광	공무	사업	기타	방문객합계	관광객비율
0	국가1	1184	270	380	55	1889	0.626787
1	국가2	1059	184	267	86	1596	0.663534
2	국가3	1129	168	261	50	1608	0.702114
3	국가4	692	106	214	125	1137	0.608619
4	국가5	1335	296	296	84	2011	0.663849

③ 조건에 맞는 값 찾기

Code

```
a = df2.sort_values('관광객비율', ascending=False).iloc[1, 3]
b = df2.sort_values('관광', ascending=False).iloc[1, 2]
```

④ 두 변수의 합

Code

```
print(a+b)
```

```
441
```

03 주어진 데이터 세트는 화학 물질에 대한 정보이다. 'co'와 'nmhc' 컬럼을 각각 Min-Max 방식으로 스케일링하고 스케일링된 컬럼의 표준편차를 구한 뒤 'co' 컬럼의 표준편차에서 'nmhc' 컬럼의 표준편차를 뺀 값을 소수점 3자리로 반올림하여 구하시오.

문제 풀이 * 데이터 세트 파일명 : 8_1_3_chem.csv

① 라이브러리 및 데이터 불러오기

Code

```
import pandas as pd
from sklearn.preprocessing import MinMaxScaler

df3 = pd.read_csv('/content/drive/MyDrive/8_1_3_chem.csv')
df3.head()
```

	sample	co	nmhc	etc
0	샘플1	79	54	31
1	샘플2	84	57	58
2	샘플3	109	74	113
3	샘플4	15	77	21
4	샘플5	65	77	115

② 최소 – 최대 정규화

Code

```
scaler = MinMaxScaler()
df3['co_scaled'] = scaler.fit_transform(df3[['co']])
df3['nmhc_scaled'] = scaler.fit_transform(df3[['nmhc']])
```

③ 표준편차 계산

Code

```
co_std = df3['co_scaled'].std()
nmhc_std = df3['nmhc_scaled'].std()
print(co_std, nmhc_std)
```

```
0.2856516497116944 0.3030617020578397
```

④ 표준편차 차이 계산(반올림 셋째 자리까지 계산)

Code

```
std_diff = round(co_std - nmhc_std, 3)
print(std_diff)
```

```
-0.017
```

2 작업형 제2유형

01 통신사에서 사용자의 가입 정보를 통해 사용자에게 청구될 총 금액을 예측하여 의사결정에 사용할 계획이다. 주어진 훈련 데이터 세트를 활용하여 요금 예측 머신러닝 모델을 구축하고, 테스트 데이터를 대상으로 매출을 예측한 결과를 CSV 파일로 제출하시오.

※ 결과 제출 양식 : 예측한 요금 데이터를 기준으로 MAE(Mean Absolute Error)를 계산하여 채점에 활용할 예정

* 데이터 세트 파일명 : 8_2_1_churn_train.csv
* 데이터 세트 파일명 : 8_2_2_churn_test.csv

문제 풀이

① 라이브러리 불러오기

Code

```
import pandas as pd
from sklearn.model_selection import train_test_split
from sklearn.preprocessing import LabelEncoder, StandardScaler
from sklearn.ensemble import RandomForestRegressor
from sklearn.linear_model import LinearRegression
from sklearn.tree import DecisionTreeRegressor
from sklearn.metrics import mean_absolute_error
```

② 데이터 불러오기

Code

```
train_data = pd.read_csv('/content/drive/MyDrive/Colab train_data = pd.read_
csv('/content/drive/MyDrive/8_2_1_churn_train.csv')
test_data = pd.read_csv('/content/drive/MyDrive/8_2_2_churn_test.csv')
```

③ 데이터 확인

Code

```
train_data.head()
```

	customerID	gender	SeniorCitizen	Partner	Dependents	tenure	PhoneService	MultipleLines	InternetService	OnlineSecurity	OnlineBackup
0	CUST0454	Male	0	No	No	7	Yes	Yes	No	No internet service	No internet service
1	CUST1145	Female	1	No	Yes	53	No	No phone service	Fiber optic	Yes	Yes
2	CUST1138	Female	1	No	Yes	68	No	No phone service	DSL	Yes	Yes
3	CUST2645	Male	1	No	Yes	44	No	No phone service	No	No internet service	No internet service
4	CUST2632	Male	0	Yes	No	7	Yes	Yes	Fiber optic	No	Yes

④ 데이터 전처리를 위한 함수 정의

Code

```
def preprocess_data(data, is_train=True):
    data = data.copy()
    # customerID 제거
    if 'customerID' in data.columns:
        data.drop('customerID', axis=1, inplace=True)
    # 레이블 인코딩
    for col in data.select_dtypes(include=['object']).columns:
        le = LabelEncoder()
        data[col] = le.fit_transform(data[col])
    # TotalCharges의 결측값 처리 (훈련 데이터에만 존재)
    if is_train:
        data['TotalCharges'] = data['TotalCharges'].fillna(data['TotalCharges'].
mean())
    return data
```

⑤ 데이터 전처리

Code

```
train_data_processed = preprocess_data(train_data)
test_data_processed = preprocess_data(test_data, is_train=False)
```

⑥ 독립변수와 종속변수 분리

Code

```
X = train_data_processed.drop(columns=['TotalCharges'])
y = train_data_processed['TotalCharges']
X_test = test_data_processed
```

⑦ 데이터 분할

Code

```
X_train, X_val, y_train, y_val = train_test_split(X, y, test_size=0.2, random_state=42)
```

⑧ 데이터 표준화

Code

```
scaler = StandardScaler()
X_train_scaled = scaler.fit_transform(X_train)
X_val_scaled = scaler.transform(X_val)
X_test_scaled = scaler.transform(X_test)
```

⑨ 모델링 및 평가

Code

```
models = {
    "Linear Regression": LinearRegression(),
    "Decision Tree": DecisionTreeRegressor(random_state=42),
    "Random Forest": RandomForestRegressor(random_state=42, n_estimators=100)
}

results = {}
```

```python
for name, model in models.items():
    model.fit(X_train_scaled, y_train)
    predictions = model.predict(X_val_scaled)
    mae = mean_absolute_error(y_val, predictions)
    results[name] = mae
```

⑩ 결과 출력

Code

```python
print("모델 평가 결과:", results)
```

```
모델 평가 결과: {'Linear Regression': 862.8518998329919, 'Decision Tree': 1244.5869356796118, 'Random Forest': 881.3559398503236}
```

⑪ Linear Regression 모델로 테스트 데이터 예측

Code

```python
best_model = models["Linear Regression"]
test_predictions = best_model.predict(X_test_scaled)
```

⑫ 결과를 csv로 저장

Code

```python
submission = pd.DataFrame({
    "CustomerID": test_data['customerID'],
    "PredictedCharges": test_predictions
})
submission.to_csv('000000.csv', index=False)
```

3 작업형 제3유형

01 주어진 데이터는 각 사용자의 통신 사용 정보를 담고 있다. 고객 이탈(Churn) 여부를 예측하기 위한 문제로 다음 3가지의 문제를 각각 구하시오.

문제 풀이 * 데이터 세트 파일명 : 8_3_1_churn.csv

① 라이브러리 불러오기

Code

```
import pandas as pd
import numpy as np
import statsmodels.api as sm
```

② 데이터 불러오기

Code

```
df4 = pd.read_csv('/content/drive/MyDrive/8_3_1_churn.csv')
df4.head()
```

	Churn	AccountWeeks	ContractRenewal	DataPlan	DataUsage	CustServCalls	DayMins	DayCalls	MonthlyCharge
0	0	51	1	0	1.0	0	303.7	83	72.5
1	1	61	1	0	-0.2	2	194.8	89	66.3
2	0	84	1	1	-1.3	2	157.6	109	35.7
3	0	65	1	0	1.0	1	223.1	129	64.2
4	0	154	1	0	1.0	0	137.0	115	40.0

(1) 주어진 데이터에서 로지스틱 회귀분석을 수행해 유의확률이 0.05 이상인, 즉 유의하지 않은 독립변수의 개수를 구하시오.

① 로지스틱 회귀식 생성

Code

```
formula = "Churn ~ AccountWeeks + ContractRenewal + DataPlan + DataUsage +
CustServCalls + DayMins + DayCalls + MonthlyCharge + OverageFee + RoamMins"
```

② 로지스틱 회귀 모델 생성 및 학습

Code

```
from statsmodels.formula.api import logit
model = logit(formula, data=df4).fit()
```

```
Optimization terminated successfully.
         Current function value: 0.393603
         Iterations 6
```

③ 유의하지 않은 독립변수 개수 구하기

Code

```
print(model.summary())
sum(model.pvalues[1:] > 0.05) # Intercept는 독립변수가 아니므로 제외
```

```
                           Logit Regression Results
==============================================================================
Dep. Variable:                  Churn   No. Observations:                 1000
Model:                          Logit   Df Residuals:                      989
Method:                           MLE   Df Model:                           10
Date:                Tue, 10 Dec 2024   Pseudo R-squ.:                 0.02367
Time:                        01:46:00   Log-Likelihood:                -393.60
converged:                       True   LL-Null:                       -403.14
Covariance Type:            nonrobust   LLR p-value:                   0.03924
===================================================================================
                      coef    std err          z      P>|z|      [0.025      0.975]
-----------------------------------------------------------------------------------
Intercept          -2.2146      0.913     -2.425      0.015      -4.005      -0.424
AccountWeeks        0.0026      0.002      1.114      0.265      -0.002       0.007
ContractRenewal     0.1603      0.325      0.493      0.622      -0.477       0.798
DataPlan            0.2874      0.198      1.454      0.146      -0.100       0.675
DataUsage          -0.1698      0.072     -2.343      0.019      -0.312      -0.028
CustServCalls       0.1374      0.074      1.858      0.063      -0.008       0.282
DayMins            -0.0036      0.002     -2.092      0.036      -0.007      -0.000
DayCalls            0.0023      0.004      0.526      0.599      -0.006       0.011
MonthlyCharge       0.0042      0.005      0.778      0.436      -0.006       0.015
OverageFee         -0.0127      0.036     -0.352      0.725      -0.084       0.058
RoamMins            0.0098      0.034      0.292      0.770      -0.056       0.076
===================================================================================
8
```

(2) 유의확률이 0.05 미만인 유의한 변수만을 사용해 다시 로지스틱 회귀분석을 수행하시오. 이 회귀식의 유의한 회귀 계수(상수항 포함)의 합계를 구하시오. (반올림하여 소수 셋째 자리까지 계산)

① 유의한 변수 선택

Code

```
print(model.pvalues < 0.05)
formula = "Churn ~ DataUsage + DayMins"
```

```
Intercept            True
AccountWeeks        False
ContractRenewal     False
DataPlan            False
DataUsage            True
CustServCalls       False
DayMins              True
DayCalls            False
MonthlyCharge       False
OverageFee          False
RoamMins            False
dtype: bool
```

② 로지스틱 회귀

Code

```
model = logit(formula, data=df4).fit()
```

```
Optimization terminated successfully.
         Current function value: 0.397599
         Iterations 6
```

③ 유의한 회귀 계수 합계

Code

```
print(model.summary())
round(sum(model.params),3)
```

```
                           Logit Regression Results
==============================================================================
Dep. Variable:                  Churn   No. Observations:                 1000
Model:                          Logit   Df Residuals:                      997
Method:                           MLE   Df Model:                            2
Date:                Tue, 10 Dec 2024   Pseudo R-squ.:                 0.01375
Time:                        01:46:47   Log-Likelihood:                -397.60
converged:                       True   LL-Null:                       -403.14
Covariance Type:            nonrobust   LLR p-value:                  0.003908
==============================================================================
                 coef    std err          z      P>|z|      [0.025      0.975]
------------------------------------------------------------------------------
Intercept     -1.0395      0.303     -3.434      0.001      -1.633      -0.446
DataUsage     -0.1697      0.071     -2.376      0.017      -0.310      -0.030
DayMins       -0.0039      0.002     -2.264      0.024      -0.007      -0.001
==============================================================================
```

```
-1.213
```

(3) (2)에서 수행한 로지스틱 회귀식에서 'DataUsage' 변수가 5만큼 증가할 때 오즈비(Odds Ratio)를 구하시오. (반올림 소수 셋째 자리까지 계산)

① 변수의 회귀계수 추출

Code

```
import numpy as np
coef = model.params['DataUsage']
```

② 오즈비 계산

Code

```
round(np.exp(coef * 5),3)
```

```
0.428
```

02 성과 IQ 점수를 다중회귀분석으로 분석하고자 한다. 'PIQ'를 종속변수로, 'Brain', 'Height', 'Weight'를 독립변수로 사용한다. 다음 3가지의 문제를 각각 구하시오.

문제 풀이

※ 데이터 세트 파일명 : 8_3_2_ piq.csv

(1) 위 데이터의 다중 선형 회귀 분석을 수행하고 이때 유의확률이 가장 작은 변수의 회귀 계수 값을 구하시오. (반올림하여 소수 셋째 자리까지 계산)

① 라이브러리 불러오기

Code

```
import pandas as pd
from statsmodels.formula.api import ols
```

② 데이터 불러오기

Code

```
df5 = pd.read_csv('/content/drive/MyDrive/8_3_2_piq.csv')
df5.head()
```

	PIQ	Brain	Height	Weight
0	132	85.78	62.5	127
1	96	86.54	68.0	135
2	84	90.49	66.3	134
3	134	79.06	62.0	122
4	86	88.91	70.0	180

③ 다중선형회귀분석

Code

```
from statsmodels.formula.api import ols
model = ols('PIQ ~ Brain + Height + Weight', data=df5).fit()
```

④ P-value가 가장 작은 변수의 이름과 회귀계수 추출

Code

```
min_p_value = model.pvalues[1:].idxmin()  # const(상수항) 제외 후 최소 p-value 변수
min_coef = model.params[min_p_value]
```

⑤ 소수 셋째자리까지 반올림

Code

```
min_coef_rounded = round(min_coef, 3)
print(min_coef_rounded)
```

```
2.343
```

(2) 위 모델의 결정계수 값을 구하시오. (반올림하여 소수 둘째 자리까지 계산)

① 결정계수 값 계산

Code

```
r_squared = round(model.rsquared, 2)
print(r_squared)
```

```
0.37
```

(3) 뇌 크기가 90, 키가 70, 몸무게가 150일 때의 PIQ를 예측하시오.

① 새로운 데이터로 PIQ 예측

Code

```
new_data = pd.DataFrame({'const': [1], 'Brain': [90], 'Height': [70], 'Weight':
[150]})
predicted_piq = round(model.predict(new_data)[0], 2)
print(predicted_piq)
```

```
106.38
```

빅데이터 분석기사 실기 파이썬

2023. 3. 8. 초 판 1쇄 발행
2024. 5. 1. 개정증보 1판 1쇄 발행
2025. 1. 15. 개정증보 2판 1쇄 발행

저자와의 협의하에 검인생략

지은이 | 김민지
펴낸이 | 이종춘
펴낸곳 | BM (주)도서출판 성안당
주소 | 04032 서울시 마포구 양화로 127 첨단빌딩 3층(출판기획 R&D 센터)
10881 경기도 파주시 문발로 112 파주 출판 문화도시(제작 및 물류)
전화 | 02) 3142-0036
031) 950-6300
팩스 | 031) 955-0510
등록 | 1973. 2. 1. 제406-2005-000046호
출판사 홈페이지 | www.cyber.co.kr
ISBN | 978-89-315-8674-9 (13000)
정가 | 30,000원

이 책을 만든 사람들
책임 | 최옥현
진행 | 최창동
본문 디자인 | 인투
표지 디자인 | 박원석
홍보 | 김계향, 임진성, 김주승, 최정민
국제부 | 이선민, 조혜란
마케팅 | 구본철, 차정욱, 오영일, 나진호, 강호묵
마케팅 지원 | 장상범
제작 | 김유석

이 책의 어느 부분도 저작권자나 BM (주)도서출판 성안당 발행인의 승인 문서 없이 일부 또는 전부를 사진 복사나 디스크 복사 및 기타 정보 재생 시스템을 비롯하여 현재 알려지거나 향후 발명될 어떤 전기적, 기계적 또는 다른 수단을 통해 복사하거나 재생하거나 이용할 수 없음.

※ 잘못된 책은 바꾸어 드립니다.